AF569633

ASTORIA
Leipzig

Der
letzte und vollendetste Hotelneubau
Deutschlands

HOTEL · ASTORIA · LEIPZIG

KOMMERZIENRAT
H. G. HARTUNG
KGL. HOFLIEFERANT

Säle für Sitzungen und Festlichkeiten
Schneiderwerkstätte
Telegraphen-Station
Eisenbahn-Fahrkarten
Kraftwagen im Hotel

Kommerzienrat H. G. Hartung, Kgl. Hofl.

Früher Direktor des Hotel Bristol, Hotel Adlon
und Hotel Continental in Berlin

Erste Werbung für das erste Haus am Platze

Henner Kotte

ASTORIA
Leipzig
Biografie eines Hotels

mitteldeutscher verlag

Umschlag: Das Astoria in den 1950er Jahren (Privatarchiv Kotte); v.l.: Hallenbar; Restaurant Pelzklause; das Wasserbett in der Hochzeitssuite (Sammlung Christa Schwarz /Fotos: Peter Treuholz)
Seite 3: Kofferaufkleber, um 1930 (Privatarchiv Fricke)

Bibliografische Information der Deutschen Nationalbibliothek
Die Deutsche Nationalbibliothek registriert diese Publikation in der Deutschen Nationalbibliografie; detaillierte bibliografische Daten im Internet unter http://dnb.d-nb.de

1. Auflage

www.mitteldeutscherverlag.de

Gesamtherstellung: Mitteldeutscher Verlag, Halle (Saale)

ISBN 978-3-96311-537-0

Printed in the EU

Inhalt

Da es sich hier um ein populäres Sachbuch handelt, wurden Zitate als solche zwar kenntlich gemacht, aber nicht jedes Mal die Quelle angegeben. Quellen und verwendete Literatur werden am Ende des Buches ausgewiesen. Erläuterungen und zusätzliche Angaben des Autors in den Zitaten (etwa Lebensdaten) wurden in normalen Klammern eingefügt. Namen von Personen, die nicht die Zeitgeschichte illustrieren, wurden geändert.

Dank gilt vielen Leipzigern, die sich an das „Astoria“ erinnerten und mit mir darüber sprachen. Ganz besonderer Dank an Cornelia Kretzschmar, Christa Schwarz und Dorle Haufe für Fakten, die ohne sie nicht erzählbar gewesen wären. Dank den Mitarbeitern des Staatsarchives Leipzig und denen des Stadtarchives Leipzig, die Akten- und Presseeinsicht gaben. Dank auch an Doris Mundus und Marko Kuhn für Hinweise, Quellen und deren Einsichten.

5. Dezember: Astoria-Tag

Astoria – du bist der schönste Stern von allen
Wie du meine Welt erhellst
Astoria – für immer bin ich dir verfallen
Weil du alles andere in den Schatten stellst
ASP: Astoria verfallen (2015)

Es wurde darüber berichtet. Es wurde darüber geschrieben. Es wurden darüber Filme gedreht: Alljährlich am Fünften des Monats Dezember treffen sich die ehemaligen Mitarbeiter des Leipziger Hotels „Astoria" und gedenken ihres verlorenen Arbeitsplatzes, der legendären Unterkunft und Bleibe. Das Hotel war ihnen Berufung, weniger Job, für den sie Höchstqualität und -leistung gaben. Über achtzig Jahre haben Generationen von Zimmermädchen, Kellnern, Köchen, Liftboys und anderen dienstbaren Geistern das „Astoria" zum „ersten Haus am Platze" gemacht. Service, Küche und Ambiente besaßen über die Stadt hinaus, über die Grenzen Deutschlands hinweg bis nach Übersee einen ausgezeichneten Ruf. Sie haben dazu beigetragen. Gehörte man zu diesen „Astorianern", war und ist man Teil einer verschworenen Gemeinschaft. „Astorianer" arbeiteten quasi nicht auf dieser Welt, sondern auf einem anderen „Stern" (griech./lat.: Astrum).
„Astoria", der Stern dieser Herberge war mitten im Ersten Weltkrieg aufgegangen und leuchtete fast bis zum Ende des Jahrtausends. „Astoria" – noch immer verspürt der Leipziger bei der Nennung dieses Namens einen Hauch der verschwundenen Noblesse eines gehobenen Tourismus und verwendet das Wort synonym mit der „guten alten Zeit". Solchen Ruf der Exklusivität besaßen und besitzen nur wenige Hotels weltweit. Das „Astoria" reihte sich ein in die Phalanx der Markennamen wie „Waldorf Astoria" und „Ritz Carlton" und der legendären Quartiere wie dem „Adlon" in Berlin, dem „Bayrischen Hof" in München oder dem Hamburger Hotel „Atlantic". Noch immer sprechen Ken-

ner des Hauses von „ihrem Astoria“, auch wenn seit einem Vierteljahrhundert dieser „Stern“ unter den Sterne-Hotels nicht mehr leuchtet, niemand mehr im Hause nächtigt, niemand mehr in seiner Nachtbar trinkt, tanzt und poussiert. Niemand mehr verhandelt an seinen Konferenztischen. Keiner mietet die Salons zur Familienfeier oder einem Betriebsjubiläum. Das imposante Gebäude am Willi-Brandt-Platz, neben dem Hauptbahnhof am Leipziger Innenstadtring, existiert nimmer, so wie es war. Das sagenumwobene Haus ist fast entkernt, die Nebengebäude abgerissen, die Außenmauer der denkmalsgeschützten Fassade sichert eine Metallkonstruktion vor dem drohenden Einsturz, Vandalismus und Wetterunbill.
Kurz vorm Jahresende 1996 hatte die Meldung nicht nur die Mitarbeiter, sondern ganz Leipzig geschockt:

„Interhotel ‚Astoria‘: Der Haushalt wird aufgelöst – Am 30. Dezember gegen elf Uhr schließen sich hinter dem letzten Gast die Türen. Auch wenn diese Woche nochmal Hochbetrieb war, läuft die Auflösung des 323-Zimmer-Hotels auf vollen Touren. Das wertvolle Meißner Porzellan, Kristall oder Tafelsilber gehen an andere Interhotel-Häuser; ein Großteil der Gemälde wird zur Auktion angeboten. Eigentlich sollte am Silvesterabend nochmal in allen Räumen getanzt werden. Doch die Gala wurde kurzfristig abgesagt, die Gäste auf andere Hotels umgebucht – schließlich haben die meisten der 107 Mitarbeiter zum 31. Dezember ihre Kündigung erhalten, inklusive des Hoteldirektors. Immer öfter ertappen sie sich bei der Frage: ‚Kannst du dir vorstellen, daß wir nächsten Monat nicht mehr hier sind?‘ In dieser Woche konnte es keiner, weil das Haus voll war: Reisegruppen kamen, Leipziger Firmen und Vereine feierten Weihnachten in einem der Salons. ‚Alle wollen noch einmal das ›Astoria‹ erleben, bevor hier endgültig Schluß ist‘, meint eine Mitarbeiterin.
Im Ballsaal haben sich die Türen bereits für immer geschlossen; die letzte große Veranstaltung fand dort Anfang des Monats statt. Diese Woche traf sich dort noch einmal die Seniorengruppe der ehemaligen Mitarbeiter des Hauses. Am 30. Dezember gegen elf Uhr wird der letzte Gast verabschiedet. ‚Am Nachmittag setzt sich das Personal zum letzten gemeinsamen Essen zusammen. Da wird dann der Katzenjammer bestimmt groß sein‘, vermutet die Presse-Chefin. Wenn dann auch die letzte Inventur abgeschlossen ist, wird ein Wachdienst anrücken, der das Gebäude sichert. Erst ein Drittel

der Belegschaft hat neue Jobs gefunden. ‚Wir haben Kontakte nach Bayern, hätten etliche Leute dorthin vermitteln können', sagt der Verantwortliche vom Hotel- und Gaststättenverband. Doch erstaunlicherweise sei die Bereitschaft der ‚Astorianer', in den Westen zu gehen, gering, obwohl dort etwa ein Viertel mehr Lohn gezahlt wird."

So kam es, dass Kunstkenner und Schnäppchenjäger sich fürs feilgebotene Inventar überboten. Was vom Luxus übrig blieb, wurde verschenkt oder geriet auf den Müll. Drinnen im Hause blieb nichts. Leergeräumt war das Gebäude dem Verfall und marodierenden Banden preisgegeben. Graffiti zierten die Wände. Obdachlose und Süchtige saßen im Trocknen. Den Parkplatz nutzten Reisende für den Zustieg in ihre Mitfahrgelegenheit. Um stehende Mauern, Reputation und Grundstückswert pokerten Spekulanten, verkauften und wiederverkauften. Mehrmals schien ein glückliches Ende und ein Weiterbetrieb des Hauses gesichert. Leipziger schöpften Hoffnung auf alten Glanz und die Wiederkehr des guten Rufes, denn das „Astoria" war und ist ihnen immer lieb und teuer gewesen. Weithin strahlte die Leuchtschrift auf dem Dach in die Nacht. „Hotel Astoria" – der Name brachte für sie „einen kleinen Duft der großen weiten Welt" in die ostdeutsche Abgeschiedenheit, einen Hauch von Internationalität in und außerhalb der Messezeiten.

„Das Haus hatte eine eigne Magie, wer sie einmal erlebte, wurde von ihr geprägt." Auf der Straße stehend, ohne den Job im noblen Haus, beschloss die Mehrzahl der „Astorianer", sich immer wieder zu sehen. Einmal im Jahr trifft man sich seit der Hotelschließung und spricht über das eigene Schicksal und das Schicksal des Hauses. Die ehemalige Arbeitsstätte hat man nie aus den Augen gelassen, ihren verkommenen Anblick und alle Meldungen darüber verfolgt. Doch mangels Gegenwart und Zukunft ist das, was war, wiederkehrendes Thema. So hört man von den alten Astorianern Sätze wie: „Das ‚Astoria' war ohne Zweifel das erste Haus am Platze, und ich meine, das der DDR." – „Unsere Buffets waren exzellent, sie konnten weltweit mit jedem Hotel konkurrieren." – „Wenn ich nur daran denke, was die Patisserie für Sachen kreiert hat und wie diese auf der Zunge zergingen." – „Es war kein Geheimnis, dass das Ministerium für Staatssicherheit ein eigenes Büro im Haus betrieb. Und manchmal, muss ich Ihnen sagen, wurden über eine Meldung beim Geheimdienst Missstände schneller behoben." – „Pagen, die die Koffer trugen. Chauffeure, die die Wagen in die Garage fuhren. Dienstwagen fuhren vor, und

Vorspeisen	M
Geflügelcocktail mit Pfirsichwürfel Toast	5,95
Seemuschelcocktail, Toast	4,40
Eiersalat in Schinkentütchen garniert, auf Buttertoast	4,00
Feines Ragout überkrustet mit Weißbrot	4,60
Hühnerragout in Curry mit Früchten, gratiniert, Toast	4,65

Suppen	
Champignoncremesuppe	1,90
Ukrainische Soljanka	2,15
Schildkrötensuppe mit Weinbrand	3,10
Haifischflossensuppe mit Weinbrand	2,90

Toaste	M
Toast „Pußtamädchen"	7,35
Rumpsteak auf Toast mit Meerrettich, Grillwürstchen und Kräuterbutter	8,40
Kalbsteak auf Toast mit Champignons, überbacken	11,90
Toast „Nessebar"	7,70
„Camping-Toast"	7,15
„Züricher Party-Würstchen", Butter und Toast	8,20
Schweinesteak auf Toast, mit feinem Ragout, überbacken	8,70

Kalte Speisen	
Roastbeef rosa auf Butterbrot, garniert	4,90
Ölsardinen garniert, mit Weißbrot	4,55
Gemischte Aufschnittplatte mit Butter und Brot	5,80
Budapester Salat mit Butter und Toast	6,20

Hinterm Getränkeangebot: Karte für den kleinen Hunger im Nachttanz-Café

Honoratioren, Stars und Sternchen stiegen aus." – „Das Personal erfüllte alle möglichen Wünsche. Schuhe wurden geputzt, Wäsche gewaschen. Wo gab es das sonst noch?" – „Auf den Speisekarten stand, was es heute schon längst nicht mehr gibt. Allein die Vorspeisen: Schildkrötensuppe, Haifischflossensuppe, Suppe vom Känguruschwanz." – „Und picobello jedes Bett, jedes Zimmer. Da glich kaum eines dem andern." – „Heute sind die Sexarbeiterinnen wiederkehrendes Thema, als ob das Haus zur Messe ein Puff gewesen wäre und es keine anderen Frauen im Hause gegeben hätte." – „Kunst auf allen Fluren, im Restaurant, im Foyer, und die war nicht von Unbekannten. Werner Tübke zum Beispiel. Kannste heute gar nicht bezahlen!" – „Zu jedem Bankett, jeder Konferenz wurde Blumen gebunden." – „Nein, da stand nicht irgendwer hinter der Theke. Unsere Cocktails waren weit mehr als Alkoholgenuss." – „Und in welchem Haus waren solche Weltberühmtheiten Gast? Elisabeth II., der sächsische König mit Gemahlin und Söhnen, Johannes Heesters, Inge Meisel, Karl Eduard von Schnitzler, Henny Porten, Peter Schreier, Walter Ulbricht mit seiner Lotte, Martin Walser, Alexander Schalck-Golodkowski, Gerard Philipe, Wolfgang Lippert ..." – „Es mag unverständlich erscheinen: Aber es war die schönste Zeit meines Lebens!"

Der 5. Dezember steht fix in den Kalendern der „Astorianer". An jenem Tage im Jahr 1915 öffnete das Hotel „Astoria" seine Pforten. Ehrengäste und die gehobene Leipziger Gesellschaft tanzten bis in den Morgen.

Baustelle und eine Aufforderung zum Tanz

Die aufstrebende Industrie- und Messestadt Leipzig platzte im 19. Jahrhundert aus den sie umgrenzenden Mauern. Bürgermeister Carl Wilhelm Müller (1728–1801) hatte die Befestigungsanlagen bereits schleifen lassen, so dass neue und breitere Straßen und Plätze vorm inneren Zentrum angelegt werden konnten. Die Stadt wurde größer und größer. Die Nordseite des mittelalterlichen Zentrums lief nun barrierefrei über das Hallische Thor aus, das man hinter das Flüsschen Parthe verlegte. Vor Stadt und Stadtmauer residierten seit der Barockzeit die Gartenhäuser der Leipziger Kaufleute. An besagter Stelle stand das schlossartige Landhaus des Ratsherrn Johann Christoph Richter (1689–1751), ein Rokoko-Schmuckstück des Architekten Friedrich Seltendorff (1700–1778). Daneben waren alsbald weitere Gebäude entstanden, so das der Neuen Waage und das des Akzise- und Zollamts. 1839 fuhr die erste Ferneisenbahn auf dem europäischen Festland vom Norden Leipzigs nach der sächsischen Residenzstadt. Die Gleise endeten seit dem 7. April 1839 im Dresdener Bahnhof. Seitdem war der Schienenverkehr nimmer aufzuhalten, immer mehr Strecken kamen hinzu. Neben den Dresdner setzte man den Thüringischen Bahnhof. Der war 1857 fertiggestellt. Folgerichtig benannte man die freie Fläche vor ihm „Platz vor dem Thüringischen Bahnhof". Kreditanstalten bauten darum ihre Bankhäuser, Geschäfte entstanden und Wohnquartiere. Aufgrund des seit 1820 hier angesiedelten Eichamtes (die „Alte Waage" am Markt wurde zum Geschäftshaus, später das Messamt) bekam der Verkehrsknotenpunkt vorm Bahnhof den Namen „Waageplatz".

Ab 1872 zockelten durch die von ihm fortführende neu entstandene Blücherstraße die Pferdebahnen nach Eutritzsch, später auch die raus nach Wahren. In Analogie hieß fortan der Waageplatz – Blücherplatz. Dessen Grundstück No. 2 erwarb die Leipziger Feuer-Versicherungs-Anstalt. „Von England war

Vor Verkauf wiegen und zahlen!
Waageplatz mit Zollamt und „Neuer Waage“

das Versicherungswesen auf den Kontinent, zunächst nach Hamburg gekommen. Der Hamburger Karl Friedrich Ernst Weise gründete dann die Leipziger Anstalt.“ Als Geschäftssitz wurde das „bürgerlich-komfortable, einem Herrschaftshaus nicht unähnliches Eckgebäude“ gewählt. Im Domizil bezog der Versicherer seine „Geschäftsräume im ersten Stock. Das Erdgeschoß, ebenso 2. und 3. Etage, waren zu Wohnzwecken vermietet. Das Gebäude wurde von dem Architekten Bruno Grimm (1838–?) 1870 entworfen und unterscheidet sich in nicht von den repräsentativen Wohnbauten der Gründerjahre, die für Leipzig so typisch sind. Die dekorativen Eckfenster gehörten zum Direktionszimmer, die übrigen zu den Büros. Die Hofseite beherbergte das Archiv, gab dem Treppenhaus Raum und hatte somit nur für wenige und zumal sehr kleine Räume Platz. Im Ganzen verfügte die erste Etage über 16 Zimmer.“
Seit dem 17. April 1896 fuhr der städtische Nahverkehr über den Blücherplatz elektrisch. Die weite Fläche dem Haus der Feuer-Versicherung gegenüber nutzten verschiedene Eisenbahngesellschaften (die Deutsche Reichsbahn gründete sich erst 1920), und so standen dort verteilt: der Berliner, der Magdeburger sowie der Dresdener und Thüringische Bahnhof. Die Zahl der Bahnreisenden war in der Messestadt von 1,48 Millionen (1872) auf 6,29 Millionen (1899) gestiegen. Die Einwohnerzahl hatte sich in gleicher Zeit auf fast eine halbe Million vervierfacht. Für den Blücherplatz erwuchsen große Pläne – die eines Hauptbahnhofes, der Leipzigs Stadtbild umfassend verändern sollte.
Über den Fortgang dieses Jahrhundertvorhabens „Leipziger Hauptbahnhof“ schrieb die österreichische Fachzeitschrift „Der Bautechniker“ (Nr. 25, 1913):

„Der Versuch, zu einer geeigneten Planung zu gelangen, bestand schon im Jahre 1874, das mit 17,25 Millionen Mark veranschlagte Projekt erschien aber damals zu teuer. Einige spätere dem wirklichen Bedarf mehr angepaßte Entwürfe klärten die Angelegenheit soweit, daß die preußische Zentralstelle im April 1899 der Kgl. Eisenbahndirektion zu Halle a. d. Saale den Auftrag erteilen konnte, einen Entwurf auszuarbeiten. Die hiernach bearbeiteten Entwurfsskizzen nebst Kostenüberschlägen konnten im November 1899 zur Vorlage gelangen und wurden von dieser im März 1900 als günstige Grundlage für die weitere Bearbeitung des Gesamtentwurfes angenommen. Durch die zwischen der preußischen und sächsischen Staats-Eisenbahnverwaltung in den Jahren 1901 und 1902 vereinbarte Gesamtplanung wurde bestimmt:
Es ist ein gemeinschaftlicher Personenbahnhof als Kopfstation am Georgi-Ring auf dem Gelände des jetzigen Dresdener, Magdeburger und Thüringischen Bahnhofes zu erbauen, in den alle preußischen und sächsischen Linien eingeführt werden sollen. Zu beiden Seiten des Personen-Bahnhofes sind die Güter-Bahnhöfe anzulegen, und zwar auf der Westseite derjenige der preußischen Verwaltung und auf der Ostseite derjenige der sächsischen Verwaltung. Die Baulichkeiten der drei alten Bahnhöfe müssen daher vollständig beseitigt werden. Für den Postverkehr wird auf der Ostseite des Hauptbahnhofes, an der neu anzulegenden Brandenburger Straße, ein Briefpostamt erbaut, welches durch einen Tunnel mit den Postanlagen in der Bahnsteighalle verbunden wird. Weiter ist für den Postpaketverkehr auf der Nordostseite des Hauptbahnhofes zwischen den preußischen und den sächsischen Gleisanlagen ein besonderer Postpaket-Bahnhof mit Gleisanschluß an den Personen-Hauptbahnhof anzulegen, auf dem die Postwagen sämtlicher preußischer und sächsischer Linien abgefertigt werden sollen. Der alte Übergabebahnhof Leipzig, nördlich vom Dresdener Bahnhof gelegen, auf dem die Übergabe der Güterwagen zwischen den beiden Eisenbahnverwaltungen bisher stattfand, wird ersetzt durch zwei Übergabestellen, und zwar einmal durch den im Osten der Stadt Leipzig auszubauenden Bahnhof Schönefeld, das andere Mal durch die Bahnhofsanlagen der beiden Verwaltungen in Plagwitz im Westen der Stadt Leipzig, die den neuen Verkehrsverhältnissen entsprechend zu erweitern sind.
Die in den neuen Bahnstrecken befindlichen Straßen-Über- und -Unterführungen sind entsprechend zu erweitern und umzubauen, und für geplante

Straßenzüge sind neue Brücken einzubauen. Zu den durch diese Brückenbauten entstehenden Kosten haben alle in Frage kommenden Gemeinden, im besonderen die Stadt Leipzig, Beiträge zu leisten. Die Stadt Leipzig wird auch den Vorplatz vor dem neuen Empfangsgebäude allein auf eigene Kosten ausbauen.

Endlich ist sächsischerseits in dem Bogendreieck bei Connewitz der Bau eines Elektrizitätswerks geplant, von dem auch sämtliche sächsische Bahnhofanlagen in und um Leipzig mit elektrischen Strom für Beleuchtung und Kraftmaschinen aller Art zu versorgen sind.

Der Gesamt-Kostenaufwand wurde im Jahr 1902 auf Grund der von den verschiedenen Verwaltungen aufgestellten Überschlagsberechnungen auf rund 135 Millionen Mark geschätzt.

Nach dem allgemeinen Arbeitsplan, der beim Abschluß der Verhandlungen 1901 und der Verträge vom Jahre 1902 zugrunde gelegt worden ist, sollte die Ausführung der Leipziger Bahnhofsbauten in drei großen Abschnitten erfolgen, von denen umfaßt:

a) Bauabschnitt I, 1902 bis 1907: die Herstellung der außerhalb des Weichbildes der Stadt Leipzig gelegenen Rangierbahnhöfe nebst Verbindungsbahnen, des Werkstättenbahnhofes Engelsdorf, des Elektrizitätswerkes sowie auf den Innenbahnhöfen diejenigen Arbeiten, die zur Freilegung des Bauplatzes für die erste Hälfte des neuen Empfangsgebäudes des Hauptbahnhofes Leipzig erforderlich sind.
b) Bauabschnitt II, 1909 bis 1911: den Bau der ersten Hälfte des neuen Empfangsgebäudes des Hauptbahnhofes und eines Teils der Bahnsteiganlagen nebst Zubehör sowie die Fertigstellung der Güterbahnhöfe.
c) Bauabschnitt III, 1912 bis 1914: den Bau der zweiten Hälfte des Empfangsgebäudes und der Bahnsteiganlagen und somit die Fertigstellung der Gesamtanlage des Bahnhofes.

Das Empfangsgebäude des als Kopfstation erbauten Hauptbahnhofes am Georgi-Ring kommt entlang des Vorplatzes der städtischerseits herzustellenden Promenade mit einer Frontlänge von 298 m zu stehen. Der Eingang in das Gebäude liegt in Vorplatzhöhe, die Schienenoberkante der Bahnsteiggleise 2,62 m über dem Vorplatz. Hinter dem Empfangsgebäude befindet sich ein 24 m breiter Querbahnsteig, von welchem aus man nach den verschiedenen Längsbahnsteigen gelangt.

Es sind 26 Bahnsteige vorgesehen. Von denselben dient jeder der beiden Verwaltungen je die Hälfte, und zwar sind sie entsprechend der geografischen Lage der verschiedenen Linien gegen Leipzig von Nordwest nach Südost angeordnet.

Sämtliche Linien sind in den Bahnhof so eingeführt, daß für die regelmäßigen Zuläufe bei der Einfahrt Gleisüberschneidungen in Schienenhöhe nicht vorkommen.

Zwischen den 2,62m über Vorplatzhöhe liegenden Bahnsteiggleisen sind abwechselnd Personenbahnsteige und Gepäckbahnsteige, die eine Höhe von 0,76m bzw. 0,36m über Schienenoberkante erhalten, angeordnet, so daß der Gepäckverkehr vollständig vom Personenverkehr getrennt ist. Die Gepäcksteige sind mittel zahlreicher Aufzüge mit den unter den Gleisen angeordneten Quer- und Längstunneln verbunden, welche letztere nach den im Empfangsgebäude gelegenen, in Vorplatzhöhe liegenden Gepäckabfertigungsstellen führen. Es sind insgesamt 26 Kopfgleise mit 12 Zwischenbahnsteigen von je 10m Breite und 2 Randbahnsteige von je 9,5m Breite für den Personenverkehr und 13 Gepäckbahnsteige nach vollständigem Ausbau des Bahnhofes vorhanden.

Die Bahnsteiganlagen sind auf rund 220m Länge, von der Hinterfront des Empfangsgebäudes ab gerechnet, überdacht, und zwar sind 6 größere Hallen von je 45m und 42,5m Spannweite und 2 kleinere Seitenhallen für die beiderseitigen Randbahnsteige von je 15m Spannweite in Aussicht genommen, die nach dem Empfangsgebäude zu in die 36m weit gespannte Überdachung des Querbahnsteiges einlaufen.

Für den Bau des Empfangsgebäudes haben die beiden Eisenbahnverwaltungen Preußen und Sachsen im Oktober 1906 einen Wettbewerb zur Erlangung von Entwürfen für das neue Empfangsgebäude unter deutschen Architekten öffentlich ausgeschrieben. Die Entwürfe waren bis zum 15. April 1907 einzureichen. Es gelangten 76 Entwürfe zur Vorlage, von denen jedoch keiner den ausgesetzten I. Preis erhalten konnte. Das Preisgericht, das im Juni 1907 in Leipzig zusammentrat, erkannte vielmehr zweien der eingereichten Entwürfe je einen gleichwertigen Preis unter Zusammenlegung der im Programm der im Wettbewerb vorgesehenen I. und II. Preise in der Höhe von 12500 Mark zu. Die Verfasser dieser beiden Entwürfe waren die Architekten Kröger – Berlin und Lossow & Kühne – Dresden. Außerdem wurden zwei weitere III. Preise von je 7.500 Mark verteilt und sechs der Entwürfe für je 1.000 Mark angekauft, so daß den Staats-Eisenbahnverwaltungen insgesamt zehn der eingegangenen Entwürfe zur Verfügung standen.

Unter Berücksichtigung des Ergebnisses dieses Wettbewerbes und der da-

bei erhaltenen Anregungen und unter besonderer Anlehnung an den Entwurf der Herren Architekten Lossow und Kühne in Dresden ist hierauf eine neue Entwurfsskizze für das Empfangsgebäude durch die sächsische Staats-Eisenbahnverwaltung, der vertragsgemäß die Leitung des Baues des Empfangsgebäudes nebst der Bahnsteighalle oblag, bearbeitet worden, wobei zugleich den verschiedenen Forderungen, die bei den Verhandlungen zwischen den beiden Eisenbahnverwaltungen Preußens und Sachsens nachträglich noch gestellt worden sind, Rechnung getragen wurde.
Dieser Entwurf für die Grundrißgestaltung des Gebäudes ist alsdann zur weiteren Durcharbeitung und im besonderen zur Aufstellung der Entwürfe für die Schauseiten und für die Innenarchitektur den Herren Lossow und Kühne in Dresden übermittelt worden, die inzwischen von den beiden Staatsregierungen Preußens und Sachsens zur Mitwirkung bei dem Bau des Empfangsgebäudes Leipzig ausgewählt worden waren.
Das Gebäude besteht aus einem 171 m breiten Mittelbau, an dem sich beiderseits Eck- und Flügelbauten anschließen. Die Einteilung ist in der Hauptachse folgende: In Vorplatzhöhe sind zwei Einsteigehallen mit je 1.100 m² freier Grundfläche, die von dem Vorplatz sowohl von vorne, als auch von der einen Seite zugänglich sind, vorgesehen, von denen die westliche, bereits eröffnete, nach den preußischen, die östliche, 1914 zu eröffnende nach den sächsischen Hallen führt. In den Eingangshallen befinden sich rechts und links die Fahrkartenschalter. Der Querbahnsteig und der darunterliegende Gepäckstunnel, die Warte- und Speisesäle, Küchen und Kelleranlagen des Bahnhofswirtschaftsbetriebes sind gemeinschaftliche Räume. Die Güterbahnhöfe bleiben getrennt.
Den architektonisch wirkungsvollsten Teil des Entwurfes der Herren Architekten Lossow und Kühne in Dresden bildet die Querbahnsteighalle, welche sich auf der Bahnseite an das Empfangsgebäude anschließt, mit einer Länge von 270 m und einer Breite von 35 m und einer mittleren Höhe von 25 m. Sie überdeckt somit einen Raum von 250.000 m² Rauminhalt.“

Kriegszerstörung, Rekonstruktion und Umbauarbeiten haben den beeindruckenden Anblick der Fassade von Postaer Sandstein (aus der Sächsischen Schweiz) nie schmälern können. Auch heute herrscht auf dem breiten Querbahnsteig, selbst bei regem Publikumsverkehr, weder Hektik noch Gedränge noch Geschiebe.

Stadtbild von einem Mann: William Lossow

Architekt Walter William Lossow (1852–1914) war drittes Kind einer Kaufmannsfamilie in Glauchau. Schon während seines Ingenieurstudiums an der Gewerbeschule in Chemnitz und am Dresdner Polytechnikum entwickelte er großes Interesse an der Architektur, so dass er an die Kunstakademie zu Dresden wechselte. Seinen Abschluss erlangte er 1878 unter Karl Weißbach (1841–1905). Nach einem einjährigen Studienaufenthalt in Italien gründete Lossow mit dem Assistenten seines Lehrers, Hermann Viehweger (1852–1914), das gemeinsame Architekturbüro Lossow & Viehweger (1880–1906). Das zeichnete u.a. verantwortlich für das Victoriahaus, das Central-Theater und die Garnisonkirche in Dresden. Ihre Bauten im Stile des Historismus fügten sich nahtlos in die Bebauung der Residenzstadt ein. In den Vorbereitungen zur Deutschen Kunstausstellung 1906 arbeitete William Lossow, mittlerweile Direktor der Kunstgewerbeschule und Mitglied zahlreicher Gremien, mit Max Hans Kühne (1878–1942) zusammen. Noch im selben Jahr wurde der junge Mann sein Schwiegersohn, und sie traten in Bürogemeinschaft. „Der von beiden entwickelte Architekturstil mit klaren Gliederungen, sparsamen, aber wirkungsvollen Ornamentierungen, klaren Grundrißlösungen und handwerklicher Gediegenheit war schließlich in ganz Deutschland nachgefragt. Auch die Raumausstattungen fanden hohe Anerkennung. Es entstanden zahlreiche bedeutende öffentliche Gebäude, Sakral- und Industriebauten sowie Wohn- und Herrenhäuser, die sich durch eine zeitgemäße Funktionalität, einfühlsame Materialwahl und eine wirkungsvolle Gestaltung auszeichneten." Das Architekturbüro Lossow & Kühne verantwortete u.a. die Synagoge in Görlitz (1910/11), die Talsperre Malter (1909/13), das Schauspielhaus und die Bienertsche Hafenmühle in Dresden (beide 1913). Auch nach dem Tode William Lossows hielt Kühne am Markennamen fest: Lossow & Kühne. Schaffenshöhepunkt der beiden Dresdner Architekten waren zweifelsohne der Leipziger Hauptbahnhof (auch wenn die Urheberschaft später von ihrem Mitarbeiter Rudolf Bitzan (1872–1938) bestritten wurde, der den Entwurf für sich reklamier-

te) – und dieser „Kathedrale der Moderne“ vis-à-vis das Hotel „Astoria“. Beide Gebäude wären sichtbar als Einheit zu betrachten.
Die Geschäfte der Leipziger Feuer-Versicherungs-Anstalt in ihren Büros am Blücherplatz 2 liefen gut und wurden mehr. „Die sprunghafte Wirtschaftsentwicklung des damaligen deutschen Reiches hatte auch gewisse Wünsche der Sicherheiten gegen allgemeine abwendbare und unabwendbare Gefahren geweckt, denen mit Hilfe des Versicherungswesens entsprochen werden sollte.“
Die 16 Zimmer der 1. Etage im Hause am Blücherplatz genügten den Anforderungen nicht mehr, der Versicherer veräußerte die Immobilie 1913 und bezog seinen fertiggestellten großzügigen Neubau am Dittrichring 24 (heute Gedenkstätte Museum „Runde Ecke“ in der ehemaligen Stasi-Bezirksverwaltung).
Grundfläche und Haus am Blücherplatz 2 kauften die Gebrüder Carl Ottokar und Hermyl Cohn. Hermyl Cohn war ein bekannter Rechtsanwalt in Prag, der auch bei Egon Erwin Kisch Erwähnung findet („Abenteuer in Prag“, 1920). Carl stand der Firma Cohn & Kreh in Frankfurt am Main vor. Das Unternehmen erwarb Immobilien, baute um und baute neu, verwaltete und vermietete die Häuser. Nicht nur in Frankfurt hatten Cohn & Kreh Besitz in bester Lage. Sie investierten deutschlandweit und erwarben auch das Grundstück von der Leipziger Feuer-Versicherung-Anstalt. Das verlassene Gebäude wurde zugunsten eines Neubaus abgerissen, entstehen sollte ein Hotel, das mit gediegenem Komfort höchsten Ansprüchen genügen konnte. Steigende Tourismuszahlen, Veranstaltungs- und Messegäste verhießen mit solch einem Vorhaben in der größten Stadt Sachsens lohnende Rendite. Unterkünfte waren in Leipzig rar, Beherbergungshäuser jeder Kategorie wurden gebraucht, vor allem die mit mondänen Ambiente und allumfassendem Service. Preise spielten für neureiche Unterhaltungsstars, Industrielle und Politiker keine Rolle. Herbergen der Extraklasse besaß die Stadt 1910 nicht allzu viele. Zu nennen wären:

Hotel „Der Kaiserhof“, Leipzig C1, Georgiring 7b,w
Hotel „Fürstenhof“, Leipzig C1, Tröndlinring 8,
Hotel „Hauffe“, Leipzig C1, Roßstraße 15,
Hotel „Stadt Rom, Roßstraße 2–4,
Park-Hotel, Leipzig C1, Richard-Wagner-Straße 7.

Alle diese Häuser lagen beieinander und in unmittelbarer Nähe des Stadtzentrums. Der Markt, die Passagen mit ihren Boutiquen, Museen, Theater und Messehäuser waren fußläufig erreichbar. Das Hotel „Astoria“ kam jetzt den Etablierten dazwischen, musste beeindrucken und etwas bieten. Als Architekten wurden von Cohn & Kreh dieselben verpflichtet, die für den Hauptbahnhof Verantwortung trugen: William Lossow und Max Kühne aus Dresden. Man versprach sich davon offensichtlich Synergieeffekte.

Erster Mann im ersten Hause: Heinrich-Georg Hartung

Tatsächlich betrachteten die Architekten ihre Arbeit an den beiden sich gegenüberliegenden Gebäuden, die nur die Blücherstraße trennte, als zusammengehörig. Hieß ihr Entwurf des Hauptbahnhofes „Luft und Licht", so setzte sich dieser Ansatz im Hotel „Astoria" fort. Das Haus zeigt in seiner Fassade auffällige Parallelen in Material und Aufbau zum Pendant, dem großen Bahnhof gegenüber. Dieser Effekt war von den Architekten beabsichtigt und sollte an die Ansicht eines Tores mahnen (das Hallische Stadttor hatte nahebei gestanden): Die Fassaden beider Gebäude kann man aufgrund ihrer korrespondierenden Gestaltung als zwei Pfeiler betrachten, denen nur die obere Querung fehlt. Auch der (ehemalige) Haupteingang des Hotels trägt dem Hauptbahnhof und dessen Publikumsverkehr Rechnung: Der Eintritt zu Vestibül und Rezeption lag dem westlichen Abgang von den Bahnsteigen genau gegenüber. So war der Weg nach der Ankunft prominenter Gäste in die Herberge kurz. Das bot den auch damals schon Bilder jagenden Paparazzi wenig Möglichkeiten eines Schnappschusses. Drinnen im Hause bestand die Geschäftsleitung streng auf die Wahrung der Privatsphäre all ihrer Gäste.

Geschäftsführend waren dem Hotel „Astoria" die Gebrüder Carl und Hermyl Cohn. Zum Direktor beriefen sie Kommerzienrat Heinrich-Georg Hartung, einen erfahrenen Manager erster Häuser wie dem „Continental" und dem „Adlon" in Berlin. Bereits vor seiner Inbetriebnahme sprach man vom „Astoria" als „modernsten und vornehmsten Hotel in Deutschland". In den Leipziger Tageszeitungen wies man auf die Neueröffnung schon monatelang vorher hin, um auch unter den Heimischen für Übernachtung, Restaurant und Vergnügen zu werben und das Interesse zu wecken:

Hotel und Weinrestaurant „Astoria“
am Hauptbahnhof Leipzig
ist eröffnet.
200 Zimmer Zimmer von 4,– Mark, 60 Bäder.
Mittagessen 3,50 Mk Abendessen vor oder nach dem Theater 4 Mk.
Nachmittagstee in der großen Halle 1,50 Mk.

Vor dem offiziellen Eröffnungstermin, dem 5. Dezember 1915, bat man die Presse ins neue Haus und führte sie durch Flure, Zimmer und Wirtschaftsräume, auf dass darüber Mitteilung gemacht werde, und so wurde über das formidable Hotel umfassend berichtet. Leipzig las es begierig, denn die ganze Stadt hatte am Baugeschehen Anteil genommen, nun endlich war zu erfahren, was hinter der Fassade entstanden war. Bislang kannte man nur die Äußerlichkeiten, jetzt war man erstaunt und begeistert, was drinnen ablief, ganz wie von den Bauherren beabsichtigt.
Das „Leipziger Tageblatt“ schrieb zur Eröffnung, dem „Astoria-Tag“:

„Im Verlaufe der letzten zwei Jahre ist an der Ecke der Blücherstraße und des Blücherplatzes, unserem neuen Hauptbahnhof gegenüber, ein Bauwerk geschaffen worden, das wegen seiner baulichen Gestaltung die Aufmerksamkeit der Vorübergehenden auf sich lenkt. Es ist das Hotel ‚Astoria‘, das heute dem Verkehr übergeben wird. Es besitzt eine Länge von 78,50 Metern und einen Flächeninhalt von 2.800 Quadratmetern, auch ist es mit einem Seitenflügel versehen, der bis zur Gerberstraße reicht und dort eine Länge von 17,50 Metern in Anspruch nimmt. Das ganze Gebäude ist doppelt unterkellert, hat eine Höhe von fünf Geschossen, ist vollständig massiv aus Naturstein und Eisenbeton hergestellt, sowie mit allen Errungenschaften der modernen Hoteltechnik versehen worden. Sein Haupteingang liegt an der Blücherstraße, dem Hauptbahnhof gegenüber. Hier betritt man zunächst eine geschmackvoll ausgestatte Vorhalle und gelangt sodann in die 36 Meter lange, zwölf Meter breite Wandelhalle, die den Mittelpunkt des Hotelverkehrs bildet und eine sehenswerte stilvolle Ausschmückung erhalten hat. Von hier aus sind nicht nur die Hotelräume des Erdgeschosses zugänglich, sondern auch die Treppen und Fahrstühle nach den Obergeschossen; außerdem wurden hier angefügt die Telephonzellen, die Verkaufsstellen für Bücher und Fahrkarten, die Hotelkasse, das Verwaltungsbureau, Räume für

HOTEL ASTORIA

TARIF:

Zimmer von M. 8.- bis M. 15.-
Zimmer mit Bad von M. 15.- bis M. 20.-

Zimmer mit 2 Betten M. 16.- bis M. 25.-
Zimmer mit 2 Betten mit Bad v. M. 25.- bis M. 35.-

Wohnungen:
Salon, Zimmer mit 2 Betten u. Bad von M. 50.- an

Die Preise verstehen sich einschließlich Heizung. Beleuchtung und Bedienung in Goldmark

Frühstück M. 2.50 / Mittagessen M. 5.-
Abendessen M. 6.-

Pension einschliesslich Zimmer von M. 17.50 an
Dienerschaft M. 12.-

Dieser Tarif ist ungültig während der Leipziger Messen

TELEPHON: STADTRUF 72411
FERNRUF 18281—18283

Umrechnungsfaktor zum Euro: ungefähr × 8

die Gepäckunterbringung, Garderoben, Toiletten usw. Am Ende dieser Halle liegen die Fest- und Speisesäle mit Orchesterlogen und Nebenräumen, sowie Lese- und Schreibzimmer, während seitwärts die geräumigen Hotelküchen und Büffets sich anschließen. Außerdem befinden sich noch im Erdgeschoß ein großes Kaffeerestaurant mit Aussicht auf den Blücherplatz und Verkaufsläden an der Blücherstraße, die teilweise schon vermietet sind. Die Obergeschosse enthalten 200 Fremdenzimmer mit 250 Betten und 36 Bäder mit allem Zubehör, wie in solchen modernen Gasthöfen üblich. Alle diese Räume sind von hellen, breiten Korridoren zugänglich. Beachtenswert ist die Ausstattung der einzelnen Fremdenzimmer, man kann sie als schön und zweckmäßig bezeichnen. Sie sind durch Doppeltüren gegen die Korridore und Doppelfenster gegen außen abgeschlossen, so daß sie also geräuschlos sind. Im Dachgeschoß befinden sich die Schlafräume für das Hotelpersonal mit eigenen Toiletten und Bädern, ebenso Plätträume, Trockenböden, Werkstätten usw. In den geräumigen Kellern werden die Vorräte für die Speisen und Getränke des Hotelbetriebes aufbewahrt, auch befindet sich hier die Heizungsanlage für das Gebäude usw. Das Hotel ‚Astoria' kann als eine Bauleistung bester Art bezeichnet werden und wird stets eine beachtenswerte Stellung unter den Hotels in Deutschland einnehmen."

Auch die „Leipziger Neusten Nachrichten" konnten ihre Faszination nicht verhehlen:

„Wenn man zum ersten Male das in bester Lage gegenüber der westlichen Seite des Hauptbahnhofes entstandenen Hotel ‚Astoria' betritt, fühlt man sich sofort heimisch, gleichwohl ob man Zimmergast oder als Gast, der Stärkung des Magens in angenehmer Umrahmung sucht, dem Hotel willkommen sein will. Die große Halle, die den Gast zunächst aufnimmt, ist in ihrer Bauart und in ihrer Ausschmückung von so anheimelnder Wirkung, daß man sich am liebsten in einen der bequemen Lehnsessel setzen und behaglich verweilen möchte. Aber wir gehen weiter und gelangen geraden Weges in den Speisesaal, dessen heitere Pracht, als die singende und tanzende Kunst am Sonnabend (dem Tag vor der offiziellen Eröffnung) dem Liebeswerk des Roten Kreuzes diente, die Besucher angenehm berührte, welchem Saal sich ein nicht minder schöner Speise- und Frühstücksaal anschließt.

Neueröffnung! Colorierte Bilder von Lobby und Restaurant – Werbeprospekt (1915)

Neueröffnung! Colorierte Bilder von Salon und Bar – Werbeprospekt (1915)

Erwähnt mag hierbei gleichzeitig ein gemütlicher anderer Saalraum sein, der für gesellige Zwecke bestimmt ist. Sehen wir uns weiter in dem monumentalen im wahrsten Sinne des Wortes künstlerisch geschaffenen Neubau um, fahren oder steigen wir bis in das höchste Stockwerk hinauf, so finden wir, daß jeder Raum mit gleicher Liebe und Sorgfalt hergestellt und ausgestattet ist. Nicht weniger als 200 Fremdenzimmer, selbstverständlich mit den besten neuesten, der Hygiene und Bequemlichkeit dienenden Einrichtungen (besonders Wasch- und Badegelegenheiten), versehen, hat das Leipziger Hotel ‚Astoria' aufzuweisen. Jegliche Eintönigkeit ist vermieden worden. Jedes Zimmer trägt andere Wandbekleidungen, andere Wandfarbe und ist so reizend möbliert, daß es Freude am Dasein zu erwecken geeignet ist. Die Zimmerpreise sind, wie insbesondere bemerkt sein mag, verhältnismäßig niedrig gehalten, ebenso die Preise für Speisen und Getränke. Doch auch hinunter in die Räume unter der Erde, wo für die leibliche Stärkung gesorgt wird, wo die Küchen-, Wirtschafts- und Maschinenräume nebst allem Zubehör sich befinden, führt der Weg, und auch hier findet man alle technischen Errungenschaften der Neuzeit dem schnellen Verkehr zweckentsprechend verwendet. Die Erbauerin, die Frankfurter Firma Cohn & Kreh, der als bewährter Fachmann Direktor Hugo Weigand vorsteht, hat natürlich in ihrem neuen Hotel ‚Astoria' auch für Post-, Telephon-, buchhändlerische Schreib-, Frisör-, Blumen-, Geschäfts- und andere Räume gesorgt. Klarheit und Uebersichtlichkeit in der Durchführung des Baues, den die hiesige Baufirma Ohme und Bechert errichten half, waren dem Architekten in erster Linie maßgebend, ebenso prägen sich in den gesamten Räumen Helligkeit und Sauberkeit in wohltuender Weise aus. Der durch alle Räume gehende Stil entspricht der Neuzeit in den anheimelndsten Formen. Der Millionenbau grenzt an die Blücherstraße, an den Blücherplatz und an die Gerberstraße. Künstlerisch schön und vornehm, dabei einfach gediegen, erhebt sich das Hotel ‚Astoria' an der Stelle, wo früher das Gebäude der Leipziger Feuerversicherungs-Gesellschaft stand. Als ein Privatunternehmen verdient die Durchführung dieses Bauwerks in schwerer Kriegszeit restlose Anerkennung. Möge es dem Verkehr zum Vorteil, der Stadt Leipzig zur Ehre seinen Zweck voll und ganz erfüllen."

Die Eröffnung des Nobelhotels sah das Tagesblatt der Sozialdemokratie, die „Leipziger Volkszeitung", vom Klassenstandpunkt aus:

„Die unter der kapitalistischen Produktionsform wirkenden Tendenzen, die sich in allen Wirtschaftszweigen bemerkbar machen, haben in den letzten Jahrzehnten auch im Hotelwesen eine grandiose Entwicklung hervorgerufen. Die Zeiten, wo das Reisen ein Privileg bestimmter kleiner Kreise war, wo die Postkutsche oder der private Reisewagen nach langer, oft recht ungemütlicher Fahrt den maroden Fremden in eins der meist bescheidenen Gasthäuser brachte, die sich in der Regel glichen wie ein Ei dem andern, sind nach und nach verschwunden, seitdem die erste Eisenbahn den Anstoß zu einer riesenhaften Steigerung des Verkehrs und der industriellen Entwicklung gab. Und mit der Verdichtung der Verkehrswege und der schwindelerregenden raschen kapitalistischen Entwicklung und der dadurch bedingten sozialen Gliederung der Gesellschaft trat auch eine weitgehende, den sozialen Verschiedenheiten entsprechende Differenzierung im Hotelwesen ein. Neben dem primitiven, den bescheidensten Bedürfnissen notdürftig Rechnung tragenden Logierhaus für die unteren Schichten finden sich in den verschiedensten Abstufungen besser ausgestaltete Hotelbetriebe für die Bedürfnisse des behäbigen Bürgertums, und in den Verkehrszentren sind unter Aufwendung großer Kapitalien Pracht- und Luxusbauten entstanden, die auf die Bedürfnisse der durch die raffiniertesten Genüsse verwöhnten sogenannten oberen Zehntausend zugeschnitten sind. Auf der anderen Seite hat die kapitalistische Entwicklung des Hotelwesens und die Sorge um die Verzinsung der angelegten Gelder zu einer gewissen Nivellierung geführt und eine Reihe von labyrinthartigen Gebäuden erstehen lassen, die durch die Einführung eines Einheitspreises für die Zimmer sowohl der Sicherung der Kapitalanlage als auch den Bedürfnissen des reisenden Publikums gerecht werden sollen.
Daneben hat sich aber auch im Charakter des Hotelwesens selbst eine wesentliche Aenderung vollzogen. Das Hotel ist Großbetrieb geworden, der sich alle hygienischen und technischen Errungenschaften dienstbar macht; das kommt äußerlich darin zum Ausdruck, daß immer mehr die bis zur Geschmacklosigkeit gesteigerte Ausstattung mit ihrem an das ‚trauliche Heim' des behäbigen Bürgertums erinnernden Charakter verschwindet und nach künstlerischen Gesichtspunkten hergerichtete und sich praktischen Bedürfnissen anpassende Anlagen geschaffen werden.
In Leipzig hat die Entwicklung des Hotelwesens durch den Bau des Hauptbahnhofs einen mächtigen Anstoß erfahren. Und die Firma Cohn u. Kreh hat jetzt durch die Dresdner Architekten Lossow und Kühne, die auch das Empfangsgebäude des Hauptbahnhofs sowie das monumentale Verlags-

haus der Firma B.G. Teubner errichtet haben, einen Hotelbau ausführen lassen, der sich als Typ dieser neuen Richtung präsentiert und auch durch seine äußere Ansicht wohltuend wirkt. Neben den genannten Architekten haben an der äußeren Ausschmückung zahlreiche Künstler, u.a. die Bildhauer Rudolf Born, Karl Beyer, Prof. Karl Groß, Georg Sieburg, sowie die Maler Prof. J. Goller, Alexander Baranovsky, Emilio Jensen und Paul Ricken mitgewirkt.

Der groß angelegte Bau enthält im Erdgeschoß eine ca. 40 Meter lange behaglich ausgestatte Wandelhalle, die mit Plätzen für Post, Telephon, Portier, Schreibgelegenheit usw. ausgestattet ist und Zugänge zu einem Friseur und Blumenladen hat. Ein mehr auf heitere Pracht abgestimmter Speisesaal schließt sich in der Längsachse an. Zur Zeit führen große Spiegelglastüren in einen kleinen, mehr auf den Mittag gestimmten Speise- und Frühstücksaal, ein elegantes Schreibzimmer und ein wohnliches Lesezimmer. Die Anlage der Telephonzellen ist im Zentrum all der genannten Räume untergebracht, damit dem auf seine Auswärtsgespräche Wartenden jeder weitere Weg erspart bleibt. Auf der anderen Seite befindet sich der Zugang zu einem Konferenzsaal. Eine weiträumige Treppe führt um die beiden Personenaufzüge herum nach den oberen Geschossen. Die Vertäfelung der Wände bis zur Decke mit grauen, bunt gemasertem Formosamarmor zeigt den Sinn für Einfachheit, verbunden mit äußerster Vornehmheit. Das riesige Gebäude enthält über 200 geschmackvoll eingerichtete und mit den modernsten hygienischen Einrichtungen versehene Fremdenzimmer, bei denen jene altväterliche, oft beängstigende Ueberladung vermieden und durch die Wirkung eines gediegenen Materials ersetzt ist. Erwähnt sei hier noch die technisch vollkommene Durchlüftungsanlage, die durch die Architekten zur künstlerischen Ausschmückung des Speisesaals benützt und so dem Auge verdeckt ist.

Eine besondere Sehenswürdigkeit für sich ist der ganze Trakt der Küchen, Wirtschafts- und Maschinenräume, der einen mit den neuesten technischen Errungenschaften ausgestatteten komplizierten Apparat bildet. Zahlreiche lange, bis an die Decke mit weißen Fliesen ausgelegte Gänge und Treppengänge führen in die Küchen, Konditorei, die Kühl- und Heizungsanlagen, die Müllverbrennungsanlage usw. Hier wird der Charakter des kapitalistischen Großbetriebs offenbar, und es überrascht nicht, zu hören, daß die Herstellungskosten dieses Riesenbaues annähernd 5 Millionen Mark betragen. Interessieren dürfte noch, daß das ganze Gebäude auf einer Betonplatte von 1 Meter Stärke ruht, deren Herstellung allein 100.000 Mk. kostet.

Von Tanz bis Zimmertemperatur –Wohlfühlfaktor und Service allumfassend

Wenn die Preise im Hinblick auf die Ausstellung auch nicht übermäßig hoch sind, es sind Zimmer von 4 M. an zu haben, so wird der Besuch des Hotels doch in der Hauptsache nur dem gutsituierten Reisepublikum möglich sein. Der gewöhnliche Bürger darf den Bau nur von außen bewundern und als sichtbares Zeichen der mit Riesenschritten forteilenden kapitalistischen Entwicklung betrachten."

Für solvente Gäste, die Geldwerte, Schmuck, Geschmeide und Verträge nicht offen in den Zimmern liegen lassen wollten, hatten die Erbauer hinter der Empfangstheke im Erdgeschoss einen mit 20 cm mächtigen Metallwänden versehenen Tresorschrank eingebaut (wie man ihn aus einschlägigen, etwa Edgar-Wallace-Filmen kennt). Seine Fächer konnten in verschiedenen Größen gemietet werden. Zu öffnen waren seine Türen nur mit zwei Schlüsseln: Einen erhielt der Gast, während der Empfangschef den zweiten aufbewahrte. Dieser besaß einen langen Schaft mit einem Gelenk. Nur beiden Parteien zusammen war es möglich, das Verwahrte aus dem Safe zu holen, wobei sich die Hotelkraft bei der letztendlichen Öffnung dezent wieder entfernte.
Trotz Exklusivität und höherer Preise als die, die Leipziger aus ihrem Alltag kannten, versuchte die Geschäftsleitung, auch die einheimische Bevölkerung zu überzeugen, das „Astoria" zu besuchen, denn es wollte mehr als nur ein Hotel sein, so annoncierte man bereits im Monat vor der Eröffnung in den Zeitungen und pries den Service im neuen Haus:

Der
Letzte und vollendete Hotelneubau
Deutschlands
Hotel „Astoria" Leipzig
bietet
Säle für Sitzungen und Festlichkeiten
Schneiderwerkstätte
Telegraphen-Station
Eisenbahn-Fahrkarten
Kraftwagen im Hotel

Kommerzienrat H. G. Hartung, kgl. Hoflieferant
Erster Direktor des Hotels „Bristol", Hotel „Adlon" und Hotel „Continental" Berlin

Trotz Krieg und tausendfachem Tod war das zweite Adventswochenende 1915 der Stadt Leipzig bleibendes Ereignis: Der Leipziger Hauptbahnhof wurde dem Gleisnetz angeschlossen und dem öffentlichen Betrieb übergeben. Mit seiner Eröffnung geriet er zu kommunaler Größe und änderte Leipzigs Innenstadtleben auf Dauer. Die bleibende Wirkung war am 4. Dezember 1915 noch nicht abzusehen: „Zur Feier der Schlußsteinlegung hatte sich am Sonnabendmittag eine ansehnliche Versammlung in der östlichen sächsischen Eingangshalle des Hauptbahnhofes eingefunden. Unter anderem waren Vertreter des sächsischen Finanzministeriums, der Generaldirektion der sächsischen Eisenbahnen, des preußischen Ministeriums der öffentlichen Arbeiten, der Eisenbahndirektion Halle, Mitglieder der Ständekammern, der Oberbürgermeister, Ratsmitglieder und Stadtverordnete von Leipzig, der Kreishauptmann, der Amtshauptmann und weitere Vertreter staatlicher und militärischer Behörden erschienen."
Im Riesen-Bahnhof wurden verbaut: 625 Tonnen Glas, 34.000 Tonnen Zement, 7.000 Tonnen Eisen (umweltfreundlich ausschließlich Umbau- und Rekonstruktionsmaterial). Die Gesamtsumme für den kompletten Umbau der Bahnanlagen samt Bahnhof betrug 137,05 Millionen Reichsmark (1 RM = ~15 Euro). Der leitende Baurat betonte, „daß die Vollendung des Leipziger Hauptbahnhofes ein Markstein in der Geschichte des deutschen Eisenbahnwesens sei. Vor 78 Jahren ist von hier die erste größere Eisenbahn in deutschen Gauen dem Betrieb übergeben worden. Ein Schienenstrang nach dem anderen ist gebaut worden und hat die alte Handelsstadt Leipzig mit Magdeburg, Berlin, dem Thüringer Land, dem Osten und der Grenze Bayerns verbunden. Mitte der 70er Jahre ist zum ersten mal der Plan eines gemeinschaftlichen Bahnhofs in Leipzig aufgetaucht. Erst um die Wende des Jahrhunderts kam der jetzt verwirklichte Plan auf."
Stolz waren Bauherren und Stadt, stolz waren Eisenbahn und Architekten, stolz waren die Leipziger Bürger. „Mit der Betonung wohlwollenden Zusammenarbeitens aller beteiligten Behörden und der Hoffnung, daß der stolze Bau den Segnungen eines baldigen Friedens dienen möge, schloß der Redner" – und hatte die Strapazen und bürokratischen Hürden des Projektes verschwiegen. Denn „das neue Leipziger Bahnhofsgebäude war auch deswegen so groß, weil es eigentlich zwei Bahnhöfe unter einem Dach vereinte: einen der königlich sächsischen und einen der preußischen Eisenbahngesellschaft. Zwischen beiden gab es eine erbitterte Konkurrenz. Vor allem die preußische Staatseisenbahn war eigentlich gegen den Neubau. Sie hatte erst wenige Jahre

zuvor im benachbarten Halle einen modernen Durchgangs-Bahnhof errichtet (der bis zum Dezember 2019 zu Ungunsten des Bahnverkehrs auf dem Leipziger Hauptbahnhof modernisiert wurde). Der Kompromiss sah nun so aus, dass es am neuen Leipziger Hauptbahnhof alles doppelt geben sollte. Wenn man zum Beispiel in den sächsischen Raum fahren wollte, konnte man nur auf sächsischer Seite die Fahrkarten lösen, wollte man nach Berlin fahren oder nach Thüringen, musste man auf der preußischen Seite die Fahrkarten lösen. Die beiden Bahnhofsvorsteher trafen sich des Morgens um 8 Uhr zwischen Bahnsteig 13 und 14, um die Tagesaufgaben abzusprechen. Es ging sogar so weit, dass auf beiden Seiten unterschiedliche Uhrensysteme herrschten, auf der einen Seite hatte man das neue uns heute bekannte 12-Stunden-Zifferblatt eingeführt, auf der anderen Seite gab es noch das 24-Stunden-Zifferblatt."
Doch wer spricht am Tage der Vollendung von Hindernissen, von Strapazen, vom Krieg? Man feierte. Man feierte selbigen Abends auch erstmals in den Räumen des schlüsselfertigen Hotels „Astoria". Noch war dessen Rezeption nicht besetzt, noch war das Restaurant nicht im Normalbetrieb, noch lagen keine Gäste in den vornehmen Betten. Aber an jenem Samstagabend des 4. Dezembers 1915 lud der Albert-Verein, das „Liebeswerk des Roten Kreuzes", in die „heitere Pracht" der großen Säle vom Hotel „Astoria". Den Frauenverein hatte Sachsens Königin Carola 1867 mit dem Namen ihres Mannes initiiert und ihre Mitbürgerinnen aufgerufen, damit das Sanitätswesen des Militärs zu unterstützen. Anlässlich des nahenden Weihnachtsfestes bat man nun Leipzigs Bürger um Spenden für hilfsbedürftige und kriegsversehrte Soldaten, so auch in den „Leipziger Neuesten Nachrichten" vom 5. Dezember 1915:

„Ein Wohltätigkeitsfest zu Gunsten der Verbands- und Kranken-Erfrischungsstelle vom Roten Kreuz Leipzig war gestern in dem eben erst eröffneten neuen Hotel ‚Astoria' am Hauptbahnhof veranstaltet worden. Es mochten etwa 300 den ersten Gesellschaftskreisen unserer Stadt angehörende Damen und Herren sein, die sich in der herrlichen Halle des Hotels zusammenfanden. Der Eindruck der ganzen Veranstaltung ein vornehm anmutender, ungezwungener. Es gab Gelegenheit zu angenehmen Verweilen beim Tee an kleinen Tischen in anregender Unterhaltung, und der Zweck auf so reizende Art dem Roten Kreuz abermals so unterstützend zu dienen, wurde vollkommen erreicht. Aber auch die künstlerische Seite fehlte diesem Wohltätigkeitstee nicht. Mitglieder unserer städtischen Bühnen hatten sich wiederum in den Wohltätigkeitsdienst gestellt und auch weitere künstlerische Kräfte waren gern bereit, der Veranstaltung zu dienen. Zu den letzteren zählen wir Fräulein Roch und Herrn Dimitri Nikisch (1899–1936, Sohn des Gewandhauskapellmeisters Arthur Nikisch), die, wennschon noch blutjung, beachtliche Leistungen boten – er als gewandter Begleiter am Klavier, sie als Grazie und Anmut entfaltende Tänzerin. Der Wert dieser Vorführung lag in der Wahl der drei Phantasie-Stücke für Klavier und Mimik von MacDowell (1860–1908). Von der Oper erfreuten Frau Eleonore Hansen-Schultheiß und Frau Aline Sanden mit der vollendeten Wiedergabe wertvoller Lieder, von der Operette waren Margarethe Rößner und Walter Grave, die im Duett und einzeln sich mit gern gehörten, stimmlichen Aufwand erfordernden Gesängen den Beifall der Anwesenden sicherten. Die Begleitung führte Elisabeth Philipp sicher und schmiegsam durch."

Mit dieser Veranstaltung war die noble Herberge der Öffentlichkeit übergeben. Das „Astoria" verschaffte sich schnell besten Ruf, so dass es in Reiseführern und Touristenblättern prominent Erwähnung fand. Auch die Leipziger besuchten das Haus und nutzen seine Angebote: sei es Frisör, Telefon oder die Schmackhaftigkeiten aus Küche und Patisserie. „Wer vornehm und gediegen speisen will, tut das im ‚Astoria' am Bahnhof – ein Glas Pilsner M 1,50!" (handelsüblich waren für den halben Liter damals 14 Pfennige). Sándor Márai (1900–1989), der ungarische Universalliterat und damals zum Studienaufenthalt in Leipzig weilend, bezahlte 1923 fürs Menü im Hause 50 Mark, „allerdings ohne Getränke". Frisörmeister Bahlke besaß Reputation und frisierte mit Schere und Fingerfertigkeit und Eleganz höhergestellte Köpfe: „Wer manikürt sein will oder auf streng persönlichen Haarschnitt Gewicht legt, muß sich selbstredend zu Bahlke bemühen. Die Damen ausnahmslos. Studien am sächsischen Volkscharakter sind da aber schwerlich zu treiben." Die „Astoria"-Geschäftsleitung unter Direktor Heinrich-Georg Hartung setzte auf Qualität, Gediegenheit und Tradition. Der Insider verrät „Was nicht im Baedecker steht" (1929): „Das Astoria! Der Kaiser Wilhelm hängt in alter Frische im Speisesaal. Aber es ist fürtrefflich geleitet von Hartung, einem der reizendsten Menschen. Ich brauch zu kommen und schon ist Zimmer 420 reserviert." Anklang finden mit ihrem Beginn sofort die im Hause veranstalteten Zusammenkünfte, die zwangloses Miteinander fördern: „Im Hotel ist täglich von ½ 5 bis ½ 7 Tanztee. Damen nur mit Hut. Damen, die zu tanzen wünschen, werden gebeten, es dem Oberkellner bekanntzugeben." Also „bei ungünstiger Witterung Tanz im ‚Astoria' – unbedingt!" Denn wenn man auch nicht selber das Tanzbein schwingen wollte, allein das Zusehen lohnte: „Auf dem Parkett hat ein Herr im Smoking gestanden. Und eine Dame mit einer enormen Dekoll-Etage. Auf dem Rücken hat sie überhaupt nichts angehabt. Bis zum Rock! Und auf der entgegengesetzten Seite war auch gerade kein Stofflager! Und sie haben eine Walzerfantasie getanzt: Und der Smoking hat die rückenfreie Person in der Luft herumgeschleppt. Und sie hat sich hintenübergebeugt, als ob sie sich das Rückgrat hätte herausoperieren lassen. Dann hat er sie runtergestellt. Und sie hat ihm mit dem Finger gedroht. Darauf ist er hinter ihr her. Sie hat aber nicht gemocht. Bis er sie dann wieder auf den Arm genommen hat" (Neue Leipziger Zeitung, 10. April 1923) Solche Werbung und ausgezeichneter Leumund zeigten Wirkung: Gar städtische Besichtigungsrouten werden ab dem Hotel ausgeschrieben, weil sich das „Astoria" als Ausgangspunkt und Wegmarke gut eignet: „Angenommen du logierst im Hotel ‚Astoria' und verläßt dessen Portal, so wende dich bitte rechter Hand nach dem Alten Theater und schreite alsdann in Richtung Zentraltheater weiter." Schon ist man mittendrin im Getümmel des Leipziger Alltags und Nachtlebens.

Im „Astoria" angestellt zu sein, schien krisensicher, gut bezahlt, beförderte Ansehen und gesellschaftliche Stellung. Nahm Herr Direktor Hartung einen in die Lehre, galt dies als Billett für die Zukunft:

„Lehrvertrag als Kellner für Heinrich Bachmann

geb.:	2. 4. 1912
Beginn der Lehre:	8. 4. 1926
Lehrzeit:	drei Jahre
Probezeit:	4 Wochen
Lehrgeld:	keins"

Nach den allgemeinen Paragrafen heißt es:

„§ 3 Der Lehrherr verpflichtet sich, dem Lehrlinge die erforderlichen Anweisungen zur Erlernung des Gastwirtschaftsgewerbes zu erteilen oder erteilen zu lassen und ihn nach Kräften zu einem brauchbaren Gehilfen auszubilden, den Besuch der Fortbildungs- bzw. Fachschule zu überwachen und ihn zur Arbeitsamkeit und zu guten Sitten anzuhalten.

§ 4 Dagegen macht sich der Vater als Vormund und die Mutter des Lehrlings verbindlich, diesen anzuhalten, daß er während der Lehrzeit allen Fleiß auf die Erlernung des Gastwirtsgewerbes verwende, dabei dem Geschäftsinteresse des Lehrherrn diene, letzterem und ihn vertretende Geschäftsführer oder Gehilfen mit Gehorsam und Achtung begegne und ihm, sowie den Gästen gegenüber sich stets eines anständigen, entgegenkommenden und bescheidenen Verhaltens befleißige. Der Lehrling ist der väterlichen Zucht des Lehrherrn unterworfen.
§ 5 Für die Beköstigung Lehrlings sorgt der Lehrherr, die Wohnung und ihre Instandhaltung gewährt der Vater, für die Reinigung der Wäsche, sowie Bett und Bettwäsche u. s. w. sorgt der Vater. Die erforderliche Kleidung wird von dem Vater beschafft. Das dem Lehrlinge unentbehrliche Handwerkszeug wird durch den Vater beschafft. Etwaiges Schulgeld für die Fortbildungs- oder Fachschule zahlt der Vater."

Die Ausbildung war streng, die Worte oft hart. Der Hotelbetrieb glich einem gut organisierten Ameisenhaufen. Der sozialistische Lehrbetrieb für Gaststätten und Restaurant-Fachkräfte vermerkte in seinen Blättern zum Geschichtsunterricht: „Das Hotel war für die wohlhabenden Kreise konzipiert. Industrielle und vermögende Händler, führende Politiker des Bürgertums und Militärs stellten den Gästekreis. Dank der neuzeitlichen Ausstattung und technischen Einrichtung sowie einer straffen Organisation, konnte sich das ‚Astoria' in den Konkurrenzkampf mit den anderen führenden Hotels nicht nur behaupten, sondern eine Spitzenposition erobern. Die Direktion forderte von dort Arbeitenden absolute Unterordnung bei der meist 12stündigen Arbeitszeit und zahlte sehr bescheidenen Lohn. Nach dieser Maxime behauptete das Hotel Jahrzehnte seinen Platz in der Leipziger Hotellerie." Das Hotel „Astoria" avancierte also zum städtischen Fixpunkt in der Nachkriegszeit und dem ihm nachfolgenden Jahrzehnt.
In der Friedenssilvesternacht 1918/19 hatte Kapellmeister Arthur Nikisch (1855–1922) das Gewandhausorchester die 9. Sinfonie Ludwig van Beethovens ins Neujahr spielen lassen und begründete damit eine international andauernde Tradition. Das Leben in Leipzig beginnt nach der Kriegsstarre wieder zu pulsen, es pulst, pulst schneller. Industrie und Kultur und die Messe bestimmen den Rhythmus. „In beteiligten Kreisen wird der Besuch der diesjährigen Herbstmesse (1919) durch kaufmännische Interessenten auf rund

120.000 geschätzt. Gegenüber der Frühjahrsmesse ist das ein Zuwachs von rund 24.000 Besuchern." Eine Untergrundmessehalle wird geplant und unterm Markt in einem halben Jahr fertiggestellt (1924). Das Gelände der Baufachausstellung wird Technische Messe. 1924 war die Halle 12 als Ausstellungsfläche für Werkzeugmaschinen besuchsfertig. Unter dem Namen „Achilleion" war sie auch Sportpalast: Max Schmeling erkämpfte hier einen seiner frühen Siege. Die Spektakel von Sechs-Tage-Rennen fanden darinnen statt. Auch in der Innenstadt wird neu gebaut: Kroch-Hochhaus (1927), Petershof (1929), Neues Grassi-Museum (1929). Jugendstil, Art déco und Neue Sachlichkeit. Museen erlangen internationale Reputation. Rudolf Ditzen (1893–1947) gibt sich für seinen autobiografischen Pubertätsroman „Der junge Goedeschal" (1920) das Pseudonym Hans Fallada. Erich Kästner (1899–1974) studiert Philosophie und Geschichte „mit Kant und Gotisch, Börse und Büro, mit Kunst und Politik und jungen Damen", und er beginnt zu schreiben. Edgar Wallace kuratiert beim Goldmann-Verlag sein „Kriminalmagazin". Doch auch reale Verbrechen sorgen für Gesprächsstoff. „Die Hoffmannsche" (1922) entledigt sich einer Leiche als Gepäck im Hauptbahnhof – und inspiriert damit Hans Reimann zu einem Kabaretttext. Kurt Tetzner mordet für den ersten großen Versicherungsbetrug in Deutschland (1929). Hans Reimann (1889–1969) und Rudolf A. Sievers (1902–1949) liefern in der Satire-Zeitschrift „Der Drache" bissige Kommentare zum Geschehen. Das von beiden gegründete Kabarett „Die Retorte" macht Stars: Lina Carstens (1892–1978), Franz Mehring (1846–1919), Joachim Ringelnatz (1883–1934) Erich Weinert (1890–1953) u. a. m. 1923 drei diskutierte Uraufführungen am Schauspielhaus: Ernst Tollers (1893–1939) „Hinkemann", Hanns Johsts (1890–1978) „Wechsler und Händler"; Bertolt Brechts (1898–1956) „Baal" wird gar verboten. 1930 machen Provokateure der NSdAP die Uraufführung vom „Aufstieg und Fall der Stadt Mahagony" zum Skandal. Vorm Reichsgericht stehen Kriegsverbrecher (1921–1927), Putschisten (1921) und „Die Weltbühne" (1931). Es rauchen die Schlote von Kammgarnwerken und Baumwollspinnerei. Karl Liebig baut Kräne, Adolf Bleichert Drahtseilbahnen, Philipp Swiderski Buchdruckmaschinen. Verlage drucken Zeitungen, Bücher, Hefte und Parteiprogramme. Menschen reisen in die pulsende Metropole und nehmen in den örtlichen Hotels Quartier wie im Roman.

Der Zugereiste stand in der Halle, „und er sah: die Marmorsäulen mit Gipsornamenten, den illuminierten Springbrunnen, die Klubstühle. Er sah Herren in Fräcken, Herren in Smokings, elegante, weltläufige Herren. Damen mit nackten Armen, mit Glitzerkleidern, mit Schmuck, Pelz, ausnehmend schöne und kunstvolle Damen. Er hörte entfernte Musik. Er roch Kaffee, Zigaretten, Parfüme, Spargelduft vom Speisesaal und Blumen, die an einem Tisch zum Verkauf aus Vasen strotzten. Er spürte den dicken, roten Teppich unter seinen gewichsten Stiefeln, und dieser Teppich machte ihm zunächst den stärksten Eindruck. Er schliff vorsichtig mit der Sohle über diesen Teppich und blinzelte. Es war sehr hell in der Halle, angenehm gelblich hell, dazu brannten hellrote, beschirmte Lämpchen an den Wänden, dazu strahlten grüne Fontänen in das venezianische Becken. Ein Kellner flitzte vorbei, trug ein silbernes Tablett, darauf standen breite, flache Gläser, in jedem Glas war nur ein bißchen goldbrauner Kognak, in dem Kognak schwamm Eis – aber warum wurden im besten Hotel die Gläser nicht vollgefüllt?"

Arisierung ist keine Vorgangsbeschreibung

Nach Krieg und großer Inflation war es weltweit zu einem unerwarteten wirtschaftlichen Aufschwung gekommen, der auch die Bevölkerung am Wohlstand teilhaben ließ. Die Aktienindizes stiegen bis 1929 um das Vierfache. Die Renditen waren enorm. Viele Bürger investierten, selbst über den Rahmen ihrer finanziellen Möglichkeiten hinaus. Der „Mann mit dem Koks" konnte bezahlt werden. Und Willy Fritsch sang: „Simsalabim: Nie wieder keine Kohle für die Miete / Nie wieder schickt der Richter gelbe Briefe / Nie wieder Polizei vor unserm Zuhaus / Baby, ja, ich hole dich hier raus." Die Hausse schien kein Ende nehmen zu wollen. Die Zukunft leuchtete immer heller und gab dem Jahrzehnt seinen Namen: „Die goldenen Zwanziger".

Doch im Herbst des Jahres 1929 war der Werteverfall sichtbar. Viele Unternehmungen, die nicht auf sicherem Boden gründeten. Seriöse Bankinstitute änderten ihre Geschäftsgrundlagen: „Der Sächsische Sparkassenverband beabsichtigt, eine Landesbausparkasse nach dem vom Deutschen Sparkassen- und Giroverband aufgestellten Grundsätzen zu errichten. Da die privaten Bausparkassen ohne nennenswertes eigenes Vermögen errichtet worden sind, hängt die Sicherheit der Bauspareinlagen von der Frage ab, ob die Privatbausparkassen in der Lage sind, ausreichende Reserven aus dem Betrieb zu bilden, um das Risiko ihrer Unternehmungen selbst tragen zu können. Solange diese Frage nicht in bejahendem Sinne entschieden ist, tragen die Bausparer das Risiko der hohen Beleihung ihrer Bauspareinlagen. Die Privatbausparkassen legen die Gelder ihrer Bausparer in Hypotheken an, und zwar bis zu 90 Prozent der Neubaukosten. Da der Zeit- und Verkehrswert nur rund 50 Prozent der heutigen Neubaukosten ausmacht, kann eine Hypothekenbank einen Neubau mit nur rund 30 Prozent eines Neubauwertes beleihen. Die Privatbausparkassen

Dran am Blücherplatz: Hotel Astoria und Hauptbahnhof (Foto aus den 1930ern)

sind somit praktisch Hypothekenbanken und tragen ein Beleihungsrisiko, das den Hypothekenbanken verboten ist."

Breaking News! Am 24. Oktober ab 11 Uhr fallen die Aktienkurse an der New Yorker Börse um zwei Drittel. Innerhalb von drei Stunden verpuffen vier Milliarden Dollar (1 $ = 4,2 RM, 1 RM = ~6,6 Euro) an diesem „Black Thursday", der in Deutschland (aufgrund der Zeitverschiebung) „Schwarzer Freitag" heißt. Es gleichen sich bis heute die Berichte, wenn es aufgrund von Gerüchten, Gutachten und Fakten zu einem plötzlichen Werteverfall an den Handelsbörsen kommt: „Auf das äußerste Vertrauen, die blinde Begeisterung folgte die Reaktion der Furcht, alle stürzten herbei, um zu verkaufen, falls noch Zeit dafür war. Ein Hagel an Verkaufsorders ging auf das Parkett nieder, man sah nur noch Auftragszettel regnen; und die Aktienpakete, die auf diese Weise ohne Umsicht abgestoßen wurden, beschleunigten die Baisse und führten zu einem Börsenkrach. Die Kurse fielen sprunghaft auf tausendfünfhundert, tausendzweihundert, neunhundert zurück. Es gab keine Käufer mehr, das Schlachtfeld war dem Erdboden gleichgemacht, mit Leichen übersät. Über dem düsteren Gewimmel der Gehröcke glichen die Kursschreiber den Kanzlisten des Todes, die die Sterbefälle registrierten. Unter der sonderbaren Wirkung des unheilbringenden Sturmes, der durch den Saal fuhr, war die Bewegung darin erstarrt,

das Getöse erstorben wie in der Bestürzung über eine große Katastrophe. Es herrschte eine erschreckende Stille, als nach dem Schlußglockenschlag der letzte Kurs von achtunddreißig bekannt wurde. Und der Regen trommelte unentwegt auf das Glasdach, das nur noch ein trübes Dämmerlicht durchsickern ließ. Die tropfenden Regenschirme und die stampfende Menschenmenge hatten den Saal in eine Kloake verwandelt; auf dem schlammigen Boden, der an einen verwahrlosten Pferdestall erinnerte, lag allerlei zerrissenes Papier herum, während auf dem Parkett das Farbengemisch der grünen, roten, blauen Auftragszettel leuchtete, die mit vollen Händen weggeworfen worden waren, so reichlich an diesem Tag, dass der große Papierkorb sie nicht mehr faßte", schrieb Emile Zola über einen Börsen-Crash im Roman „Das Geld" (1890/91).
„Um sich selbst vor drohender Zahlungsunfähigkeit zu schützen, hatten amerikanische Banken nach den verheerenden Kursstürzen damit begonnen, die an europäische Staaten und Unternehmen vergebenen Kredite zu kündigen und das Geld abzuziehen. Das Deutsche Reich war besonders stark betroffen. Die Industrieproduktion ging zwischen 1929 und 1932 um rund 42 Prozent zurück. Regierung und Unternehmen reagierten mit massivem Sozialabbau und Lohnkürzungen. Die Arbeitslosenzahl stieg bis 1932 auf über sechs Millionen und lag im Durchschnitt bei 30 Prozent."
Für das Baugewerbe entwickelte sich die Wirtschaftslage zur unabwendbaren Katastrophe:

„Der Industriebau nahm mit den Schwierigkeiten der Auftraggeber ab. Der Wohnungsbau wurde noch durch die zweckgebundenen Mittel aus dem Hauszinssteueraufkommen am Leben erhalten, die reichlich aus den öffentlichen Haushalten flossen. Die Hochzinspolitik der Reichsbank strangulierte jedes Interesse am Wohnungsbau, Hypotheken wurden nur noch von städtischen Sparkassen vergeben. Der Wohnungsmarkt spaltete sich in einen Mietermarkt für teure und deshalb unvermietbare Großwohnungen und einen Vermietermarkt für günstigere, aber stark nachgefragte Kleinwohnungen. Der Umbau großer Wohnungen in kleinere wurde mit öffentlichen Mitteln forciert. Nach der Aufhebung der Zweckbindung für die Verwendung des Aufkommens aus der Hauszinssteuer brach die Wohnungsbautätigkeit zusammen. Das politische Interesse war ohnehin schon vom Mehrfamilienhausbau auf die Eigenheime und einfachen Siedlungshäuser übergewechselt. Im Jahr 1931 erreichte der Bau von Kleinwohnungen den Höhepunkt.

Es entstanden Überkapazitäten, die in den folgenden Jahren dem Baugewerbe sehr große Probleme machten und eine große Zahl von Betrieben in die Insolvenz trieben.
Die immer größer werdenden Haushaltsschwierigkeiten veranlassten die Kommunen zu Kürzungen ihrer Bauinvestitionen. Hier wirkte der kommunale Spitzenverband, der Deutsche Städtetag, durch Empfehlungen krisenverschärfend. Bahn und Post drückten als Auftraggeber die Preise. Dem von den öffentlichen Aufträgen abhängigen Tiefbau ging es entsprechend schlecht. Es wurden hohe Verluste erwirtschaftet bei geringem Eigenkapital, das schnell aufgezehrt war. Missmut gab es über die kommunalen Beschäftigungsprogramme, die mit einfachen Tiefbauarbeiten den Baubetrieben mögliche Aufträge wegnahmen. Den Schlusspunkt des öffentlichen Bauwesens machte die Reichsregierung im Dezember 1931 durch das Verbot jeglicher Neubaumaßnahmen."

Bis zu 80 Prozent aller Bau- und Hilfsarbeiter verloren ihre Arbeit.
Unter dieser Finanzkrise hat auch die Frankfurter Immobilienfirma Cohn & Kreh zu leiden. Carl Cohn sucht im August 1929 das Gespräch mit der seine Geschäfte betreuenden Bank, der Disconto-Gesellschaft zu Frankfurt am Main (die in jenen Tagen mit der Deutschen Bank fusionierte). Deren Direktion wendet sich daraufhin unverzüglich und direkt an ihre Filiale in Leipzig: „Wir bestätigen unsere gestrige telefonische Unterredung (Dr. von Rintelen – Herr Hellmann), in der wir Ihnen mitteilten, daß es uns gelungen ist, eine Verbindung der Hotel ‚Astoria' GmbH, Leipzig, mit Ihnen anzubahnen.
Das Hotel ‚Astoria' gehört den Brüdern Carl Ottokar, Frankfurt a. M., und Rechtsanwalt Dr. Hermyl Cohn, in der Tschechoslowakei wohnhaft, welche die Inhaber der mit uns in angenehmster Geschäftsverbindung stehenden hiesigen Baufirma Cohn & Kreh sind und für recht vermögend gehalten werden. Außer dem Hotel ‚Astoria' besitzen sie sehr wertvolle Grundstücke in Frankfurt a. M. in erster Geschäftslage. Beide Herren sind zusammen mit dem Hoteldirektor Kommerzienrat Hartung Geschäftsführer der Hotel ‚Astoria' GmbH; je zwei Herren sollen in Gemeinschaft zeichnungsberechtigt sein.
Bisher bestand Bankverbindung mit der dortigen Commerzbank; es sollen sich jedoch Schwierigkeiten herausgebildet haben, die einen Wechsel der Verbindung erwünscht erscheinen lassen. Hierüber wird Ihnen Herr Carl Ottokar Cohn, der die Absicht hat, Sie dort zu besuchen, nähere Mitteilungen machen.

Wir haben ihn zu diesem Zwecke die Namen Ihrer Herren Direktoren, Dr. von Rintelen und Hellmann mitgeteilt und bitten, Cohn bei seinem Besuche einen der genannten Herren zugeführt wird. Auch würden wir in einiger Zeit hören, wie sich die Verbindung entwickelt hat." Unterzeichnet von der Direktion der Disconto-Gesellschaft, Filiale Ff/M. Die erwünschte Geschäftsverbindung in Leipzig kommt zustande und entwickelt sich zu beiderseitigem Vorteil. Doch bleiben angesichts der wirtschaftlichen Lage dem Unternehmen weiterhin Liquiditätsprobleme, die fortlaufende Arbeiten, vor allem aber Investitionen schwierig machen, wenn nicht ausschließen. Diese Krise muss bewältigt werden. Das Hotel „Astoria" hat besten Namen, seine Zimmer sind nicht nur von der Prominenz belegt. Das Geschäft läuft, läuft gut.

Aus diesen Gründen hoffen Cohn & Kreh auch bei der Deutsche Bank auf Kredit und Überziehungskredit. Das Bankhaus war eine Größe in Leipzig, hatte doch die Deutsche Bank nach Skandal und Konkurs Geschäfte und Kunden von der Leipziger Bank übernommen. Sie residiert sogar nach deren Pleite (bis heute) im selben Haus am Martin-Luther-Ring 2. Die Bankdirektion also schreibt am 6. Juli 1931 Carl Ottokar Cohn, dass die von ihm gestellte Bitte im Gremium positiv beschieden wurde: Sie genehmigt „der Hotel Astoria GmbH

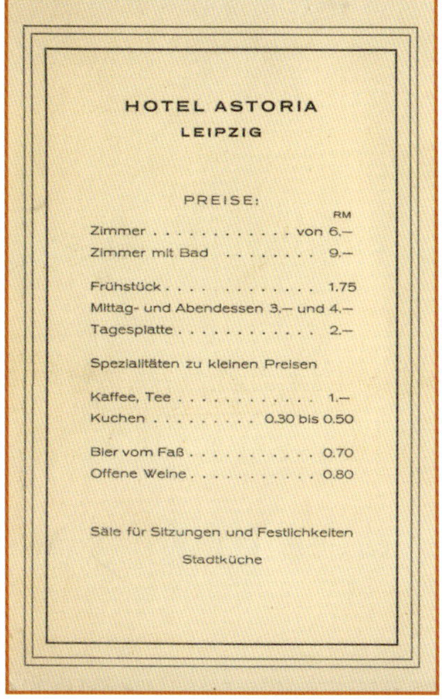
HOTEL ASTORIA
LEIPZIG

PREISE:

	RM
Zimmer	von 6.–
Zimmer mit Bad	9.–
Frühstück	1.75
Mittag- und Abendessen	3.– und 4.–
Tagesplatte	2.–
Spezialitäten zu kleinen Preisen	
Kaffee, Tee	1.–
Kuchen	0.30 bis 0.50
Bier vom Faß	0.70
Offene Weine	0.80

Säle für Sitzungen und Festlichkeiten

Stadtküche

1915: Zimmerpreis 6 RM – monatliches Einkommen 98 RM – Kilobrotpreis: 58 RPf

in Leipzig die Ueberziehung ihres bei Ihnen geführten Contos bis zum Betrage von RM 10.000,-- – in Worten: zehntausend Reichsmark. Diese Genehmigung erstreckt sich zunächst bis zum 30. Dezember 1931." Hochachtungsvoll verbleibt man in geschäftlicher Verbindung und gewährt den Überziehungskredit am 28. September 1931 bis zur Summe von 15.000,– RM. Am 24. November 1931 wird er auf 19.000,– RM erhöht, am 1. Januar 1932 beträgt er 20.000,– RM. Am 2. Februar 1932 wird er auf 30.000,– RM angehoben, „die bis zum 30. Juni 1932 rückzuzahlen sind". Als Sicherheiten dafür sind hinterlegt: Haus und Gäste, Grund und Boden. Damit gehen Hotel und Deutsche Bank, die Cohns und Krehs, das Hotel und seine Gäste in die neue deutsche Zeit: Am 30. Januar ernennt Reichspräsident Paul von Hindenburg Adolf Hitler zum Kanzler des Deutschen Reiches. Am 1. Februar löst der den deutschen Reichstag auf. Am 28. Februar brennt das Reichstagsgebäude in Berlin. Am 15. September 1935 werden die Nürnberger Rassegesetze ohne eine Gegenstimme vom Parlament angenommen. „Staatsbürger kann nur sein, wer Volksgenosse ist. Volksgenosse kann nur sein, wer deutschen Blutes ist. Kein Jude kann daher Volksgenosse sein", stand bereits im Parteiprogramm der NSDAP 1920.

Die Rentabilität von Unternehmen, ihr Flächenbesitz und ihre Immobilien dienen Behörden als Bemessungsgrundlage für die Festsetzung der Steuer, den Bankhäusern für die Höhe der zu gewährenden Kredite. Für diese monetären Zwecke werden diese Grund- und Wirtschaftswerte in Geld umgerechnet. „Die Umrechnung dieser Güter erfolgt nach bestimmten Vorschriften, die im Bewertungsgesetz (BewG) enthalten sind und richten sich grundlegend nach einem Einheitswert. Dieser wird von den Finanzbehörden ermittelt. Zum Hauptfeststellungszeitpunkt wird für alle wirtschaftlichen Einheiten ein Einheitswert festgestellt. Die erste Hauptfeststellung erfolgte zum 1. Januar 1935 bei der Einführung der Einheitswerte. Der gesetzlichen Regelung entsprechend sollte alle sechs Jahre eine neue Hauptfeststellung der Einheitswerte erfolgen." (Dazu ist es aufgrund des Krieges in der Bundesrepublik erst zum 1. Januar 1964 gekommen, in den östlichen Bundesländern wird bis heute nach der Tabelle von 1935 der Immobilienwert bemessen.) Es kam auch 1935 zu erbitterten Diskussionen bei der Einheitswertbemessung von Hotelgrundstücken und der Festlegung von Rahmensätzen je Kubikmeter umbauten Raumes.

Die Bewertung der Gast- und Übernachtungshäuser nahm das Reichsministerium der Finanzen, Wirtschaftsgruppe Gaststätten- und Beherbergungsgewerbe, Gaufachgruppe Beherbergungsgewerbe vor. Die behördlichen Maßnahmen bedurften vielfach der Erklärung. Oftmals fühlten sich die Eigentümer im

Ermittlungswert herabgesetzt. Arierparagraf und Geschäftsboykotte jüdischer Unternehmen leisteten Fehlbewertungen und Willkür Vorschub.
Auf Anfrage teilt Regierungsrat Dr. Martin aus dem Reichsfinanzministerium in Berlin am 30. März 1935 dem Amt in der Stadt Leipzig mit: „Bei der Bewertung der Hotelgrundstücke läßt sich mit Hilfe des Weilschen Bewertungsverfahrens nur dann eine Überbewertung vermeiden, wenn der Sachwert, d. h. der Wert des Grund und Bodens und der Gebäudewert vorsichtig ermittelt werden. Mit Rücksicht hierauf sind die Durchschnittssätze des Landesfinanzamtes Düsseldorf, die auf Seite 4 des Runderlasses vom 28. Februar 1935 S 3231 A – 340 III mitgeteilt sind, absichtlich niedrig gehalten. Diese vorsichtige Ermittlung des Sachwertes ist deshalb notwendig, weil auf Grund der allgemeinen Wirtschaftslage eine erhebliche, auch auf längere Sicht anhaltende Entwertung der Hotelgrundstücke eingetreten ist. Ich wäre dankbar, wenn Sie diese Überlegung den mit der Probewertung betrauten Finanzämtern mitteilen würden, damit Überbewertungen vermieden werden. Mit deutschem Gruß und Heil Hitler Ihr sehr ergebener Dr. Martin."
Für das Grundstück des Leipziger Hotels „Astoria" wurden die „Vergleichsbewertungen aufgestellt:

> unter Zugrundelegung der Erlasse des Herrn Reichsministers der Finanzen vom 23. und 28. 2. 1935 S 3231 A – 330 und 340 III
> gegenübergestellt, unter der Zugrundelegung der Brandkassenwerte."

Diese Probewertung von RM 2.270.700,– zweifelte die Finanzbehörde an. Die Aufstellung argumentiere mit den Mittelwerten des Gewerbes von 1914, dabei seien die Vor- und Nachkriegspreise ja in keiner Weise miteinander vergleichbar. Auch seien Hotelklassen nur individuell bestimmbar, die objektive behördliche Einstufung widerspräche oft der subjektiven der Betreiber, die sich in der Regel auch aus persönlichem Vorteil höherschätzen. Außerdem besaß das „Astoria" bei gleicher Quadratmeterzahl mittlerweile mehr Gästezimmer und damit mehr Einnahmemöglichkeiten als bei seiner Eröffnung. Die offizielle Baubeschreibung stellt sachlich fest:

> „– Das Gebäude ist in Ziegelmauerwerk hergestellt.
> – Die Schauseite am Blücherplatz ist in Muschelkalkstein und Mainsandstein ausgeführt und ist mit reichem, plastischen Schmuck versehen.
> – Die Schauseite an der Gerberstraße ist einfacher, doch ebenfalls in Sandsteinarchitektur gehalten.

– In ähnlicher Weise sind die Schmuck- bzw. Lichthöfe ausgeführt worden.
– Im Kellergeschoß sind die Betriebs- und Wirtschaftsräume untergebracht.
– Im Erdgeschoß befindet sich außer den Verkaufsläden eine große Empfangshalle, die reich ausgestattet ist.
– Hohe Vertäfelungen, vornehme Decken- und Fensterbildung verschaffen ihr ein modernes, künstlerisches Gepräge.
– Die übrigen Einrichtungen entsprechen den Erfahrungen gediegener Hotelpraxis.
– Reichere Ausstattung haben auch die Frühstücks- und Gästeräume erhalten.
– Die Bad- und Abortanlagen sind in modernster Weise ausgeführt.
– Ein vornehm ausgestattetes Haupttreppenhaus, sowie 3 Nebentreppenhäuser vermitteln den Verkehr nach den Obergeschossen.
– Die Decken der Geschosse und die Treppen sind massiv.
– Die nach dem Flur führenden Türen sind als sog. Doppeltüren ausgeführt.
– Die Beheizung erfolgt durch eine Zentralheizung. Warm- und Kaltwasserleitungsanlagen sind vorhanden.
– Als Fußbodenbelag ist teilweise Linoleum, teils teppichähnlicher Stoffbelag ausgeführt.
– Elektrische Beleuchtung ist vorhanden.“

Die Finanzbehörde stufte jedoch den Wert der Immobilie von RM 2.270.700,– auf RM 1.944.600,– zurück und bemerkte zu ihrem Vorgehen, auch damit „läßt sich der Wert annähernd decken“. Zur Begründung für die ermittelten Zahlen führt das Amt seine Bewertung für „Parkhotel“ und Hotel „Hauffe“ an, die als dem „Astoria“ in Service und Komfort vergleichbar anzusehen seien.
Insgesamt unterliegen der Bewertung im Stadtgebiet von Leipzig sechs Hotels der Gruppe 1, acht Hotels der Gruppe 2, sieben Häuser Gruppe 3. und 69 Hotels der 4. Kategorie mit Abstufungen a–d.
Mit der Kenntnis des eben erstellten Einheitswertes prüfen Banken ihre der Hotelbranche gewährten Kredite, ob die hinterlegten festen Sicherheiten bei Vertragsabschluss nicht überbewertet worden seien. Der Geschäftsstelle der Deutschen Bank in Berlin fallen Unstimmigkeiten bei der Beleihung des Hotels „Astoria“ auf und die mangelnde Solvenz seiner jüdischen Besitzer.

Sie machen ihre Leipziger Kollegen darauf aufmerksam und schreiben am 21. September 1935:

„Für die Firma Hotel Astoria GmbH, Leipzig, halten Sie seit längerer Zeit einen Überziehungskredit von RM 30.000,– offen, der durch einen Kreditauftrag des Herrn Carl Ottokar Cohn i/Fa. Cohn & Kreh, Frankfurt a/M., (unterlegt durch bei der Filiale Frankfurt gesperrte Guthaben und Effekten) gesichert ist. Wie wir von Ihrer Schwesteranstalt Frankfurt a/M. kürzlich hörten, zeigt die Bilanz der Firma Cohn & Kreh, Frankfurt a/M., per 31. Dezember 1934 eine starke Verschuldung dieses als reine Immobilien-Verwaltungs-Gesellschaft anzusehenden Unternehmens. Dieses hatte zur Folge, daß die Gewinn- und Verlustrechnung für das abgelaufene Jahr mit einem Minus von RM 220.000,– abschloß. Um einer weiteren Verschuldung vorzubeugen, beabsichtigt nun Herr Cohn, Teile seines ursprünglich wertvollen Immobilienbesitzes, der sich früher sehr gut rentierte, heute aber nur noch mäßige Mieteinnahmen bringt, zu veräußern. U. a. trägt er sich auch mit dem Gedanken, das Hotel ‚Astoria' in Leipzig abzustoßen, was jedoch zu einem annehmbaren Preis wohl sehr schwer sein wird. Wir wollen nicht verfehlt haben, Ihnen von Vorstehendem zu Ihrer Unterrichtung vertraulich Kenntnis zu geben und zeichnen mit deutschem Gruß

Deutsche Bank und Disconto-Gesellschaft"

Der Konflikt zwischen Kreditnehmer und Kreditbank also schwelt. Weitere Stundungen und Überbrückungsgelder werden von der Deutschen Bank nunmehr abgelehnt. Die Verweigerung auch nur kurzfristig benötigter Geldmittel bringen die Hotel Astoria GmbH in finanzielle Schwierigkeiten. So wendet sich die Geschäftsführung am 19. Februar 1936 nochmals an das sie betreuende Bankhaus und teilt diesem ihr Unverständnis mit:

„Im Hinblick auf die in einigen Tagen beginnende Frühjahrsmesse baten wir Sie, uns vorübergehend zur Begleichung einiger dringender Steuerzahlungen den Kredit um

2–3.000,– RM

zu erhöhen. Zu unserem größten Erstaunen haben Sie unser Ansinnen ab-

> gelehnt und bringen damit zum Ausdruck, daß wir trotz der bevorstehenden Messe, die sich bisher immer in großen Einzahlungen auf unserem Konto auswirkte, für diesen bescheidenen Betrag nicht gut und kreditfähig sind. Unser Herr Kommerzienrat Hartung ist noch niemand etwas schuldig geblieben und würde auch für die Erhöhung die persönliche Haftung übernommen haben. Infolge Ihrer schroffen Absage hat er uns den Betrag aus eigenen Mitteln zur Verfügung gestellt. Heil Hitler Hotel Astoria GmbH."

Mit privaten Mittel also halten Carl Cohn und Heinrich-Georg Hartung den Hotelbetrieb gegenüber dem Hauptbahnhof am Laufen.

Doch Unbill droht unerwartet auch von anderer Seite. Am 26. Februar 1937 vermerkt ein Protokoll der Polizeidienststelle: „Herr Zollinspektor Kurt Hoffmann (Dienstausweis N. 72 der Zollfahndungsstelle Leipzig) sprach vor und teilte mit, daß Kommerzienrat H. G. Hartung, Hotel ‚Astoria', auf Grund der Anzeige eines früheren Angestellten und bereits vorgenommener Erhebungen verdächtig sei, seit dem Jahre 1934 Devisen, die dem Hotel von Gästen zuflossen, nicht abgeliefert zu haben. Ferner soll ein Verfahren vor dem Sondergericht Freiberg schweben. Ein Darlehen gegen einen Ausländer sei erst Ende vorigen Monats angemeldet worden. Bei uns wird in den nächsten Tagen das Konto Hotel ‚Astoria' nachgeprüft werden."

So gerät Hoteldirektor Hartung ins Visier von Zoll und Finanzbehörden, und diese arbeiten über Ländergrenzen eng zusammen. Aus Wien teilt man den Leipziger Ermittlern mit: „Kommerzienrat Hartung hat sich auf Grund einer Devisengenehmigung vor kurzem bei uns in Wien mit RM 200,– akkreditieren lassen und Devisen im Rahmen der Freigrenze abgehoben. Die noch notwendigen Formalitäten möchten von uns verzögert werden, was ich, soweit dies vertretbar sei, zusagte."

Das Verfahren also läuft, und die Ermittlungen zeigen Wirkung. Seit fünf Jahren hatte der vertragliche Rahmen für den Überziehungskredit den Geschäftsbetrieb zu beiderseitigen Vorteil gehalten, nun prüft ihn die Deutsche Bank & Disconto-Gesellschaft erneut und teilt der Hotel Astoria GmbH am 15. April 1937 mit: „Auf Ihr gefälliges Schreiben vom 22. Juni 1932 nehme ich ergebenst Bezug. Den von mir mit meinem Schreiben vom 21. Juni 1932 Ihnen bis auf Widerruf erteilten Creditauftrag zugunsten der Hotel Astoria GmbH in Leipzig ziehe ich hiermit zurück; ich bitte Sie, mir den Empfang dieses Schreibens bestätigen zu wollen." Handschriftlich fügt Bankdirektor Dr. von Rintelen seinem Schreiben noch hinzu, dass ihm sein Co-Direktor, der Herr Hellmann, kürzlich mitteilte, gerüchteweise verlaute in der Stadt, „daß das Hotel ‚Astoria' an die I. G. Farben übergehen würde".

Aufgrund der erfolgten Neubewertung und der kursierenden Gerüchte kann die Deutsche Bank den Rahmen des Überziehungskredits länger nicht mehr aufrechterhalten. Das von der GmbH im Bankhaus geführte Konto darf ab sofort nicht mehr überzogen werden. Das Geldinstitut sperrt gar das Privatdepot von Hotelbesitzer Carl Ottokar Cohn, dem Juden. Auch offiziell sprechen die Oberen der Stadt nunmehr von einer notwendigen „Arisierung" dieses Hotelbetriebs, des „ersten Hauses am Platz". Allen anderen Geschäftsbeziehungen zwischen Deutscher Bank und dem Unternehmen „Astoria" tun dicse leidigen Gegebenheiten keinen Abbruch.

„Als Walter Dönicke im Herbst 1937 Leipziger Oberbürgermeister wurde, begann die Stadtverwaltung, immer schärfer gegen Juden in der Stadt vorzugehen. Sein Ziel war auch die Arisierung des legendären Astoria-Hotels. Die Stadt selbst plante 1938 sogar eine Übernahme der Nobelherberge." Die Kommunalbehörden, voran der Bürgermeister höchstpersönlich, drängen Besitzer Carl Cohn zum Verkauf. „Zunächst beabsichtigte die Stadtverwaltung, entweder die für eine ‚Arisierung' notwendigen Finanzmittel für einen neuen Betreiber bereitzustellen oder das Hotel als städtischen Eigenbetrieb selbst zu erwerben. Sondierungsgespräche ergaben aber, dass eine solche Konstruktion in Berliner Regierungsstellen auf Ablehnung stieß." Andere Lösungswege müssen gefunden werden, denn die Stadt hatte ihrerseits bereits „alle Möglichkeiten ausgeschöpft, um den Preis zu drücken".

Unter Vorwand wird Carl Cohn verhaftet. Die Gestapo zwingt ihn zum Verkauf weit unter Wert, doch gilt das Angebot nur bis zum 30. Juni 1938. Für einen Kredit bei der Leipziger Sparkasse müssen Bürgschaften für eine halbe Million Mark hinterlegt werden. Es pressiert, denn für die Beschaffung der finanziellen Mittel steht nur ein kleines Zeitfenster zur Verfügung, und die Kommune darf nicht am Geschäft beteiligt sein. Hermann Rausch, Vorstand beim Textilunternehmen der Wollkämmerei Leipzig und Vorstandsmitglied der Commerzbank lädt diesbezüglich am 20. Juni 1938 zum sofortigen Gespräch all jene, die bereit wären, das Hotel am Blücherplatz für deutsche Hände zu retten. Seiner sehr kurzfristigen Einladung folgen 30 Vertreter von Leipziger Wirtschaftsunternehmen und Banken. Unter ihnen auch die Betriebe, denen Rausch vorsteht, die Wollkämmerei und die Commerzbank. Letzterer schreibt er:

„Betr. Arisierung des Hotels ‚Astoria'

Sehr geehrte Herren,
wie Ihnen bekannt, befindet sich das hiesige Hotel ‚Astoria' in jüdischem Besitz und ist dadurch im Augenblick für Leipzig wertlos. Es sind nun Bestrebungen im Gange, das Hotel in arische Hände zu bringen, und der Besitzer ist bereit, das Hotel zu einem günstigen Preis zu verkaufen. Zur Finanzierung des Kaufes werden jedoch noch gewisse Mittel gebraucht, die hypothekarisch gesichert werden sollen. Die Stadt Leipzig hat ein großes Interesse an dem Projekt, ist aber durch Reichsbestimmungen nicht in der Lage, die Finanzierung selbst vorzunehmen. Es ist daher der Gedanke erwogen worden, die Leipziger Wirtschaftskreise, die ein besonderes Interesse an der Erhaltung des Hotels haben, zur Teilnahme und Mitarbeit einzuladen. In dieser Angelegenheit findet eine Sitzung am: 21. Juni vormittags 10.30 Uhr im Neuen Rathaus, Zimmer 314, statt, und ich bin gebeten worden, eine Reihe von Leipziger Firmen hierzu einzuladen. Ich wäre Ihnen daher dankbar, wenn Sie einen bevollmächtigten Vertreter zu dieser Sitzung entsenden könnten und bezweifele nicht, daß Sie im Interesse der Stadt Leipzig Ihre Hilfe in dieser Aktion nicht versagen werden. Wegen der kurzen Anberaumung des Termins bitte ich um Entschuldigung. Ich war jedoch im Ausland verreist und mit Arbeit stark überlastet. Ich würde mich außerordentlich freuen, Ihren Besuch zu erhalten."

Auch Vertreter der Commerzbank nehmen am Gespräch, das Schicksal des „Astoria" betreffend, teil.
Ziel dieser Zusammenkunft: Die Bürgschaften von RM 500.000,–, die die Stadt- und Girobank zu Leipzig als Treuhänderin der Hypothek verwalten würde. Der Plan: Unternehmen und eventuell Privatpersonen und Firmen sollen gefunden werden, die für die Verkaufssumme des Hotels „Astoria" bürgen und so in seinen Weiterbetrieb investieren. Damit nämlich könnte es dem deutschen Volke und der Stadt Leipzig, so wie es sich einen Namen machte und besitzt, erhalten werden. Ein erfolgreiches Gelingen ist diesem Vorhaben auf die Schnelle nicht sicher: Eine halbe Million Mark muss in Stunden aufgetrieben werden. Die Frage für die angesprochenen Unternehmen: Ist man per se verpflichtet, an der „Arisierung" des noblen Hotels mitzuwirken? Wenn nicht, widersetzt man sich der Erwartung und Parteidoktrin? Welche Konsequen-

zen hätte eine Verweigerung? Würden kommunale Geschäftsbeziehungen gekappt?

Das Sekretariat der Filialen und Depositenkassen der Commerzbank in Berlin nimmt zur Bitte Hermann Rauschs an die Entscheidungsebene im eigenen Hause Stellung und schreibt intern:

„Über die Bonität der von den Firmen zu erwerbenden Hypothek, die eingeteilt wird in 22 ½ Teile á RM 20.000,–, möchten wir uns dahin äußern, daß das Kapital nach 900/m (Zahlung pro Monat) wohl als dringlich gesichert angesehen werden kann, ob aber regelmäßig Zinsen gezahlt werden, erscheint uns zunächst fraglich, wenn auch der Umsatz, wie in dem Exposé erwähnt, auf eine Million gesteigert werden kann. Der Hypothekenbetrag ist also u. E. nichts als á fonds perdu gegeben anzusehen; es wird aber günstigstenfalls eine Reihe von Jahren vergehen, bis man sein Geld wieder bekommt. Aus diesem Grunde wäre es uns natürlich am sympathischsten, wenn wir uns dem Projekt gegenüber ablehnend verhalten könnten. Wir fürchten allerdings, daß dies in Leipzig vor allen Dingen bei der Stadt und den Parteistellen, einen recht ungünstigen Eindruck machen könnte, umsomehr, als die Allgemeine Deutsche Credit-Anstalt, die Stadt- und Girobank und die Sächsische Staatsbank bereits je einen Anteil gezeichnet haben. Die Deutsche und Dresdner Bank, mit welch beiden wir uns in Verbindung gesetzt haben, wollen ihren Zentralen gleichfalls die Zeichnung je eines Anteils á M 20.000,– in Vorschlag bringen. Wir geben Ihnen anheim, sich dort mit der Deutschen und Dresdner Bank in Verbindung zu setzen. Vielleicht entscheiden sich auch diese beiden Institute nur für einen halben Anteil, denn unter einem halben Anteil werden wir nicht gut zeichnen können. Wir bleiben Ihre gefl. Rückäußerung gern erwartend und zeichnen mit Heil Hitler!“

Die Commerzbank bürgt schließlich für 20.000,– Reichsmark und den guten Zweck. Von Amts wegen notiert man übers stattgehabte Treffen:

„Leipzig den 21. Juni 1938

Bericht über die Sitzung im Neuen Rathaus wegen der Arisierung des Hotels ‚Astoria‘

Einladung durch Dr. Hermann Rausch, Dir. Firma Leipziger Wollkämmerei. Oberbürgermeister Dönicke eröffnet und weist auf die Notwendigkeit hin, das repräsentativste Hotel Leipzigs allen Besuchern der Reichsmessestadt wieder zugänglich zu machen und erklärt, daß eine beabsichtigte Beteiligung der Stadt Leipzig von Berlin abschlägig beschieden worden ist. Er wendet sich daher durch Herrn Dir. Rausch an die Leipziger Wirtschaftskreise zwecks Aufbringung und Zeichnung der weiter unten angegebenen RM 450/m. Stadtkämmerer Dr. Köhler gibt nachstehende Zahlen bekannt:
Bauwert des Hotels ‚Astoria' RM 5,3 Mill. Mark. Der jetzige Besitzer, ein Herr Cohn aus Frankfurt/M., hat sich an einen bis zum 30. d.M. befristeten Verkaufsbetrag von RM 1,570 Mill einschl. Inventar gebunden, wozu Kosten etc. von ca. RM 130/m kämen. Von diesen zusammen RM 1,7 Mill. liegt eine feste Zusage einer 1. Hypothek von RM 900/m und eine feste Zeichnung von RM 350/m vor. Hypothekengläubiger und Zeichner wurden nicht genannt. Restliche 450/m sollen von interessierten Leipziger Firmen aufgebracht und auf die Stadt- und Girobank als Treuhänderin zweitstellig eingetragen werden. Zinssatz 4½%. Über die derzeitige Wirtschaftlichkeit des Hotels gibt Dr. Köhler folgende Zahlen bekannt: Die Benutzung der Räumlichkeiten liegt bei 24%. Jahresumsatz RM 600/m. Jahresumsatz 1924 lag bei RM 2 Mill., war bis 1934 bis auf RM 400/m zurückgegangen und ist jetzt wieder bei RM 600/m angekommen. Man hofft nach durchgeführter Arisierung zuversichtlich auf RM 1 Mill. Umsatz zu kommen, wobei eine Wirtschaftlichkeit mit ca. 3% Rendite genannt wurde. Der Hypothekar hat aber mit Rücksicht auf die Höhe der 1. Hypothek für das Gesamtprojekt verstärkte Tilgung zur Bedingung gemacht.
An der Aussprache beteiligten sich mehrere Herren u.a. Herr Handelskammerpräsident Stöhr, Herr Grams von der ‚Thalysia' (Reformhausprodukte), Herr Gen.Dir. Tiedke (Leipziger Feuer), Herr Gen.Konsul von Schoen (ADCA – Allgemeine Deutsche Credit-Anstalt), die sich alle mehr oder weniger für Unterstützung der Stadtverwaltung aussprachen. Gen.Dir. Tiedke sprach im Prinzip dafür, ohne eine bindende Zusage zu geben, da erst das Reichsaufsichtsamt befragt werden müsse. Nicht unerwähnt lassen möchte ich, daß Oberbürgermeister Dönicke in feinen, aber nicht mißzuverstehenden Worten seiner Hoffnung auf das Gelingen Ausdruck gab. Der Betrag von RM 450/m wurde daraufhin in 22 ½ Anteil á RM 20/m aufgeteilt und es wurden folgende verbindliche Zusagen abgegeben:
Leipziger Wollkämmerei 1½, Thalysia 1, AG für Grundbesitz (ACDA) 1,

Tefzet (Teppichfabrikzentrale) ½, Ewald Schlundt (Wollgroßhandlung) und 2 angeschlossene Firmen 1, Rudolf Sack (Maschinenbau) 1, Vobach-Meyer (Universalverlag) ½, Thür. Wolle 1, Thür. Gas AG 1, Verlag Beyer ½, Kammgarn Stöhr 1, Stadt- und Girobank 1, Sächs. Bank 1 (vorstehende Angaben ohne obligo (Gewähr)).
Grundsätzliche Zusagen ohne Nennung eines Betrages gaben ab: Verlag Edgar Herfurth (Zeitungsverleger), Pittler AG (Maschinenfabrik), Riquet AG (Import/Export), Bank der Deutschen Arbeit. Oberbürgermeister Dönicke gab bei Nennung der Banken zu verstehen, daß von diesen mit mindestens einem Anteil gerechnet würde.
Im Anschluß wurde eine Arbeitsgemeinschaft unter Führung von Herrn Dir. Hermann Rausch, Gen.Dir. Tiedke, Gen.Konsul von Schoen, Stadtkämmerer Dr. Köhler gebildet und erwähnt, daß ein Protokoll der heutigen Sitzung den vertretenen Firmen zugesandt würde. Auch wurde darauf hingewiesen, die Angelegenheit vertraulich zu behandeln und einen Entschluß möglichst bald zu treffen, da das Verkaufsangebot mit dem 30. d. M. erlischt."

Direktor Rauschs Initiative ist erfolgreich. Die Verhandlungen sind geglückt. Leipziger Bankhäuser und Unternehmen geben ihr Geld in ausreichendem Maße. Wenn auch nicht immer mit Freuden und freiwillig. So vermerkt die Commerzbank intern: „Die Deutsche Bank zeichnet ganzen Anteil, und durch diese Zeichnung die Dresdner Bank, und das hat uns veranlaßt, uns überhaupt an der Zeichnung zu beteiligen."
Am 28. Juli 1938 wird vom Schuldner eine neue „Schuld- und Hypothekenbestellungsurkunde" unterzeichnet:

„Die Stadt- und Girobank in Leipzig C1, Schillerstraße 4, hat uns, der unterzeichneten Hotel Astoria Gesellschaft mit beschränkter Haftung in Leipzig C1, Blücherplatz 2, als Treuhänderin für Dritte – soweit die Hypothek ihr nicht selbst zusteht – deren Rechte sie vertritt, ein Darlehn von RM 500.000.--, in Buchstaben Fünfhunderttausend Reichsmark, ausgezahlt. Nach den mit unserer Gläubigerin getroffenen Vereinbarungen haben wir zugleich für unsere Rechtsnachfolger uns auf den nachfolgenden Bestimmungen und Verpflichtungen unterworfen.
Das Darlehn ist vom 28. Juli 1938 ab mit viereinhalb v. H. (vom Hundert)

jährlich zu verzinsen. Die Zinsen sind nachträglich am Schlusse des Kalendervierteljahres in gleichen Raten an die Gläubigerin zu bezahlen.
Vom 1. Juli 1939 ab ist das Darlehn mit drei v. H. jährlich vom ursprünglich gegebenen Kapital zuzüglich der durch die Tilgung ersparten Zinsen zu tilgen. Die Tilgungsraten sind vierteljährlich gleichzeitig mit den Zinsen zu bezahlen, und zwar erstmalig am 30. September 1939.
Wenn wir länger als vierzehn Tage mit der Zinsen- oder Tilgungszahlung im Rückstande bleiben, so erhöht sich der Zinssatz für die Dauer des Verzuges um ½ v. H. jährlich. Bleiben wir nun mit einem Teil der Zinsen- und Tilgungszahlung im Verzug, so wird der Zuschlag nur von dem entsprechenden Teil des Kapitals berechnet. Demnach beträgt der Höchstzinssatz fünf v. H.
– Einsicht in die Mietverträge
– Versicherung in Höhe des Feuerversicherungswerte
– Einsicht in Steuerunterlagen
Der Schuldner verpflichtet sich
a) ohne Zustimmung des Herrn Oberbürgermeister der Reichsmessestadt Leipzig eine andere Verwendung des beliehenen Hotelgrundstücks ‚Astoria' als zu Hotel- und Gastwirtschaftszwecken, gegebenenfalls auch nach Erweiterung des Gastwirtschaftsbetriebes in den Erdgeschoßräumen, die jetzt als Läden vermietet sind, nicht durchzuführen.
b) dem Herrn Oberbürgermeister der Reichsmessestadt Leipzig ein Vorkaufsrecht auf das gesamte Stammkapital der Hotel Astoria GmbH und auch auf das Hotelgrundstück für die Stadt Leipzig oder eine von ihm zu bezeichnende dritte Stelle durch die Grund- und Hypothekenbank A. G. in Leipzig, der nunmehrigen Eigentümerin des gesamten Stammkapitals der Hotel Astoria GmbH und des Hotel-Astoria-Grundstücks einzuräumen,
c) die Bestellung des leitenden Betriebsdirektors für die Bewirtschaftung des Hotel ‚Astoria' nur im Einvernehmen mit dem Herrn Oberbürgermeister der Reichsmessestadt Leipzig, wobei aber auf eine einwandfreie Geschäftsführung und andererseits auf geschäftlichen Erfolg bei der Personalwahl Rücksicht zu nehmen ist, vorzunehmen.
– Die Sparkasse schlägt bis zu drei Mitglieder des Aufsichtsrates vor
–Hypothek kann aufgeteilt werden."

Hermann Rausch beteiligte sich auch privat an der „Arisierung" mit 10.000,– Reichsmark und wird alsdann von der Commerzbank als Aufsichtsratsmitglied des „Astoria“ bestellt. Der Besitzerwechsel ist vollzogen. Neuer Eigentümer ist nunmehr die Grundstücks- und Hypotheken-A.G. Damit wurde das Hotel „Astoria“ erfolgreich „arisiert“. Herr Fritz Oertel wird als dessen Geschäftsführer bestellt. Als Aufsichtsratsvorsitzenden der Hotel Astoria GmbH verpflichtet man den (späteren) Stadtkämmerer Leipzigs Dr. Kurt Lisso, was von großer kommunaler Anteilnahme zeugt. Noch zwei weitere Herren aus der Stadtverwaltung werden Mitglieder des Gremiums. Nach Abschluss der Verhandlungen schreibt Oberbürgermeister Walter Dönicke an die Commerzbank:

„2. 8. 1938
Die Arisierung des Hotels ‚Astoria‘ ist nach Überwindung erheblicher Schwierigkeiten in dem von uns gewünschten Sinne durchgeführt worden. Die finanziellen Schwierigkeiten, insbesondere die Aufbringung der Mittel für die 2. Hypothek, konnten dadurch behoben werden, daß sich eine große Zahl Leipziger Firmen bereit erklärte, die in Frage kommende Summe durch Anteile zur Verfügung zu stellen. Dadurch ist es möglich gewesen, das Hotel ‚Astoria‘ der Stadt Leipzig zu erhalten.
Als Oberbürgermeister der Reichsmessestadt Leipzig ist es mir daher ein Bedürfnis, der Commerz- und Privatbank A.-G. für die tatkräftige Unterstützung und Förderung zu danken. Ich bin davon überzeugt, daß das Hotel ‚Astoria‘ unter der neuen Geschäftsführung alles tun wird, um sich des Vertrauens würdig zu erweisen. Durch erhöhten Einsatz aller daran beteiligten und interessierten Kreise wird es uns gelingen, dem Hotel ‚Astoria‘ seinen alten Ruf zurückzugewinnen.“

Die „Leipziger Neusten Nachrichten“ vermelden am 4. August 1938 unter großen Lettern:

„Hotel ‚Astoria‘ in arischem Besitz: Uebernehmerin Grund- und Hypothekenbank A.-G. in Leipzig – Das Hotel ‚Astoria‘, das für das Leipziger Verkehrsleben von besonderer Bedeutung ist, befand sich seit seiner Errichtung im Besitz der nichtarischen Baufirma Cohn & Kreh, Frankfurt a. M. Nach eingehenden Verhandlungen ist nunmehr das Eigentum an diesem Hotel in arischen Besitz übergegangen, ebenso ist die bestehende Hotel-Astoria-GmbH,

die als Betriebsgesellschaft arbeitete, in den gleichen Besitz übernommen worden. Die Uebernehmerin ist die Grund- und Hypotheknbank A.-G. in Leipzig. Das Grundstück, das kurz vor dem Kriege nach den Plänen der Architekten Lossow & Kühne errichtet und in modernster Weise ausgestattet worden ist, wird nun in weit größeren Umfang als bisher dem Leipziger Verkehrsleben dienen können, und es wird für die zukünftige Entwicklung von Leipzig wichtig sein, ein gut gepflegtes und sorgsam unterhaltenes Hotel in nationalsozialistischem Sinne den nach Leipzig kommenden Fremden zur Verfügung stellen zu können. Die Leitung des Hotels ist dem bekannten Leipziger Hotelfachmann Fritz Oertel übertragen worden.
Am Mittwochnachmittag (dem 3. 8. 1938) fand zum äußeren Zeichen der Uebernahme in arischen Besitz eine Betriebsfeier statt, zu der zahlreiche Vertreter staatlicher und städtischer Behörden und am Verkehr beteiligte Verbände erschienen waren. Nach Begrüßungsworten durch Direktor Friedrichs von der Grund- und Hypothekenbank A.-G. in Leipzig versicherte Direktor Oertel als künftiger Leiter, daß er bestrebt sein werde, das Unternehmen zum nationalsozialistischen Musterbetrieb auszubauen. Stadtkämmerer Dr. Köhler übermittelte die Glückwünsche der Stadt Leipzig, von der auch Oberbürgermeister Dönicke erschienen war. Er betonte, daß im Hinblick auf den Fremdenverkehr von ausschlaggebender Bedeutung gewesen sei, ein solches Unternehmen in arischen Besitz zu bringen. Sein Dank galt allen Behörden und Körperschaften, die dieses Bestreben gefördert hatten. Er sprach die Hoffnung aus, daß der Betrieb noch weit stärker zur Verkehrsförderung ausgebaut werden könne. Schließlich begrüßte der stellvertretende Betriebsobmann Hille im Namen der Gefolgschaft diesen Wandel und versicherte, daß man alle Anstrengungen machen werde, um nicht nur den Gästen, sondern dem gemeinsamen Nutzen und damit Volk und Staat zu dienen."

Auch dem „Leipziger Jahrbuch" ist dieser Besitzerwechsel in seiner Ausgabe 1939 einen Artikel wert: „Die jüdischen Geschäfte und Betriebe sind in der Berichtszeit in erheblicher Zahl entjudet worden. Für die Reichsmesse- und Buchstadt Leipzig bildete es insbesondere nicht gerade eine Empfehlung, daß das größte und am meisten den Fremden auffallende Hotel ‚Astoria' sich in jüdischen Händen befand. Es ist nun anders geworden. Seit dem 1. August 1938 wurde das Haus mit Unterstützung namhafter Kreise aus Industrie und

Handel von der Grundstücks- und Hypotheken-A.G. übernommen und damit in arische Hände überführt. Seither weht auch an diesem Betriebe die Hakenkreuzfahne." Die fällt den am Hauptbahnhof Angekommenen auch sofort ins Auge.

„Nach dem November-Pogrom am 9. November 1938 wurde deutschen Juden die Übernachtung im Astoria verweigert. Zur Frühjahrsmesse 1939 wollte Hoteldirektor Fritz Oertel auch Juden aus dem Ausland die Hotelnutzung verwehren. Die Gestapo lehnte dies für die Messezeit ab, stimmte aber der anschließenden Anbringung eines Schildes am Hoteleingang zu, dass Juden als Gäste nicht erwünscht waren."

Das Konto des „Astorias" führt auch nach der „Arisierung" die Filiale der Deutsche Bank in Leipzig. Bereits zur Herbstmesse 1938 „würde allerdings ein Ueberziehungskredit von RM 10.000,– benötigt, der aus Messeeinnahmen prompt zur Rückzahlung käme". Der Finanzplan wird befürwortet und die Gelder freigegeben.

Weiterhin im Geschäft geblieben aber sind die Privatgelder des ehemaligen Hoteldirektors Heinrich-Georg Hartung. Sein Geld fordert Hartung von den neuen Betreibern nun zurück. Es kommt zu Diskussionen, und es kommt zur Klage. Es kommt zum Prozess, der die Ansprüche des ehemaligen Geschäfts-

Bin dagewesen! Postkarte – verschickt 1938

führers als Recht erkennt. So sieht sich die Deutsche Bank am 26. Mai 1942 veranlasst, eine Bürgschaftserklärung im Namen ihrer Kunden abzugeben: „In Sachen des Herrn Kommerzienrats Heinrich-Georg Hartung, Feldafing, einerseits gegen die Hotel Astoria GmbH, Leipzig, und die Grund- und Hypothekenbank Aktiengesellschaft, Leipzig, andererseits übernehmen wir hiermit zugunsten den Herrn Hartung die selbstschuldnerische Bürgschaft in Höhe von

RM 26.000,– (i. W.: Sechsundzwanzigtausend Reichsmark)

gegenüber den beiden Beklagten für alle Ansprüche, die diesem aufgrund des Urteils der 12. Zivilkammer des Landgerichts Leipzig vom 16. Februar 1942, Akten-Nr. 12 O 32/40, zustehen oder zustehen könnten. Die Bürgschaftsübernahme erfolgt zum Zwecke der Abwendung der Zwangsvollstreckung gemäß dem Beschluß des Oberlandesgerichts Dresden vom 24. April 1942, Akten-Nr. 4 U 39/42."

Auch anderes passiert in jenen Zeiten im Hotel und blieb geheim: Im Mai 1942 wurde „das ‚Astoria' zum Schauplatz einer Hilfsaktion zur Rettung einer Jüdin. Die Krankenschwester am jüdischen Krankenhaus Eva Heidenheim sollte am 10. Mai 1942 deportiert werden. Sie täuschte ihren Freitod vor und tauchte unter. Eine Frau aus Berlin übergab ihr im Astoria die Kennkarte ihrer Köchin. Eva Heidenheim reiste nach Berlin und überlebte in Verstecken. Als 1992 die Stadtverwaltung erstmals Jüdinnen und Juden, die in der NS-Zeit emigriert waren, zum Besuch ihrer Geburtsstadt einlud, war das ‚Astoria' für ihre Übernachtungen gebucht."

Doch im Kriege gestalten sich die Hotelgeschäfte nicht zur Zufriedenheit von Geschäftsführung und Anteilseignern, auch wenn Prominenz und Politik regelmäßig Zimmer im „Astoria" buchen. Und selbst bei geringer Auslastung: Die Nebenkosten laufen weiter, bleiben gleich, wie auch andere Verbindlichkeiten. Dazu ist weiter Geld vonnöten. Direktor Oertel schuldet bei der Stadtsparkasse um und erhält daraufhin neuen Kredit. Die damit aus dem Schuldverhältnis entlassene Commerzbank gibt ihrem Dank und ihrer Anerkennung für diese gute Hauswirtschaft Ausdruck und belässt ihr Geld im Unternehmen. Das Direktionssekretariat der Bank teilt der Astoria-Geschäftsleitung am 4. Oktober 1943 mit: „Wir kommen zurück auf die mit Ihnen geführte Korrespondenz, die die Arisierung des Hotels ‚Astoria' in Leipzig betraf. Wir waren zusammen mit den übrigen hiesigen Banken, Versicherungen und größeren Industrieunternehmungen an der Aufbringung desjenigen Betrages des Verkaufspreises beteiligt, der nicht durch eine erste Hypothek abgelöst wurde. Auf uns entfielen

RM 10.000,—, die wir auf Ihren Vorschlag hin voll zurückstellten. Die Hypothekenzinsen und die Amortisationsverpflichtung für den gezeichneten Betrag wurden prompt eingehalten, so daß sich unsere Forderung per 30. September 1942 noch auf RM 8.814,16 stellte. Nachdem nun die hiesige Sparkasse eine weitere Hypothek gewährt hat, wurden die Restbeträge der seinerzeit gezeichneten Summen zurückgezahlt, so daß unsere Forderung am 30. vor. Mts. ausgeglichen war. Die von uns vorgenommene Rückstellung per 31. 12. 1942 in Höhe von 8.887,72 ist dadurch freigeworden. Wir wollten nicht verfehlen, Sie über den Gang der Dinge zu informieren und zu zeichnen." Mit der finanziellen Unabhängigkeit wäre der Anspruch der Commerzbank auf Aufsichtsratsposten bei der Hotel Astoria GmbH erloschen.
Ein Antwortschreiben wird am 12. Mai 1943 aus Leipzig nach Berlin gesandt:

„An die Commerz- und Privatbank Aktiengesellschaft. Im Anschluß an das Schreiben der Stadt- und Girobank Leipzig vom 22. 4. 1943, das Ihnen von dieser als Treuhänderin der zweiten Hypothek zugegangen ist, nehmen wir selbst gern nochmals Gelegenheit, Ihnen unseren verbindlichsten Dank auszusprechen für das Vertrauen, das Sie uns seinerzeit bei der Uebernahme des Hotels ‚Astoria' durch uns im Zuge der Arisierung entgegengebracht haben durch die zur Verfügungstellung Ihrer Beteiligung an der Finanzierung durch eine zweite Hypothek. Von den aus Ihren Kreisen in unseren Aufsichtsrat gewählten Herren Direktor Hermann Rausch, Kaufmann Hans Welter und Fabrikbesitzer Fritz Joachim haben wir Kenntnis davon, daß Ihre finanzielle Unterstützung bei der Arisierung des Hotels nur der Ausdruck dafür war, daß Sie sich als Vertreter der Leipziger Industrie- und Handelskreise verpflichtet fühlten, der Reichsmessestadt Leipzig behilflich zu sein, das erste Hotel in Leipzig als solches der Stadt zu erhalten. Das Interesse, das sich daraus für die an der zweiten Hypothek Beteiligten auch für die Weiterentwicklung unseres Hotels ergab, brachte uns mit den drei Herren als Ihre Vertreter in unserem Aufsichtsrat ein besonders erfreuliches und beide Teile befriedigendes, sowie auch für uns vorteilhaftes Zusammenarbeiten. Daß sich diese Herren auf unsere Bitte hin auch weiterhin bereit erklärt haben, uns ihren Rat und ihre Mitarbeit zur Verfügung zu stellen, ist uns eine besondere Freude, und wir hoffen, daß wir Sie auch fernerhin als Gönner und Freunde unseres Unternehmens betrachten dürfen.
Die Gründe, die uns zu der Aufnahme der neuen Sparkassenhypothek und

damit der Ablösung der zweiten Treuhandhypothek veranlaßt haben, stehen wesentlich im Zusammenhang mit der gesetzlich vorgeschriebenen Hauszinssteuerablösung und den Hypothekenregulierungen, die sich daraus ergeben. Anläßlich der dabei notwendig gewordenen Rücktrittserklärung waren nun, wie auch schon vorher ohne besonderen Anlaß, wiederum verschiedene an der Hypothek Beteiligte an uns herangetreten, ob nicht eine vorzeitige Rückzahlung Ihres Kapitalanteils an der Hypothek erfolgen könnte. Wir mußten daraus annehmen, daß es einer Anzahl der in der Gesamthypothek zusammengeschlossenen Hypothekengläubiger doch erwünscht wäre, ihre Beteiligungsbeträge zurückgezahlt zu erhalten, und haben besonders aus diesem Grunde eine anderweitige Regelung der Hypotheken versucht und durch die Sparkasse eine neue erststellige Hypothek von 1.400.000,– RM zugesagt erhalten. Nach nunmehr erfolgter Kündigung der Treuhandhypothek für den 30. 9. 1943 haben aber nun anderseits verschiedene in der Treuhandhypothek vereinten Gläubiger uns mitgeteilt, daß sie zur Zeit keinen Wert auf die Rückzahlung ihres Hypothekenkapitals legen.
In mehreren Beratungen haben Ihre Herren Vertreter in unserem Aufsichtsrat, die Herren Rausch, Welter und Joachim, angeregt und zugestimmt, den Hypothekengläubigern, die gern durch weiteres Bestehenlassen ihrer Hypothek ihr besonderes Interesse an unserem Hotel zum Ausdruck bringen zu wollen, einen Vorschlag zu unterbreiten, wie dies ausgeführt werden könnte. Diese Möglichkeit sehen wir grundsätzlich in folgender Regelung, wobei wir wegen der formellen Durchführung gegebenenfalls später noch weitere Vorschläge unterbreiten würden.
Die einzelnen Hypothekengläubiger, denen eine Rückzahlung des Hypothekenkapitals per 31. 9. 1943 nicht erwünscht ist, belassen als zweite Tilgungshypotheken im gleichen Range hinter der neuen Sparkassenhypothek von 1.400.000,– RM ihre Kapitalbeiträge, wie sie sich unter Berücksichtigung der inzwischen erfolgten Tilgungen am 30. 9. 1943 ergeben, unter den gleichen Bedingungen für Verzinsung und Tilgung, wie bisher, und unter den sonstigen üblichen Hypothekenbedingungen der Sparkassenhypothek. Dabei würden die einzelnen Kapitalbeträge jeweils für den einzelnen Hypothekengläubiger und nicht, wie bisher, als eine Gesamttreuhandhypothek eingetragen. Zahlung der Zinsen und Tilgungsbeträge würde, wie bisher, im Rahmen der Gesamthypothek, weiter zu gleichen Terminen durch uns direkt erfolgen, so daß nur eine formelle Aenderung in der Eintragung im Grundbuche stattfinden würde. Voraussetzung dabei wäre allerdings, daß die nach

dem 30. 9. 1943 bestehenbleibenden Einzelkapitalbeträge zusammen etwa die Hälfte des ursprünglichen Hypothekenkapitals von 500.000,-- RM erreichen.
Es würde uns außerordentlich freuen, wenn wir dadurch die direkten Beziehungen zu den Leipziger Industrie- und Handelskreisen auch weiterhin aufrecht erhalten könnten, und wir bitten ergebenst, uns Ihre Stellungnahme bekanntzugeben. Wir empfehlen uns Ihnen und begrüßen Sie
Heil Hitler! Hotel Astoria GmbH"

Die am „Arisierungsprojekt" „Astoria" beteiligten deutschen Banken sprechen auch untereinander über die Finanzlage und das unternehmerische Verhalten der Geschäftsleitung. Vor allem steht die Reihenfolge der Tilgung von vergebenen Krediten in der Diskussion. Wessen Forderungen stehen an erster Stelle und werden vom „Astoria" beglichen? Hintan in der Gläubigerliste möchte man nicht stehen. So teilt die Sparkasse Leipzig am 22. Oktober 1942 der Commerzbank mit:

„Vertraulich!
Laut Mitteilungen der Grund- und Hypothekenbank A.-G. als Verwalterin des Grundstücks Hotel ‚Astoria', Blücherplatz 2, beabsichtigt die Grundstückseigentümerin, die Hauszinssteuer für das genannte Grundstück, welche rd. 300.000,- RM – der genaue Betrag steht zur Zeit noch nicht fest – betragen soll, in bar abzulösen. Die hierzu erforderlichen Mittel will sie sich zum großen Teil durch Aufnahme einer Hypothek in Höhe von 250.000,-- RM, die ihr von der Sparkasse der Reichsmessestadt Leipzig zu einem Zinssatz von 4½ v.H. + Tilgungssatz von 4 v.H. in Aussicht gestellt worden ist, beschaffen. Die aufzunehmende Hypothek soll unmittelbaren Rang hinter der an 1. Stelle bereits für die gleiche Gläubigerin eingetragenen Tilgungshypothek von 900.000,- RM erhalten, so daß die für uns zugleich als Treuhänderin für Sie eingetragene Tilgungshypothek von 500.000,- RM hinter die neu für die Sparkasse Leipzig einzutragende Hypothek zurücktreten müßte.
Wie uns weiterhin mitgeteilt wird, ist der Aufsichtsratsvorsitzende der Hotel Astoria GmbH, Herr Stadtkämmerer Dr. Lisso, einverstanden. Da die in Aussicht genommene Regelung gegenüber einem regulären Abgeltungsdarlehn, das als öffentliche Last an 1. Stelle kraft Gesetzes der für uns eingetra-

genen Hypothek vorgehen würde, dürfte eine Verschlechterung des Ranges bei der Durchführung des Planes nicht eintreten, vielmehr sogar eine Besserstellung um den bar abzulösenden Teil erfolgen. Wir nehmen deshalb an, daß auch Sie der von der Grundstückseigentümerin geplanten Regelung und der von uns alsdann abzugebenden Rücktrittserklärung hinter die aufzunehmende Zusatzhypothek der Sparkasse der Reichsmessestadt Leipzig zustimmen und nehmen ihr Einverständnis hierzu an, sofern wir nicht bis spätestens 5.11.1942 gegenteilige Nachricht von Ihnen erhalten haben sollten.

Heil Hitler! Stadt- und Girobank Leipzig"

Die Geschäfte laufen, laufen auch gut für die Deutsche Bank, die ihren ehemals gewährten Überziehungskredit wieder auf RM 30.000,– aufstockt. Der Eigentümer und Gesellschafter, die Grund- und Hypothekenbank mit Geschäftsführer Ernst Friedrichs, schießt nochmals RM 100.000,– ins Unternehmen. Das „Astoria" steht trotz Krieg und harter Zeiten auf finanziell solidem Fundament. Auch gibt Hoteldirektor Fritz Oertel die 26.000,– RM, die er seinem Vorgänger, Heinrich-Georg Hartung, per ergangenem Urteil nun schuldet, nicht verloren. Das „Astoria" streitet in nächster Instanz weiter vor Gericht und erhält dabei nicht nur finanzielle Unterstützung. Am 9. Februar schreibt die Hoteldirektion ihrem Kreditgeber, der Deutschen Bank: „Sie hatten uns vor Jahresfrist Herrn Rechtsanwalt Dr. Eisold, Dresden, für die Durchführung Ihrer Klage in der Berufung beim Oberlandesgericht in Dresden empfohlen. Nachdem diese Klage Ende voriger Woche mit einem vollen Erfolg für uns in Dresden beendet worden ist, was wir in erster Hinsicht Herrn Rechtsanwalt Dr. Eisold zu verdanken haben, der sich in wirklich außergewöhnlicher Weise dieser Klage angenommen hat und sie mit großem Verständnis durchgeführt hat, können wir nicht umhin, Ihnen für die Empfehlung des Herrn Dr. Eisold unseren besten Dank auszusprechen."

Damit sind die Bürgschaftserklärungen der Deutschen Bank hinfällig. Denn nach diesem Urteil bleibt Heinrich-Georg Hartung Schuldner und kann auf die Rückzahlung seines gewährten Kredits nur hoffen, denn bei der Tilgung steht seine Forderung nun hinter denen aller Banken, offiziell und inoffiziell Beteiligten.

Der Weltkrieg schlägt auf Deutschland zurück. Aufgrund des langen Anflugweges galt Sachsen bislang nicht als Angriffsziel der alliierten Luftwaffe. Wurde in der Nacht vom 2. zum 3. Dezember 1943 Berlin bombardiert, schienen die Flugzeuge am Tag darauf das gleiche Ziel zu haben. Doch flog das Geschwader über Brandenburg/Havel nach Süden weiter und traf die Messestadt Leipzig.

„Zwischen 3:50 und 4:25 Uhr warfen 442 Bomber insgesamt fast 1.400 t Spreng(stoff). und Brandbomben ab. Im Einzelnen handelte es sich um 280.000 Stabbrandbomben, 12.500 Phosphorbrandbomben, 312 Phosphorkanister, 450 Sprengbomben und 10 Minenbomben. Fliegeralarm war um 3:39 Uhr gegeben worden, die Entwarnung erfolgte 5:32 Uhr. In der eng bebauten Innenstadt entwickelte sich nach dem Angriff durch das Zusammenfließen von über 5.000 Einzelbränden ein Feuersturm. Dessen Intensität überstieg nach der Einschätzung des Generalinspekteurs für das Feuerlöschwesen sogar die des Hamburger Feuersturmes. Die Leipziger Feuerschutzpolizei hatte in der Nacht zuvor die Hälfte ihrer Kräfte zur Hilfe nach Berlin entsenden müssen. Die aus dem Umland herbeigerufenen Feuerwehren konnten Brände häufig nicht wirksam bekämpfen, da ihre Schläuche nicht an die speziellen Anschlüsse der Leipziger Hydranten passten.“

1.815 Menschen verloren bei dem Luftangriff ihr Leben, 60 blieben vermisst. „Es wurden 806 schwer und 3.749 leicht Verletzte registriert. 114.000 Leipziger wurden obdachlos. Besonders im Stadtzentrum fielen den Bomben viele historische Gebäude zum Opfer, so das Alte und Neue Theater, die Neue Börse, das Schiff der Johanniskirche, die Alte Waage, die Matthäikirche, das Museum der bildenden Künste, die Hauptpost, der Krystallpalast und das Hauptgebäude der Universität. Der Dachstuhl des Alten Rathauses brannte aus. Weiterhin verzeichnete man unter anderem die Zerstörung von 1.067 Geschäftshäusern, 472 Fabrikgebäuden, 56 Schulen, 29 Messehäusern und 9 Kirchen. Von den 92 Instituten der Universität Leipzig wurden 58 getroffen und teilweise oder ganz zerstört. Von den 32.500 Wohngebäuden waren 15.200 in Mitleidenschaft gezogen, davon über 5000 total zerstört oder schwer beschädigt.“ Das Hotel „Astoria“ wurde ebenfalls schwer getroffen, West- und Südflügel waren Ruine. Auch das Archiv mit Geschäftsunterlagen und den Gästebüchern verbrannte. Direktion und Eigentümer stellen Antrag auf Entschädigung. Am 29. Januar 1944 erhält man Antwort: „Laut Schreiben des Oberbürgermeister der Reichsmessestadt Leipzig – Amt für Kriegsschäden – als Feststellungsbehörde vom

27. 1. 1944 wird der rubrizierten Gesellschaft auf ihren Antrag vom 27. Januar 1944 wegen des durch den Fliegerangriff vom 4. Dezember 1943 erwachsenen Sachschadens in Höhe von ca. RM 500.000,– in Anrechnung auf die zu erwartenden noch festzustellende Entschädigung eine Vorauszahlung von RM 50.000,– gewährt und dem Konto bei uns Nr. 132450 angeschafft." Und der Beamte der Leipziger Sparkasse fügt an: „Aufgrund vorstehenden Bescheids habe ich mich heute Herrn Direktor Friedrichs (von der Grund- und Hypothekenbank) gegenüber bereiterklärt vorübergehende Ueberziehungen seiner Firma bis zu RM 50.000,– zu schützen." Eingeschränkt hielt man den Hotelbetrieb am Leben.

Am 17. April 1945 rückte die 69. Infanteriedivision der US-Army gegen Leipzig vor. An vielen Häusern wehten weiße Fahnen, trotzdem kam es zu Gefechten. Vor allem das Rathaus und der Hauptbahnhof wurden erbittert verteidigt. Am frühen Morgen des 19. April waren die Kämpfe beendet. US-Truppen nahmen die Stadt ein. Sie fanden in den Zimmern des Neuen Rathauses Leichen. Stadt- und Parteigrößen hatten sich selbst gerichtet. Darunter der ehemalige

Ende eines Reiches – Ende einer Familie: Stunde null

Oberbürgermeister Walter Dönicke und der Stadtkämmerer und Aufsichtsratsvorsitzende der Hotel-Astoria-GmbH Kurt Lisso. Es war „ein überladen eingerichtetes Büro, mit sentimentalen Landschaftsbildern an den Wänden und schweren Möbeln, wie sie die Deutschen im 19. Jahrhundert für luxuriös hielten. Auf den massiven Ledermöbeln lehnte eine Familiengruppe, die so intim und lebendig wirkte, daß man kaum glauben konnte, daß diese Menschen nicht mehr am Leben waren. Am Schreibtisch saß Dr. Kurt Lisso (* 1892), den Kopf in die Hände gelegt, als ob er ausruhen wollte. Auf dem Sofa lag seine Tochter Regina (* 1924), und in dem dick gepolsterten Armsessel saß seine Frau Renate (* 1895). Die Ausweise und Dokumente der ganzen Familie waren ordentlich auf dem Schreibtisch ausgebreitet, daneben stand die Flasche Pyrimal, mit dem sie sich offensichtlich umgebracht hatten."
Zyanid war der tödliche Wirkstoff: Blausäure. „Schon die orale Aufnahme von 70 mg zyanidhaltiger Substanzen kann durch Blausäurevergiftung zum Tod führen. Teilweise wird eine tödliche Wirkung ab einer Aufnahme von 1 bis 2 mg Blausäure je Kilo Körpergewicht angenommen, kommt es zu schwerer Atemnot, Krämpfen, Erbrechen und Bewusstlosigkeit. Die Atemluft der Vergifteten hat einen typischen Bittermandelgeruch. Der Tod durch Ersticken tritt innerhalb weniger Sekunden oder Minuten ein. Nachträglich kann eine Blausäurevergiftung durch eine hellrote Färbung der Haut des Toten erkannt werden."
Die Fotos von Margaret Bourke-White (1904–1971) für das LIFE-Magazin und von anderen Fotografen bannten die Toten im Bürgermeisterzimmer und wurden zu Ikonen der Kriegsfotografie.

Vom schweren Anfang und der Faust der Arbeiterklasse

„Volle Bäuche hatten einzig die verbeulten Loren der Trümmerbahn. In langer Reihe zuckelten die gefüllten Wägelchen hinter der fauchenden Dampflokomotive vom Wilhelm-Leuschner-Platz Richtung Johannistal." Leipzig ist am Ende des Krieges ein Trümmerfeld. „Verfallene und ausgebrannte Gebäudekomplexe und eine unvorstellbare Masse von etwa fünf Millionen Kubikmeter Bauschutt prägten das Stadtbild. Bezogen auf die Bevölkerungszahl von 1939 (707.365) waren das sieben Kubikmeter pro Kopf." Nur leergeräumte Straßen sind wie Wanderwege im Gebirge begehbar durch die Reihen von Häuserruinen, in denen manchmal noch Leben herrscht. Auch der Leipziger Hauptbahnhof wurde im Bombenhagel des 3./4. Dezember 1943 schwer zerstört. Einzelne Bahnsteige werden freigelegt. Provisorisch kann der Zugverkehr Ende Mai 1945 wieder aufgenommen werden. Vorm Empfangsgebäude und „in der klaffenden Lücke des zerstörten Querbahnsteigs auf der Ebene der einstigen Gepäckanlagen" fuhren die Trümmerbahnen. Innerhalb von sechs Jahren sprengte man mehr als 20.000-mal unbewegbare Stahlbetonmassen, und 30.000 Kubikmeter Schutt wurden beseitigt. Auch am Hotel „Astoria" vis-à-vis beginnen die Räum- und Wiederherstellungsarbeiten.

Die Konferenz von Jalta hatte die Aufteilung Deutschlands in vier Besatzungszonen beschlossen. Vertragsgemäß verließen die Amerikaner bis zum 1. Juli das westliche Sachsen und die Stadt Leipzig. Die Rote Armee übernahm und wurde vom „Antifaschistischen Block" im Namen der antifaschistischen Bevölkerung herzlich begrüßt:

„Wir geloben: Wir wollen alle Anordnungen der Roten Armee vorbehaltlos durchführen. Wir geloben: Alles einzusetzen für die Wiedergutmachung der durch Deutschland dem Sowjetvolk und allen friedlichen Völkern der Erde zugefügten Schäden. Wir geloben: Alle Kraft einzusetzen zur vollständigen Vernichtung des Nazismus-Militarismus. Wir geloben: Alle Kräfte zu mobilisieren für eine antifaschistische deutsche Volksbewegung zum Aufbau eines freien, wahrhaft demokratischen Deutschlands."

Der Chef der Sowjetischen Militäradministration in Deutschland (SMAD) Marschall Schukow (1896–1974) ernannte Nikolai Iwanowitsch Trufanow (1900–1982) zum Militärbefehlshaber der Stadt Leipzig. Wieder zugelassene Parteien schlugen Erich Zeigner (1886–1949) als ihren Bürgermeister vor, den Trufanow am 16. Juli im Amt bestätigte. Erste Maßnahmen suggerierten eine Rückkehr zur Normalität: Am 2. August gab das Gewandhausorchester sein erstes Konzert in der Thomaskirche mit Händels „Messias": „Bereitet dem Herrn den Weg, ebnet in der Wüste einen Pfad für unsern Gott" (Jesaja 40,1–3). Der Zoo war bereits seit dem 6. Mai wieder zu besuchen. Per Anordnung plante ein berufener Stab die nächste Messe für das Frühjahr 46. Die Sparkasse Leipzig eröffnete 14 Filialen. 20 ausgewählte Verlage erhielten die Erlaubnis zu veröffentlichen. In Stadtbibliothek und Deutscher Bücherei waren Bücher, Zeitungen und Schriften einzusehen. Am 1. Oktober begann das neue Schuljahr, an der Universität war der neue Rektor schon im Mai gewählt worden. Der Archäologe Bernhard Schweitzer (1892–1966) wurde zum Jahresende vom Philosophen Hans-Georg Gadamer (1900–2002) abgelöst: „Zukunft ist Herkunft."

In 16 Dienststellen ließ sich die sowjetische Militäradministration in Leipzig nieder, u.a. Döllnitzer Straße 25 (seit 20. April 1961 Lumumbastraße) und Springerstraße 6. Ihr Geheimdienst NKWD besetzte die „Alte Leipziger Feuersicherung" am Dittrichring 24, wo vorher die Amerikaner residierten (später die Bezirksverwaltung des Ministeriums für Staatssicherheit). Mit ihrer Machtübernahme beschlagnahmten die Sowjetsoldaten auch das Hotel „Astoria". Seine wenigen bewohnbaren Zimmer dienten als Quartier, seine Säle abendlichen Lustbarkeiten. Damit war der Betrieb provisorisch wieder aufgenommen. Offiziell liest es sich später so: „In gemeinsamer Anstrengung der sowjetischen Militäradministration und Aktivisten der ersten Stunde wurden die Trümmer beseitigt und der schrittweise Wiederaufbau begann. Ziel war es, schon zur Frühjahrsmesse 1946 Versorgungs- und Beherbergungsaufgaben zu übernehmen."

Offene Türen bei Hotelneubau und Straßenbahn (Foto: Ende der 1950er)

Als Betreiberin der noblen Herberge fungierte weiterhin die Hotel Astoria GmbH. Die hatte mit ihrer Arisierung 1938 Fritz Oertel als Direktor bestellt, der führte die Geschäfte auch in die neuen Zeiten von SBZ und DDR. Mit 25 Prozent hatte Fritz Oertel auch die Einlage der Gesellschaft übernommen. 50 Prozent davon hielt Erika Neumann, 25 Prozent ihre Schwägerin Zilla. Routine kehrte in die Herberge am nunmehrigen Karl-Legien-Platz (vormals Blücherplatz) ein und Schichtbetrieb. Zimmermädchen, Bäcker, Koch und Kellner arbeiteten im Dienst der Gäste und Besatzer. Mancher Freund und manche Dame wurden von den Sowjetsoldaten eingeladen, andere mussten ihnen zur Verfügung stehen wie Schnaps und Speck und Unterhaltung. Vorm Hotel florierte der Schwarzmarkt. Vom Bahnhof fuhren die Züge zu den Hamsterfahrten ins Umland: „Erst das Fressen, dann die Moral."

Koch Hansgert Oranke erinnerte sich: „Bald zog im ‚Astoria' wieder der normale Hotelbetrieb ein. 1950 gab es wieder alles: Fleisch, Kartoffeln, Fisch, sogar Hummer wurde extra aus Hamburg rangeschafft. Damals gab es 'ne Menge reicher Leute. Leute, die sich auf dem Schwarzmarkt eine goldene Nase verdient hatten. Fast das ganze Jahr über wohnte ein ‚Geschäftsmann' aus dem Vogtland im Hotel. Er schmuggelte Plauener Spitze in den Westen, feierte mit harter D-Mark rauschende Feste im Hotel. Irgendwann hat ihn die Stasi geholt." Er war nicht die einzige zwielichtige Gestalt gewesen.

Auch wenn eine offizielle Wiedereröffnung noch nicht erfolgt war, die Ämter gestatteten dem „Astoria" tatsächlich ab der Frühjahrsmesse 1946 den Hotelbetrieb. Die Gäste kamen aus aller Welt, ein Hauch von Vorkriegsatmosphäre und Internationalität zog ein. Die sogenannte „Friedensmesse" wurde am 8. Mai 1946, genau ein Jahr nach der bedingungslosen Kapitulation Deutschlands, eröffnet und fand vom bis zum 12. Mai statt. Gleichzeitig bewerkstelligte man den Wiederaufbau des schwer zerstörten Hauses. Um diese Arbeiten zu finanzieren, wurde von der Geschäftsleitung ein Baukostenzuschlag auf die Zimmerpreise erhoben. Diese Mehrkosten waren mit der kommunalen Seite, der Miet- und Pachtstelle sowie der Industrie- und Handelskammer abgesprochen und genehmigt. In den Messewochen zahlten die Gäste gar das Doppelte für die Übernachtung (was in Folge beibehalten wurde). Diese Praxis wurde bis zum Beginn des Jahres 1950 nicht beanstandet. Auch die sowjetische Militäradministration vor Ort akzeptierte diese Preispolitik unwidersprochen. Andrerseits fühlten ihre Offiziere sich im „Astoria" wie die Herren des Hauses.

„Bis 1948 waren die Russen hier. Für mich die gefährlichsten Jahre meines Lebens, denn die Besatzer waren mißtrauisch", erzählte einer der Köche jener Zeit. „Jedes Gericht, das ich den Militärs servierte, mußte ich vor ihren Augen vorkosten. Die hatten Angst, wir wollten sie vergiften. Zum Eklat kam es, als ich einem russischen General Bohnengemüse servieren sollte. Beim Öffnen der Konserve war wohl ein Glassplitter ins Gemüse gefallen. Ich hatte es nicht bemerkt. Den Splitter fischte der Russengeneral vom Teller und schrie: ‚Sabotage!' Er schickte sofort bis an die Zähne bewaffnete Soldaten in die Küche. Ich verschwand durch den Hinterausgang des Hotels, die Kochmütze noch auf dem Kopf. Vom gegenüberliegenden Hallischen Tor beobachtete ich, wie die Militärpolizisten das ganze Haus nach mir durchsuchten."

Zur Frühjahrsmesse 1949 grüßte die „Leipziger Volkszeitung" am 3. Juni die Besucher und verwies stolz auf das Erreichte:

„Herzlich willkommen lieber Messegast! Ja, schauen Sie sich nur einmal um, es hat sich vieles bei uns verändert, seit Sie zur Herbstmesse des vergangenen Jahres in Leipzig weilten. Natürlich, die Querbahnsteige mit ihren zwölf Ausgängen waren schon im Herbst fertiggestellt, aber die neugebau-

ten Verkaufsstände werden durchaus mit Recht dankbar von Ihnen als Neuheit begrüßt. Im Hauptbahnhof ist in den letzten Wochen überhaupt fieberhaft gearbeitet worden. Dort, wo Ihnen in der Westhalle noch im Herbst eine rostbraune Wellblechwand unangenehm erinnerlich war, zeigt sich heute eine schmucke Holzverschalung, und auch die Außenseite der Halle wurde neu gespritzt. Natürlich auch in ihrer neuen Gestalt bleibt sie nur ein Provisorium, und darum beschloß die Reichsbahn, die bombengeschädigte Westhalle in ihrer alten Gestalt vollkommen wieder aufzubauen. Sie dann zu bestaunen, dürfte Ihnen noch vorbehalten bleiben.
Und nun also wollen Sie den Hauptbahnhof verlassen. Um Ihr Messequartier aufzusuchen. Natürlich, Sie werden müde und abgespannt von der Reise sein. Ja, da staunen Sie schon zum zweiten Male. Auch vor dem Hauptbahnhof hat sich einiges verändert Der große Luftschutzbunker, dessen Trümmer noch im September ein wenig schönes Bild boten, wurde abgetragen. Statt dessen erfreuen Sie heute gepflegte Grünanlagen und einladende Ruhebänke. Freilich, Sie werden sich noch einige Wochen gedulden müssen, bis die ersten Krokusse und Märzenbecher hervorlugen. Uebrigens das Hotel ‚Astoria' zu Ihrer Rechten, noch vor zwei Jahren eine zerbombte Ruine, wurde völlig wieder aufgebaut. Die großen Schalterräume im Erdgeschoß des Gebäudes, die Ihnen im bläulichen Licht entgegenstrahlen, beherbergen die Auskunftsbüros der Leipziger Verkehrsbetriebe. Sie haben recht, hier paart sich Zweckmäßigkeit mit Eleganz, und wir können Ihnen nur empfehlen, sich während der Messetage in allen Verkehrsfragen an sie zu wenden. Das heißt, soweit Sie nicht eine[s] der vielen hundert Taxi[s] benutzen wollen, die, wie alljährlich, links und rechts des Hauptbahnhofes ihren Stammplatz fanden."

Zu Messezeiten gab es im Hotel kein leeres Bett. Auch in den anderen Wochen des Jahres war die Auslastung im „Astoria" überdurchschnittlich. Der gute Ruf war wiederhergestellt.

„Sie fragen sich, wie es möglich war, in einer relativ kurzen Zeit so unglaublich viel wieder aufzubauen? Nun, so schwer ist des Rätsels Lösung gar nicht. Die Leipziger Werktätigen die nach dem Ende des fluchwürdigen Naziregimes ihr Schicksal selbst in die Hand nahmen, waren alle von einem Willen beseelt: Die Wunden, die der verbrecherische Krieg ihrer Stadt schlug, so schnell als möglich zu heilen. Ein Arm vermochte hierbei wenig, aber tausend Arme vermochten Wunder zu vollbringen und alle Schwierigkeiten zu beheben. Die stolzen Aufbauergebnisse unserer Stadt sind nicht das Verdienst einzelner. Sie sind vielmehr das Ergebnis einer kollektiven Arbeit der Gemeinschaft, die alle schöpferischen Kräfte weckte. Sehen Sie, und wenn dieser Geist von allen Deutschen Besitz ergreift, dann werden wir uns, allen Machenschaften zum Trotz, wieder zusammenfinden auf dem gemeinsamen Wege in eine bessere Zukunft. Wir stehen ja alle erst am Anfang."

Auch im „Astoria" blickte man optimistisch in die Zukunft: Die Übernachtungszahlen stiegen wie die Servicequalität. Das Haus war bald Aushängeschild und feste Größe in Politik und Stadtgeschehen. Die wiedererlangte Reputation baute auch auf den Nimbus und die Kräfte der Vergangenheit, nicht nur auf der Leitungsebene. Das gefiel nicht jedem. Zu Jahresbeginn 1950 prüfte die staatliche Landeskontrollkommission die Geschäftsunterlagen: Einnahmen,

Nur außerhalb des Restaurantbetriebs: leere Stühle (Foto 1960er)

Ausgaben, Preise, Preisgestaltung, Akten und Pläne. Dass Finanzbehörden die Geschäfte kontrollieren, ist weder überraschend noch ungewöhnlich. Steuern und Abgaben bedürfen einer Berechnungsgrundlage. Wer diese Revision in Auftrag gab, ist nicht zu klären. Der Prüfer der Landesregierung erstattete am 10. Februar Bericht:

„Betr.: Hotel Astoria GmbH, Leipzig – verantwortlicher Leiter Dir. Oertel
Das Hotel ‚Astoria' war bis zu dem Jahre 1944 das führende Hotel in Leipzig und zählte zur ‚Luxusklasse'. Durch Kriegseinwirkungen wurden große Schäden verursacht. Der Wiederaufbau erfolgt seit 1946 mit Hilfe eines Baukostenzuschlages in Höhe von 30% auf den im Jahre 1944 zulässigen Zimmerpreis. Die Genehmigung des Zuschlages wurde von der Miet- und Pachtstelle Leipzig, wie aus Aktenvermerken ersichtlich, ausgesprochen und bis heute nicht revidiert.

Des weiteren ist festzustellen, daß das Hotel zwar für die einzelnen Zimmer die 1944er Preise nachweisen kann, jedoch die Ausstattung auf Grund des Bombenschadens nicht mehr die des Jahres 1944 ist, somit eine Verschlechterung vorliegt, die sich gleichfalls in der Herabsetzung des Zimmerpreises auszudrücken hat.

Es taucht hier die Frage auf, ob der 30%ige Aufschlag allein als Mehrerlös anzusehen ist oder aber die Differenz zwischen gefordertem Preis und zulässigem Preis, da der eingesetzte 1944er Preis nicht gerechtfertigt erscheint.

Zur Feststellung des heute zulässigen Preises muß gesagt werden, daß die einheitliche Preisregelung noch fehlt, aber vor dem Abschluß steht. Nach dem Entwurf dieser Preisverordnung liegt der höchste Doppelzimmerpreis in den Hotelbetrieben der Leistungsgruppe III bei DM 17,–, während das Hotel ‚Astoria' als ehemaliges Haus der ‚Luxusklasse' bis heute über DM 30,– einschließlich 30%igem Baukostenaufschlag berechnet hat. Zur Zeit der Messe wurde auf diesen Preis noch ein Zuschlag von 100% Messeaufschlag erhoben.

Der Entwurf der Zimmerpreisverordnung sieht in besonders begründeten Ausnahmefällen vor, daß der Preis von DM 17,– für ein Doppelzimmer mit Genehmigung des Landespreisamtes überschritten werden darf. Es ist also zu klären, ähnlich wie bei den Sonderklassebetrieben der Gaststätte, nach welchen Gesichtspunkten verfahren werden soll.

Ich persönlich vertrete die Auffassung, die mir auch von Berlin bestätigt worden ist, daß man bei den Einstufungen in erster Linie vom Standpunkt des Gastes auszugehen hat. Die Annehmlichkeiten, die dem Gast geboten werden, werden automatisch einen höheren Aufwand von seiten des Gastgebers erfordern. Der Ausdruck all dieser Momente soll seinen Niederschlag in der entsprechenden Einstufung finden. Bei Ausnahmefällen, also Sonderklassen, müssen die als Einzelfall entsprechend genehmigten zulässigen 1944er Aufschläge auf die Festpreise überwacht und korrigiert werden, wenn sich dadurch ungerechtfertigte Gewinne ergeben.
Der Preisstelle Leipzig wurde von mir aufgegeben, die auf Absprache seinerzeit erteilten Genehmigungen sofort zurückzuziehen und darauf hinzuweisen, daß die Erhebung dieser Gebühr in Höhe von 30 % vom ersten Tage an gesetzlich unzulässig war und der Betrag in Höhe von etwa DM 100.000,-- als Mehrerlös anzusehen ist.
Die Durchführung des Verfahrens ist bis zur Klärung der aufgeworfenen Frage (heutiger Preis) zurückzustellen. Anweisung erfolgt durch das Landespreisamt. Die Frage des Direktor Oertel, ob er den 30%igen Baukostenaufschlag beim Landespreisamt beantragen kann, da er ohne diese Einnahme nicht in der Lage sei, weiter zu bauen, wurde von mir bejaht mit dem Hinweis, daß ein Erfolg jedoch nicht zu erwarten sei.

Nachrichtlich: Proske
(Prüfer des Preisamts, Landesregierung Sachsen,
Ministerium der Finanzen)"

Im Detail lautet das

„Ergebnis der Prüfung
A. Das Hotel ‚Astoria' wurde im Jahre 1915 eröffnet. Der derzeitige Leiter, Herr Direktor Oertel, steht dem Unternehmen seit dem 1. August 1938 vor. Das Haus besitzt Weltruf und war bis zum Jahre 1943 in der Luxusklasse eingestuft, gemäß Einstufungsbescheid vom 11. 10. 1941 des Polizeipräsidenten in Leipzig.
Am 4. 12. 1943 wurde der Betrieb in der Hauptsache durch Brandbomben zu 5/6 zerstört. Der Wiederaufbau begann im Sommer 1945. Zunächst wurden 7 Betten bereitgestellt, die sich bis heute auf ca. 100 Stck. erhöht haben.

Bis zur Ausbombung im Jahre 1943 standen dem Hotel ca. 230 Betten zur Verfügung.

B. Die Preisgestaltung des Hotels richtete sich bis zum Jahre 1943 nach den Betrieben der Sonderklasse. Etwa 5 bis 6 Zimmer wurden mit ca. RM 6,– +15% Bedienungsgeldzuschlag berechnet, während bei den Appartements die Preise bei etwa RM 60,- + 15% Bedienungsgeldzuschlag lagen. Der Durchschnittsbettpreis lag in dem Hause bei RM 9,– bis RM 10,– + 15% Bedienung.

Mit dem Wiederaufbau des Hotels parallel wurden die neuen Zimmerpreise festgesetzt, da zunächst der Flügel Gerberstraße (Hinterfront) in Betrieb kam, wurde als Preis dieser Zimmer DM 8,70 + Bedienungsgeldzuschlag als 1944er Vergleichspreis herangezogen und zur Bestätigung vorgelegt mit der Bitte, einen 30%igen Aufschlag in Form eines Baukostenzuschlages zwecks Wiederaufbau des Unternehmens zu genehmigen. Die Anerkennung des 30%igen Bauaufschlages wurde nach Verhandlungen mit dem Wohnungs- und Siedlungsamt Leipzig, der Industrie- und Handelskammer Leipzig und der Preisstelle Leipzig durch Bestätigung der Zimmerpreistafeln erteilt. Nähere Angaben sind aus den beiliegenden Aktenvermerken des Herrn Direktor Oertel sowie der beigezogenen Akten des Wohnungs- und Siedlungsamtes, später weitergeführt durch die Preisstelle Leipzig, zu ersehen.

Die laufend fertiggestellten Zimmer, die in ihrer Ausstattung moderner als im Jahre 1943 und vorher sind, wurden in ihrer Zimmerpreisgestaltung an die vorgenannten Preise angelehnt und jeweils bestätigt. Nach Weiterfortschreiten des Baues sollte eine generelle Überprüfung und Festsetzung im Gesamtrahmen erfolgen.

Durch die Erhebung des 30%igen Bauaufschlages war die Durchführung der laufenden Bauarbeiten gesichert, des weiteren wurde ein Baukredit von der Stadtsparkasse in Höhe von 100.000,– DM in Anspruch genommen, außerdem stehen rund 70.000,– DM Zinsen an Gläubiger zur Verfügung, die mit der Rückstellung einverstanden sind.

C. Die Erhebung des Bauaufschlages in Höhe von 30%, der bereits von den angeführten Stellen gebilligt wurde, stellt einen Verstoß gegen die Preisbestimmungen dar, da eine Genehmigung von der dazu einzig und allein autorisierten Stelle – des Ministeriums der Finanzen Berlin der DDR, vormals Deutsche Zentralfinanzverwaltung bzw. Deutschen Wirtschaftskommission – nicht vorliegt. Der vereinnahmte Bauzuschlag in Höhe von 30%

muß danach als Mehrerlös angesehen werden, denn Kostensteigerungen, die vorübergehend durch zeitbedingte Schwierigkeiten verursacht werden, dürfen nicht zur Erhöhung des Normalpreises führen.

D. Von der Erhebung des Baukostenzuschlages in voller Höhe von 30% wurde nicht in allen Fällen Gebrauch gemacht, wie aus der Anlage der beigefügten Aufstellung ersichtlich ist. Gemäß § 4, Abs. 3 der PrStrVO vom 26. 10. 1944 wird der Nebenerlös auf 20% von den Logiseinnahmen geschätzt. Die 30%ige bestand vom Jahre 1946 bis 10. 2. 1950 und kam gemäß Anweisung des Landespreisamtes vom 10. 2. 1950 zum Wegfall.

Mehrerlösberechnung:

Logis-Einnahmen 1946–1949 einschl.	
Baukostenaufschlag	1.378.532,89 DM
Baukostenaufschlag geschätzt auf	
20% von Logis-Einnahme	275.706,58 DM

Geforderte Einnahmen	zulässige Einnahmen	Mehrerlös
DM 1.378.532,89	DM 1.102.826,31	DM 275.706,58

E. Verstoß gegen die Preisstopverordnung vom 26. 11. 1936 in Verbindung mit dem Befehl Nr. 63 der SMAD vom 26. 2. 1946 wegen Forderung überhöhter Zimmerpreise in Form von Erhebung eines Zuschlags in Höhe von 30% als Kosten für den Wiederaufbau.

Proske“

Das Urteil des Herrn Proske vom Finanzministerium Sachsen war hart und unumstößlich. Die Vorwürfe trafen bei der Geschäftsleitung auf Unverständnis, hatten sie sich doch für ihre Preisgestaltung bei allen zuständigen Ämtern Leipzigs rückversichert. Fünf Jahre lang wurde das Vorgehen gutgeheißen, Differenzen mit den Behörden traten niemals auf, in der Sache war man sich immer einig. Jetzt war bewiesen, dass die veranschlagten und eingenommenen Übernachtungskosten unrechtmäßig waren. Die notwendige Genehmigung hatte das Berliner Ministerium nicht erteilt. Das Hotel hatte jahrelang gegen die Gesetze verstoßen und wirtschaftete mit illegalem Geld. Ein Schock für die Geschäftsleitung, man war sich eines strafwürdigen Verhaltens niemals bewusst gewesen. Man handelte in gutem Glauben, vor Strafe und Rückzahlungsforderungen schützte das nicht.

Hoteldirektor Fritz Oertel wurde am 1. März 1950 zu den Vorwürfen vernommen und sagte aus:

„Der von Herrn Proske verfaßte Prüfbericht wurde mir vorgelesen, und ich muß anerkennen, daß der Inhalt grundsätzlich dem Tatbestand entspricht. Ich habe nur gegen die Feststellung, daß der Bauzuschlag als Mehrerlös anzusehen sei, Einspruch zu erheben, weil ich der Auffassung bin, daß mir derselbe amtlich mehrfach durch Stempel auf Zimmerpreistafeln bestätigt worden ist. Ich habe seinerzeit auf Veranlassung der russischen Kommandantur bei den damaligen verantwortlichen Stellen eine Reihe von Verhandlungen geführt, die mit der Genehmigung des Bauzuschlages abschlossen.

Diese Verhandlungen sind aus den Niederschriften ersichtlich, die ich unmittelbar nach denselben festlegte. Es ist mir sogar noch erinnerlich, daß mir der damalige Leiter des Bauamtes mitteilte, er habe die Genehmigung aus Dresden erhalten, so daß der Abstempelung des Zimmerpreises einschließlich des Bauzuschlages nichts mehr im Wege stünde. Ich hätte niemals gebaut, wenn ich den Bauzuschlag nicht erhalten hätte. Der gesamte Mehrerlös zusätzlich weiterer größerer Mittel sind restlos verbaut worden. Der verbaute Betrag bedeutet ungefähr 25 % der Summe, die benötigt wird, das Hotel fertigzustellen.

Das Hotel ist weit über die Grenzen Deutschlands bekannt und dient besonders zu den Messen zu Aufnahme von ausländischen Messegästen. Unsere

Sinkender Stern: Leuchtreklame ohne Glanz (Foto: 2012)

Bilanzen schließen seit Jahren schon mit Verlust ab. Ich erlaube mir die Bitte auszusprechen, von einer Einziehung des Mehrerlöses abzusehen, da es den Zusammenbruch des Betriebes zur Folge haben würde.
Ferner bitte ich, da ich mir keiner strafbaren Handlung bewußt bin, auch für die Zukunft Zimmerpreise zu genehmigen, die die Fortführung der erfolgreich begonnenen Arbeit im Sinne des Wiederaufbaues unserer Deutschen Demokratischen Republik sicherstellen."

Die Sonderregelung war nach Herrn Proskes Feststellungen im Februar hinfällig geworden. Die Preise waren gesenkt. Die Verluste des Hotelbetriebs erhöhten sich, da man die Übernachtungskosten den in der DDR üblichen angeglichen hatte. Das Vernehmungsprotokoll des Direktors fügte man Herrn Proskes Prüfbericht hinzu und leitete es an die kommunalen Stellen weiter, auf dass diese ihre Konsequenzen zögen. Fritz Oertels Bitte nach einem Erlass der Mehreinnahmen, die ohne Unrechtsbewusstsein von den Gästen eingefordert und bezahlt worden waren, folgte der „Rat des Stadtbezirkes 11 der Stadt Leipzig, Sachgebiet Finanzen/Sachgruppe Abgaben, Leipzig N 2, Gohliser Str. 7" nicht und sandte dem Hotel postalisch am 26. März 1950 seinen

---

„Mehrerlösabführungsbescheid
1. Auf Grund der §§ 1, 4, 8 und 26 der Verordnung über Strafen und Strafverfahren bei Zuwiderhandlungen gegen Preisvorschriften vom 3. 6. 1939 in der Fassung vom 26. 10. 1944 (RGBl. I S. 264) wird gegen Sie wegen Zuwiderhandlung gegen

die Befehle der SMAD	Nr: 9 vom 20. 7. 1945
	Nr. 63 vom 26. 2. 1946

in Verbindung mit der Verordnung über das Verbot von Preiserhöhungen vom 26. 11. 1936 (Preisstopverordnung) die Abführung eines unzulässigen Mehrerlöses

in Höhe von	275.706,58 DM
zuzüglich 5 % Gebühren gem. § 37	10.000,–
	285,706,58 DM

in Worten: zweihundertfünfundachtzigtausendsiebenhundertundsechs 58/100
Die Kosten des Verfahrens fallen dem Beschuldigten zur Last.

2. Zahlungsaufforderung
Der Betrag des Mehrerlösabführungsbescheides einschließlich Gebühren, Kosten und Auslagen ist binnen 3 Wochen nach Erhalt dieses Bescheides an die Deutsche Notenbank Leipzig Nr. 1128 104/11 unter Angabe Ihrer Steuernummer zu zahlen.
3. Rechtsmittel
Gegen diesen Bescheid steht Ihnen das Rechtsmittel der Beschwerde zu. Die Beschwerde ist innerhalb einer Woche nach Zustellung dieses Bescheides bei der unterzeichneten Behörde schriftlich einzureichen oder mündlich zur Niederschrift zu erklären.
Dabei ist folgendes zu beachten:
a) Die Beschwerde hat keine aufschiebende Wirkung, d.h. die festgesetzten Beträge sind trotz Beschwerdeeinreichung fristgemäß zu zahlen.
b) Die erlassenen Bescheide können im Beschwerdeverfahren auch zu Ihren Ungunsten – also straferhöhend – geändert werden.
c) Für eine erfolglose Beschwerde werden besondere Gebühren und Auflagen erhoben.
d) Bei nicht fristgemäßer Einzahlung kann die Zwangsvollstreckung eingeleitet werden.
4. Beweismittel
Prüfungsbericht vom 1. 3. 1950
Vernehmungsniederschrift vom 1. 3. 1950
5. Gründe
Wie die Prüfung vom 1. 3. 1950 ergab, waren die von Ihnen geforderten Zimmer-Preise zu hoch. Die angeführten Stellen (Industrie- und Handelskammer, damalige Preisstelle usw.) waren nicht berechtigt, derartige Preisgenehmigungen zu erteilen. Sie haben somit gegen den Befehl 63 der SMA vom 26. 2. 1946 verstoßen. Dieser Befehl sagt klar, welche Stellen für die Preisgenehmigungen zuständig sind.

Behrens (Sachgruppenleiter)“

Die Rückzahlungsforderung war von der Hotel Astoria GmbH nicht zu begleichen – weder in drei Wochen noch nach Jahren. Das „Astoria“ wäre bei laufendem Betrieb Pleite, und tatsächlich stand die Nobelherberge vor dem Bankrott. Fritz Oertel musste nicht nur im eigenen Interesse eine Lösung des

Problems finden, mehr stand auf dem Spiel: Arbeitsplätze, Bauarbeiten, Zimmerangebote für die Gäste der Stadt, Reputation und sein persönliches Schicksal. Gespräche kamen zu keinem Resultat. Keinen Pfennig war das Amt bereit, von der festgelegten Summe abzuziehen. Das Hotelunternehmen konnte diese Entscheidung nicht verstehen und wandte sich mit den aus seiner Sicht entlastenden Argumenten an das Ministerium in Berlin:

„Aktennotiz 5. November 1951 über die vom Finanzministerium strittig gemachten 30% Bauzuschlag

1. Aus unseren Aktennotizen, welche ab 1946 regelmäßig unmittelbar nach jeder Verhandlung von unserem Herrn Oertel niedergelegt wurden, geht eindeutig hervor, mit welchen Stellen verhandelt wurde. Die Amtsstellen und die Namen der betr. Beamten sind darin aufgeführt. Wir haben diese Aktennotizen jeweils dem nachprüfenden Beamten vorgelegt.

2. Aus diesen Aktennotizen ist ersichtlich, daß

a) Verhandlungen mit dem Wohnungsamt,

b) Verhandlungen mit der Preisüberwachungsstelle des Polizeipräsidiums,

c) Verhandlungen mit der Industrie- und Handelskammer, Abteilung Rechtswesen,

d) Verhandlungen mit dem Wohnungsamt und der Preisüberwachungsstelle des Polizei-Präsidiums

stattgefunden haben. Alle die daran beteiligten Beamten sind in den Aktennotizen namentlich aufgeführt.

3. Wir sind überzeugt, daß auch bei der Preisüberwachungsstelle (später Preisamt) Unterlagen vorhanden sind. Aus einer Aktennotiz vom 11. 8. 1949 geht klar hervor, daß Unterlagen von Herrn Regierungsrat Zschieche, welche nicht auffindbar waren, inzwischen wiedergefunden wurde, welche auch eine Bestätigung an das Wohnungsamt (Herrn Amtor) enthielten mit der dem Bauzuschlag seitens der Preisstelle zugestimmt wurde.“

Hoteldirektor Fritz Oertel erklärte auch persönlich sein Unverständnis und hoffte auf ein Überdenken der Maßnahme, die er und sein Unternehmen als staatliche Willkür empfanden.

„8. 11. 1951

Ich bitte um den Erlaß der geforderten Summe, da wir nicht schuldhaft an der Realisierung des Mehrerlöses sind und das Einverständnis städtischer Behörden erhielten. Außerdem kann nicht belegt werden, daß die zu Grunde gelegten Preise nicht auf denen des Jahrs 1944 fußen. Es sind keine Vermögenswerte vorhanden, die die geforderte Summe begleichen könnten."

Fritz Oertel listet die Finanzen auf bis hin zum eignen Konto bei der Bank:

„Hinterlegte GmbH-Mittel:
Frau Erika Neumann, Leipzig W33, Odermannstraße 4
12,862,– DM
Frau Zilla Neumann, Düsseldorf, Grafenberger Allee 241
12,862,– DM
Aufstellung des persönlichen Guthabens Fritz Oertel
~ 200.000 DM"

Doch waren viele dieser Mittel in festen Werten investiert und nicht zu veräußern, konnten nur als Sicherheiten dienen. Kurzfristig, so wie gefordert, war die Angelegenheit nicht zu klären. Auf seinen Widerspruch erhielt Fritz Oertel von keiner Behörde eine Antwort. Einen Vermerk vom 30. März 1951 legt er zu seinen Akten: „Heute spreche ich mit Koll. Harlapp (Reg. Rechtsstelle) und bitte nachzusehen, welcher Sachbearbeiter den Vorgang Hotel ‚Astoria' Leipzig zur Bearbeitung hat. Koll. Harlapp bzw. Koll. Weinhold konnten nach längerem Suchen das Vorhandensein dieses Vorgangs nicht feststellen. Ein Eingang liegt nicht vor." Wird die Entscheidung im Verfahren gar nicht im hiesigen Rathaus, sondern an ganz anderer Stelle getroffen?
Die Landesfinanzdirektion Sachsen musste tätig werden und Mehrerlösabführungsbescheid vollstrecken. Die Zuständigkeiten hatten sich geändert, die Behörden unterlagen mit Gründung des sozialistischen Staates einer Umstrukturierung. Herr Wollmannshof, der zuständige Sachbearbeiter in Dresden äußerte nach Einsicht in alle Akten Zweifel und teilte diese dem Finanzamt Leipzig mit:

„13. 6. 1951

Betr. Ermittlungsverfahren gegen die Hotel Astoria GmbH sowie den verantwortlichen Geschäftsführer Fritz Oertel, Leipzig N21, Bünaustr. 12, wegen Preisvergehens.

Das ehemalige Landespreisamt hat die Zimmerpreise beim Hotel ‚Astoria' überprüft und am 1. 3. 50 mit Prüfbericht festgestellt, daß durch eine 30%ige Überhöhung in der Zeit von 1946 bis 10. 2. 1950 unter Zugrundelegung eines 20%igen Mehrerlöses gemessen an den gesamten Logiseinnahmen ein Mehrerlös in Höhe von 275.706,58 DM erzielt worden ist. Wir haben daraufhin die Verfügung erhalten, ein Ordnungsstrafverfahren einzuleiten. Die Durchführung des Ordnungsstrafverfahrens war vorbereitet worden, jedoch sind erhebliche Bedenken aufgetreten, den Ordnungsstrafbescheid bezw. den Mehrerlösabführungsbescheid zu erlassen.

Es steht zweifelsfrei fest, daß, gemessen an den Umständen des Falles – ganz abgesehen von den objektiven Feststellungen – subjektiv gesehen, den verantwortlichen Geschäftsführer ein strafbares Verschulden nicht trifft.

Unter Würdigung des Prüfungsberichtes vom 1. 3. 1950 dürfte dies schon deutlich hervorgehen. Hierzu kommt, daß im Lauf der Jahre 1946 und später Beanstandungen der Zimmerpreise, obgleich Kenntnis der Preisstelle Leipzig vorlag, nicht erfolgten. Wir fügen Ihnen die hiesige Akte über das Hotel ‚Astoria' bei, aus der Sie entnehmen wollen, daß zunächst Stillschweigen, dann halboffizielles Einverständnis zu den Zimmerpreisen gegeben wurde, die Zimmerpreise auch abgestempelt wurden. Eine Prüfung der Zimmerpreise, die erfolgen sollte, ist nicht durchgeführt worden. Der Verfügung vom 1. 7. 1946 ist nicht nachgekommen worden. Späterhin hat man das Hotel ‚Astoria' an das Landespreisamt verwiesen. Die Zusammenhänge dürften Ihnen hinreichend bekannt sein. Soweit die Frage des strafrechtlichen Verschuldens.

Der objektive Tatbestand, daß die Zimmerpreise den gesetzlich zulässigen Preisen des Jahres 1944 nicht entsprechen, kann nicht widerlegt werden. Der erforderliche Aufbau verschlang erhebliche Mitte, nachdem das Hotel ‚Astoria' unter Kriegseinwirkungen sehr stark gelitten hatte. Die Umstände wurden in den Jahren 1946/47 von der damaligen Leitung der Preisstelle auch anerkannt. Der Weg zu einer offiziellen Genehmigung wurde – die Gründe, die dafür maßgebend sind, sollen nicht aufgezeigt werden – nicht beschritten, so daß sich aus dieser Sachlage heraus der unglückliche Umstand entwickelte, daß letzten Endes das ehemalige Landespreisamt einen

Mehrerlös von über DM 275.00,– errechnete, zu dessen Abschöpfung wir verpflichtet wurden. Formal rechtlich gesehen, ist der Mehrerlös von mehr als DM 275.000,– nach §4, Abs. 4 abzuschöpfen. Dies dürfte außer Zweifel stehen.
Deswegen, d.h. wegen der sachlich rechtlichen Erörterung des objektiven Tatbestandes, wenden wir uns nicht an Sie. Wir bitten Sie zu erwägen, ob zweckmäßig und erforderlich ist, daß Verfahren mit dem Erlaß des Mehrerlösabführungsbescheides abzuschließen. Wir haben gewisse Bedenken. Die Bedenken sind einmal darauf zurückzuführen, daß wir berücksichtigen müssen, daß nachweislich das Hotel ‚Astoria' von der sowjetischen Besatzungsmacht beschlagnahmt war und eine(r) offizielle Rücknahme der Beschlagnahme erst sehr spät entsprochen wurde. Darüber hinaus ist zu beachten, daß die Folgen, die das Verfahren mit sich bringen wird, unberechenbar sind, denn das Hotel ‚Astoria' ist das größte Hotel seiner Art am Platze und verkörpert im Hinblick auf die Frühjahrs- und Herbstmesse repräsentativ die Stadt Leipzig.
Abgesehen von diesen Problemen muß darauf hingewiesen werden, daß die Entwicklung der Zimmerpreise, die Umstände, die hierbei eine Rolle gespielt haben, und die Tatsache, daß eine Klärung und Entschließung bezw. Durchführung eines Verfahrens seitens der Preisstelle und des ehemaligen Landespreisamtes nicht erfolgte, erwogen werden müssen, wenn man die Verfügung treffen will, ob das Verfahren mit der Mehrerlösabschöpfung von mehr als DM 275.000,– sein Ende finden soll oder nicht. Wir wenden uns keineswegs gegen die Durchführung des Verfahrens, denn letzten Endes würde über eine eingehende Beschwerde unsere Zuständigkeit doch nicht gegeben sein, und Sie hätten sich mit dem Verfahren dennoch zu befassen. Wir glaubten aber, ehe es hierzu kommt, Ihnen in aller Deutlichkeit klarzulegen, worauf es bei der Behandlung des Falles ankommt. Überdies weisen auch die dem Vorgang beiliegenden Unterlagen über die finanziellen Verhältnisse des Unternehmens aus, daß ein Mehrerlösbetrag von über DM 275.000,– aus flüssigen Mitteln nicht bereitgestellt werden kann, auch nicht auf längere Sicht gesehen.
Wir bitten um Ihre nunmehrige Verfügung, ob das Verfahren mit dem Erlaß des Mehrerlösabführungsbescheides in erster Instanz beendet werden soll. Ein Ordnungsstrafbescheid, das soll unter Bezugnahme auf das anfangs Gesagte nochmal herausgestellt werden, findet keine Rechtsgrundlage."

Neuansicht mit Anbau (Foto: 1950er)

Die entscheidenden Stellen, ob in Leipzig, Dresden oder Berlin, nehmen von ihren Forderungen keinen Abstand und beharren auf der Begleichung der infrage stehenden Summe, und zwar sofort. Die von der Direktion eingeleiteten Rechtsmittel versanden. Von Direktor Fritz Oertel ist die Hotel Astoria GmbH Leipzig auf keinem Wege mehr zu retten. Er sieht vor Ort wie Mitgesellschafterin Zilla Neumann keine Möglichkeiten mehr, das Hotel „Astoria" zu betreiben. Sie ziehen ihre Konsequenzen.

Das Verfahren vor Ort nimmt seinen Lauf. Der Konkursverwalter wird bestellt und lässt die verfügbaren Werte des Hauses auflisten. Es ist der geschichtsträchtige „Tag X" als das Protokoll gefertigt wird:

„17. Juni 1953

Verzeichnis der zum Konkurs Hotel ‚Astoria' GmbH gehörigen Gegenstände, aufgenommen im Auftrage des Konkursverwalters, Herrn Wirtschaftsberater Wilhelm Otto Hassebrock in Leipzig, Hainstr. 2, von Lokalrichter Emanuel Zetsche in Leipzig N 21. Die Aufnahme und Schätzung hat an Ort und Stelle vom 8. Bis 16. Juni 1953 stattgefunden."

Es folgt eine lange Liste, die jeden Gegenstand in den Hotelräumen bewertet und nummeriert. Im Restaurant sind es Tische, Stores, Übergardinen, Vasen, eine Igelit-Türgardine, 10 Aschenbecher à 20 Pf. und mehr. In der Eingangshalle: ein Doppelschreibtisch mit 4 Seitenschränkchen, ein Schlüsselregal mit 280 Fächern, ein Bild „Postkutsche", Druck (5,– M). Die Damen-Toilette ließe 3 Closettbecken á 20,– M veräußern – Teppiche, Seifenhalter, Platzdeckchen, Besteckgarnituren. Türpuffer, Bettvorleger, Kittel und Hauben usw. usf. Letztlich konnte Lokalrichter Emanuel Zetsche im Hause Werte von 185.088,68 DM ermitteln.

Es lag etwas sichtbar im Argen, dass die Belegschaft in Aufruhr versetzte: Herr Direktor Oertel saß nicht mehr hinter dem Schreibtisch. Keiner hatte ihn in den letzten Tagen gesehen. Die Gründe seines Verschwindens lagen wahrscheinlich in politischen Differenzen, die wirtschaftliche nun nach sich zogen. Die Preise waren schon im Februar abgesenkt worden. Jetzt schlich der Konkursverwalter durchs Haus und ließ das Inventar auf seinen Wert hin schätzen. Die laufenden Geschäfte hatte Franz Walter Lehmann, der bereits das Hotel „International" am Tröndlinring 8 führte, mit übernommen. Die Zukunft des „Astoria" schien plötzlich ungewiss wie Lohn, Brot und die eigene Arbeit. Die Ereignisse des 17. Juni gaben zu noch schlimmeren Befürchtungen Anlass.

Es kam an diesem Tag auch in Leipzig zu Streiks, Verhaftungen und Schießereien. Am Markt standen die Russenpanzer mit geladenem Kanonenrohr. Neun Menschen verloren in der Stadt ihr Leben. Den toten Ofensetzer Dieter Teich hatte man vom Landgericht zum Hauptbahnhof durch das Stadtzentrum getragen, er zählte 19 Jahre. Erst die Transportpolizei nahm ihn am Hauptbahnhof von den Brettern einer provisorischen Bahre. Es brodelte unter der Bevölkerung. Die Lage hatte sich noch nicht beruhigt. Bevor Unmut und die Sorgen um den Arbeitsplatz im Hotel „Astoria" zu konterrevolutionären Handlungen führten, mussten die Genossen sie im Keim ersticken. Konkursverwalter Hassebrock und Beamte aus der Stadtverwaltung luden in der Folge Vertreter der Betriebsgewerkschaft zum Gespräch, um über die die wirtschaftliche Lage des Unternehmens zu informieren und mögliche Auswege aus der Misere zu weisen.

„Leipzig, am 27. Juni 1953

Betr. Konkurs Hotel Astoria GmbH, Leipzig, Karl-Legien-Platz 2

Am 26. 6. 1953 fand in den Räumen des Hotels ‚Astoria' eine erneute Besprechung statt, an der

der Konkursverwalter Hassebrock,
ein Vertreter der Deutschen Investitionsbank Leipzig, Herr Minsch,
der BGL-Vorsitzende des Hotelbetriebes
und der Unterzeichnete
teilnahmen. Der Konkursverwalter schilderte die Sachlage wie folgt:
Das Unternehmen ist eine GmbH, eine Gesellschafterin mit 50 % Anteil befindet sich noch in der DDR (Erika Neumann), die beiden anderen Gesellschafter mit je 25 % Anteil, von denen einer gleichzeitig Geschäftsführer war, sind republikflüchtig. Es wurde zunächst die HO als Treuhänderin eingesetzt, die jedoch alsbald Konkursantrag stellte, weil die aufzunehmenden Verpflichtungen höher waren als die Einnahmen.
Nach Eröffnung des Konkurses wurde der Hotel- und Restaurationsbetrieb im Einvernehmen mit dem Konkursverwalter durch die HO weitergeführt, ein Pachtvertrag konnte jedoch noch nicht abgeschlossen werden, weil die Festsetzung der Pachtsumme auf Schwierigkeiten stieß. Der Konkursverwalter sieht sich jedoch außerstande, diesen Zustand auf die Dauer weiterbestehen zu lassen, zumal die laufenden Verpflichtungen die tatsächlichen Einnahmen beträchtlich übersteigen. Um sämtliche laufende Verpflichtungen erfüllen zu können, müßte eine Pachtsumme vereinbart werden, die für die HO nicht tragbar wäre.
Im Hotel und Restaurant werden zur Zeit 54 Angestellte beschäftigt, zeitweise sind auch noch weitere Angestellte in der HO in dem Betrieb tätig.
Gegenwärtig wären folgende monatlichen Aufwendungen zu erfüllen:

Löhne und Gehälter an Personal	15.000,–	DM
SVK-Beiträge	1.500,–	“
Grundsteuer	5.000,–	“
Zinsen an die Sparkasse	5.500–	“
Zinsen an die Investitionsbank	1.700,–	“
insges.	28.700,–	DM

Bei der gegenwärtigen Unterbelegung des Hotels mit durchschnittlich 30 Betten pro Tag à DM 10,– würden die Einnahmen insgesamt pro Monat nur 9.000,– DM
betragen, so daß eine Fehlsumme von monatlich 19.700,– “
entstehen würde. Die Überschüsse aus dem Restaurantbetrieb sind unerheblich. Auch die Einnahmen aus der Vermietung der in dem Grundstück befindlichen Läden sind unbeträchtlich, zumal die Mieterin der größten Geschäftsräume, die Verkehrsbetriebe, überhaupt keine Miete zahlt, weil

sie mit den gehabten Aufwendungen die Instandsetzung der Läden aufrechnet.

Der Konkursverwalter kann also nicht zulassen, daß durch den monatlich anwachsenden Fehlbetrag neue Massenschulden entstehen, es muß daher schleunigst eine Lösung gefunden werden, damit der Betrieb rentabel gestaltet wird. Der einzige Weg wäre der, daß wir (die neue Sparkasse) aus der erststelligen Hypothek von DM 100.000,– sofort die Zwangsvollstreckung und gleichzeitig die Zwangsversteigerung betrieben, wobei eine Beschleunigung noch dadurch erreicht wird, weil der Konkursverwalter als Zustellungsbevollmächtigter für die vollstreckbare Schuldurkunde zu betrachten ist. Im Falle der Durchführung der Zwangsversteigerung, wobei mindestens 70% des Schätzwertes geboten werden muß, würde nicht nur ein Teil der von uns gem. Befehl 66 verwalteten Hypothekendarlehensforderung, sondern vermutlich auch alle nachfolgenden Gläubiger (Deutsche Investitionsbank als Verwalterin der Hypothek des Rates der Stadt Leipzig) und die Privatgläubiger anfallen.

Unsere eigene Forderung beträgt aus der ersten Hypothek

a) an Kapital 100.000,– DM

b) Zinsrückstände per 30.6.1953 2.250,– "

Aus der von uns verwalteten Forderung der ehemaligen Sparkasse der Stadt Leipzig

a) Kapitalforderung 1.389.500,– DM

b) Zinsrückstände per 30.6.1953 515,851,84"

Durch die Investitionsbank verwaltete Forderung rd. 530.000,–"

Es folgen dann noch einige private Hypotheken.

Es hat aber nur dann einen Sinn und Zweck, die Zwangsversteigerung zu betreiben – übrigens dürfen wir dies gemäß Kreditrundschreiben Nr. 1 1955 nur tun – wenn wir die Gewißheit haben, daß ein Interessent vorhanden ist, der bereit ist, das Grundstück zum Schätzwert zu erstehen. Als Interessenten können u. M. nur die HO oder die Stadt in Frage kommen.

Bekanntlich besteht seit längerem die Absicht, in Leipzig ein großes modernes Hotel aufzubauen. Die Kosten eines Neubaus sind aber so beträchtlich, daß die Geldmittel jetzt nicht zur Verfügung stehen. Dagegen wäre die Möglichkeit gegeben, das Hotel ‚Astoria' mit verhältnismäßig viel geringeren Mitteln so auszubauen, daß sein früherer Zustand hergestellt werden könnte. Dabei ist zu beachten, daß erhebliche Baumaterialien für den Aus- und Wiederaufbau bereits vorliegen und daß die Deutsche Investitionsbank

Berlin seinerzeit schon den Wiederaufbau des Hotels schon genehmigt hat, den Zeitpunkt des Baubeginns aber mangels vorhandener Mittel noch nicht bestimmen konnte.
Es ist deshalb dringend erforderlich, daß, sowohl der Rat der Stadt Leipzig als auch die zentrale Leitung der HO in Berlin für dieses Objekt aus rein wirtschafts-politischen und auch politischen Gründen interessiert werden, um eine Lösung schnellstens herbeizuführen.
Bei einer Ersteigerung des Grundstücks durch die HO wären Barmittel auch gar nicht erforderlich, da ja die Hypothekengläubigerin die öffentliche Hand ist, so daß lediglich eine Umsetzung nach Durchführung des Zwangsversteigerungsverfahrens erfolgen könnte.
Erwähnen möchte ich noch, daß der für das Grundstück zuletzt festgesetzte Einheitswert DM 1.400.000,– beträgt. Hinzu kommen noch die Einrichtungsgegenstände und das vorhandene Baumaterial im Werte von rd. DM 500.000,–.
Geht man von einem voraussichtlichen Gesamtschätzungswert von DM 2.000.000,– aus, so würde die 70%ige Mindestbietungssumme rund DM 1.400.000,– betragen.
Der Konkursverwalter hat gebeten, ihm möglichst umgehend, spätestens im Laufe der nächsten Woche, eine Erklärung abzugeben, welche Schritte die Sparkasse zu unternehmen beabsichtigt, da er, sofern die Zwangsversteigerung nicht unverzüglich von uns beantragt wird, vor die Alternative gestellt wird, das Grundstück aus dem Konkurs freizugeben, damit keine neuen Masseschulden entstehen.
Die Folge davon wäre, daß er dann anschließend sofort das Konkursverfahren mangels Masse aufheben lassen müßte. Die weitere Folge wäre, daß der Betrieb geschlossen werden müßte, was wiederum nicht im Interesse der Stadt und öffentlichen Hand läge, zumal die Herbstmesse bevorsteht, bei der wiederum mit einer Vollbesetzung des Hotels und guten Einnahmen zu rechnen ist.
Wir waren am Schluß der Unterredung so verblieben, daß die Sparkasse als größte und erstrangige Gläubigerin alsbald einen Bericht über die gegenwärtige Situation verfasst und diesen der Deutschen Notenbank Berlin mit Durchschlägen an die Deutsche Investitionsbank Dresden und das Ministerium der Finanzen gibt.
Man muß sich darüber im Klaren sein – das habe ich dem Konkursverwalter auch erklärt – daß im Augenblick die Dienststellen mit anderen wichti-

geren Problemen befaßt sind, so daß mit einer unverzüglichen Entscheidung auf schriftlichem Weg nicht zu rechnen sein dürfte. Außerdem muß angenommen werden, daß die Dienststellen in Berlin die Wichtigkeit, die dieses Problem für die Stadt Leipzig hat, nicht zu erkennen vermögen, wenn nicht ein Vertreter des Ministeriums sich vorher an Ort und Stelle informiert hat.

G. Schmidt-Habermann"

Die Diskussionen aber reißen nicht ab und werden nicht nur in abgeschotteten Zimmern geführt.

„29. 7. 1953

Protokoll über die heutige Aussprache im Hotel ‚Astoria' zur Klärung der Angelegenheit dieses Hotels

Anwesenheit: siehe Anwesenheitsliste

Kollege Hassebrock (Konkursverwalter) nimmt gleich zu Beginn der Aussprache das Wort und gibt einen allgemeinen Überblick über die Situation, wie er sie als Konkursverwalter sieht bezw. sehen muß. Im Besonderen stellt er dabei heraus, daß ein Erlaß der Grundsteuer unbedingt erforderlich sei. Auch kam bisher kein ordnungsmäßiger Pachtvertrag zustande, da das Hotel bei den gegenwärtigen Verhältnissen ein Zuschußobjekt sei. Die Einnahmen aus dem Restaurantbetrieb sind unerheblich.

Kollege Beiweiß (Rat d. Bez., Abt. Finanzen, Preisprüfstelle) führt aus, daß um eine bessre Rentabilität zu gewährleisten, die Preise im Hotel unbedingt gesenkt werden müssen, da der Einheitspreis pro Bett DM 10,– entschieden zu hoch sei. Auch müsse ein Unterschied zwischen den Zimmern im I. und III. OG gemacht werden, der sich im Preise auszuwirken habe.

Er ist derselben Meinung wie Koll. Hassebrock, daß eine Grundsteuer von monatlich DM 5.000,– nicht gezahlt werden kann. Allerdings sei diese eine städtische Angelegenheit, und er kritisiert in diesem Zusammenhang, daß von der Unterabt. Abgaben beim Rat der Stadt kein Vertreter trotz Einladung erschienen sei.

Koll. Schwabenitzki (Stadtsparkasse) beantragt als beste Lösung, die Versteigerung des Grundstückes. Allerdings müßte ein Käufer dafür vorhanden sein, wofür nach Lage der Dinge nur die öffentliche Hand in Frage käme. Es wäre allerdings dann noch mit den Berliner Stellen, zentrale Leitung der HO und Finanz-Ministerium, die Finanzfrage zu klären. Er ist der Meinung, daß der vollständige Ausbau und die komplette Wiederinstandsetzung dieses für Leipzig größten Hauses weniger Mittel beanspruchen würde, als der Neubau eines weiteren Hotels.

Kollegin Meier (HO Hotel International) bemerkt hierzu, daß Direktor Lehmann vom HO Hotel ‚International' (heute Hotel „Fürstenhof") heute in Berlin weilt und in dieser Angelegenheit unmittelbar mit Minister (Curt) Wach eine Aussprache haben wird.

Koll. Hassebrock: Wichtig ist, auch den anderen Teil des Hotels auszubauen. Maßgebende Stellen in Berlin müßten daran interessiert werden. Wen die Stadt das Objekt erwirbt, müßte es wieder an die HO verpachtet werden.

Koll. Schwabenitzki: Die HO müßte hier schon wegen der Rentabilität einsteigen. Voraussetzung ist allerdings, daß die Preise erheblich gesenkt werden. Man muß danach trachten, das Grundstück in Volkseigentum zu überführen, wozu das Finanz-Ministerium seine Zustimmung geben und die Mittel zur Verfügung stellen sollte.

Koll. Karlstadt (HO-Bezirksleitung) erklärt, daß Investmittel notwendig seien, um das Grundstück auszubauen. 2,8 Millionen DM seien veranschlagt. Das Rohmaterial ist gesichert.

Kollege Beiweiß ist unbegreiflich, daß die HO das Hotel nicht schon längst übernommen hat.

Koll. Karsunke (Sparkasse): Es muß unter allen Umständen verhindert werden, daß das Hotel geschlossen wird. Seitens der Stadt muß hierzu unverzüglich etwas geschehen. Er ist weiter der Meinung, daß der Koll. Oberbürgermeister persönlich über den Koll. Staatssekretär Opitz mit den maßgebenden Stellen in Berlin Fühlung nehmen solle, um die Angelegenheit zu beschleunigen. Auch könne der Koll.

Restaurant ohne Gäste

Barkeeper und Barhocker mit Gästen (Fotos: 1957)

Staatssekretär Opitz auf Grund der Kenntnis der Leipziger Verhältnisse der Angelegenheit mehr Verständnis entgegenbringen, als andere daran beteiligte Berliner Stellen.

Koll. Diebel (Rat d. St., Abt. Handel und Versorgung) bringt zum Ausdruck, daß wahrscheinlich die zentrale Leitung der HO über dieses Objekt nicht genügend informiert wurde, da von dieser Stelle noch keine Schritte unternommen wurden, um das Objekt zu erwerben.

Leipzig als Messe- und Kongreßstadt könne es sich einfach nicht leisten, dieses Haus zu schließen. Darüber hinaus läge ja wohl auch ein allgemeines volkswirtschaftliches Interesse zu Grunde, dem auch die HO Rechnung tragen sollte.

Koll. Meier erklärt, daß die HO insbesondere den letzten Absatz der Ausführungen des Koll. Diebel unterstreiche und die zentrale Leitung in Berlin an der Angelegenheit sehr interessiert sei. Es sind auch bereits seit längerer Zeit Verhandlungen im Gange, über deren Stand im Augenblick sie nichts sagen könne. Sie hoffe, daß Koll. Lehmann von seiner Besprechung mit Minister Wach über diesen Punkt Näheres aus Berlin mitringen würde.

Koll. Abt bemerkt, daß die Berliner Stellen durch die Ereignisse vom 17. 6. 1953 jetzt mit anderen größeren Problemen sehr beansprucht werden, so daß die Erledigung dieser für Leipzig so wichtigen Angelegenheit in Berlin nicht so dringlich erscheinen mag. Das Wichtigste im Augenblick sei hier die Herabsetzung der Grundsteuer und natürlich auch der Preise im Hotel selbst. Weiter müssen die Zinszahlungen für die 1. Hypothek, die Grundsteuer und die Entlohnung des Personals berücksichtigt werden.

Koll. Schumann (Rat d. St., Abt. Finanzen) wurde gebeten, die Stellungnahme der Abt. Finanzen zu geben. Er erklärte, im letzten Augenblick erst die Einladung nebst Unterlagen erhalten zu haben und könne nichts dazu sagen. Er informiere sich lediglich und trage das dem Leiter der Abteilung vor.

Koll. Abt: Wenn konkrete Vorschläge gemacht werden sollen, ist es notwendig, daß die Abt. Bauaufsicht Kostenanschläge ausarbeitet, aus denen ersichtlich ist, welche Mittel zum Wiederaufbau des Hotels erforderlich sind.

Koll. Obermann (Rat d. St., Abt. Bauaufsicht) nennt dazu eine Summe von 2 ½ Millionen M. Allerdings ist dieser Betrag auf Grund einer Begutachtung eines Architekten zustande gekommen.

Koll. Schwabenitzki: Der einzig mögliche Weg zur Bereinigung der Ange-

legenheit ist eine Versteigerung, um klare Besitzverhältnisse zu schaffen. Dann könne man weiter sehen.
Koll. Semschuk (Rat d. St., Abt. Recht) schließt sich den Ausführungen des Koll. Schwabenitzki vollinhaltlich an.
Koll. Beiweiß: Es ist wichtig, den Verkaufswert festzusetzen. Im Falle der Durchführung einer Zwangsversteigerung müßten allerdings 70% des Schätzungswertes von den Käufern geboten werden. Dem Ministerium in Berlin müßten schon genaue Zahlen genannt werden, um einen entsprechenden Überblick dort zu bekommen und daraufhin zu disponieren. Seiner Meinung nach müßte die Stadt größten Wert darauf legen, ein ansehnliches Hotel zu besitzen und dieses dann in HO-Bewirtschaftung zu überführen. Weiterhin erklärte er, daß eine Zwangsversteigerung nur eingeleitet werden kann, wenn ein Bieter bereits vorhanden ist. Von seiten der betrieblichen Bauaufsicht ist eine Schätzung vorzunehmen, die Unterlagen hierzu sind vom Hotel ‚Astoria' zur Verfügung zu stellen. Diese Arbeit darf jedoch nicht zu lange Zeit in Anspruch nehmen. Sofern von bautechnischer Seite die Stellungnahme erfolgt ist, kann er selbst weiter einsteigen und dann mit den Stellen in Berlin weiter verhandeln.
Koll. Diebel ist der Meinung, daß man sich erst unbedingt über den Rechtsträger klar werden müsse, der dann die entsprechenden Verbindlichkeiten zu übernehmen habe.
Koll. Abt betont nochmals, daß eine Zwangsversteigerung von der Stadtsparkasse aus erst ausgelöst werde, wenn ein Käufer da ist. Er habe Bedenken, daß dies nicht so leicht sei, da wohl Gelder für private Wohnungsbauten, weniger jedoch zum Ausbau von Hotels zur Verfügung stehen.
Koll. Hassebrock: Dies sei ja wohl nicht Sache der Stadt, da nur Investitionsmittel in Frage kämen bezw. eine Umsetzung von Mitteln der öffentlichen Hand erfolgen werde.
Koll. Obermann: Eine Schätzung könne die Abt. Bauaufsicht nicht übernehmen, sie will jedoch gern Hilfestellung leisten. Zu diesem Zweck ist der Koll. Schäfer vom Stadtbezirk 11 anzusprechen.
Koll. Hassebrock: Sofern Schätzungsunterlagen bei der Bauaufsicht nicht vollzählig vorhanden, stellt er seine gesamten Akten gern zur Verfügung, damit keine unnötige Zeit verloren geht.
Koll. Diebel faßt abschließend zusammen: Die Bauaufsicht wird zuerst um ihre Stellungnahme gebeten, woraufhin der Rat des Bezirkes, Abt. Preisprüfung konkrete Vorschläge betreffs des Preises bei den Berliner Stellen

macht, bezw. diesen selbst festlegt. Daraufhin wäre dieses Angebot der zentralen Leitung der HO in Berlin zu machen und eine verbindliche Erklärung zu verlangen. Ist die Angelegenheit soweit gediehen, würde die Stadtsparkasse sofort Nachricht erhalten, um dann unverzüglich die Zwangsversteigerung durchführen zu lassen.

Verteiler des Protokolls:

Rat des Bezirkes,	Abt. Finanzen
	Preisprüfstelle, Koll. Beiweiß
Rat der Stadt Leipzig	Abt. Bauaufsicht, Koll. Obermann
	Abt. Finanzen, Koll. Schumann
	Abt. Recht, Koll. Semschuk
	Abt. HuV, Koll. Diebel
	Unterabt. Abgaben, Koll. Wolf
HO-Bez.Ltg.	Abt. Gaststätten, Koll. Karlstadt
HO-Hotel International	Koll.in Meier
Stadt- und Kreissparkasse	Koll. Abt
Konkursverwalter	Koll. Hassebrock“

Die Gesellschafter der Hotel Astoria GmbH, Fritz Oertel, Erika und Zilla Neumann, gaben, auch wenn zwei von ihnen nicht mehr im sozialistischen deutschen Staat ihren Wohnsitz hatten, weder Geschäft noch Haus noch Geld verloren. Sie beauftragten Rechtsanwalt Dr. Wolfgang Gasser mit der Wahrnehmung ihrer Interessen. Dieser wandte sich am 25. August 1953 per Einschreiben an den Finanzminister der DDR, Dr. Hans Loch (1898–1960, Mitglied der LDPD):

„Sehr geehrter Herr Minister!

Da ich die Interessen der Gesellschafter der Hotel Astoria GmbH, Leipzig, vertrete, erlaube ich mir, Ihnen als Durchschlag die Eingabe vom 13. 7. 1953 von Herrn Fritz Oertel nochmals zu unterbreiten.

Hierzu möchte ich darauf hinweisen, daß bereits vor Zustellung des Mehrerlösbescheides Herr Oertel beim Finanzministerium über die Angelegenheit der eventuell anfallenden Mehrerlösforderung verhandelt hat, daß nach Darlegung der Dinge dort gesagt worden ist, daß unter diesen Umständen die Mehrerlösforderung wohl nicht berechtigt sei, er daher ruhig den Mehr-

erlösbescheid abwarten solle, um dann direkt beim Finanzministerium Einspruch dagegen zu erheben.
Da durch die besonderen Verhältnisse in diesem Falle sich der Einspruch verzögert hat, bitte ich Sie, das in Abschrift beiliegende Schreiben von Herrn Oertel als solchen anzusehen. Hierbei gehe ich von der Hoffnung aus, daß durch die neuen Regierungsbeschlüsse die Angelegenheit in einem für die Gesellschafter günstigen Sinne entschieden werden kann, zumal Sie ja auch persönlich von diesem Fall unterrichtet worden sind.
Ich wäre gern bereit, mit den entsprechenden Unterlagen bei Ihnen vorzusprechen, um evtl. auftretende Unklarheiten zu beseitigen. Hierzu bitte ich Sie, falls erforderlich, einen Ihnen genehmen Termin mit bekanntzugeben.

Hochachtungsvoll Dr. W. Gasser

Keiner der Gesellschafter, ob im Westen wohnend, ob im Osten, erhielt aus Berlin oder Leipzig auf Dr. Gassers Schreiben eine Antwort. So schrieb der Rechtsanwalt erneut:

„5. 11. 1953

Betr. Hotel Astoria GmbH Konkursverfahren und Zwangsversteigerungsverfahren
An dem Gesellschaftskapital der Hotel Astoria GmbH, Leipzig, ist Frau Erika Neumann mit 50% beteiligt, die übrigen Gesellschaftsanteile sind die in der Hand von Herrn Direktor Fritz Oertel und Frau Zilla Neumann, die ihren Wohnsitz nach Westdeutschland verlegt haben. Deren Anteile werden verwaltet von der Deutschen Investitionsbank, Abteilung volkseigenes Vermögen, Leipzig.
Auf Grund der Vollmacht von Frau Erika Neumann und unter Bezugnahme auf die 6. Durchführungsbestimmung zur Verordnung zur Aenderung der Besteuerung und zur Senkung des Einkommenssteuertarifes vom 27. August 1953 beantrage ich namens der Frau Neumann:
1. das Konkursverfahren einzustellen
2. das Zwangsversteigerungsverfahren ebenfalls einzustellen.
Nachdem Herr Direktor Oertel, Mitgesellschafter der GmbH und zugleich Geschäftsführer der GmbH das Gebiet der DDR verlassen hatte, wurde als Treuhänder und Verwalter der Hotel Astoria GmbH Herr Franz Walter Leh-

mann bestellt. Herr Lehmann hat den Konkursantrag über das Vermögen der Hotel Astoria GmbH gestellt, und das Kreisgericht, Stadtbezirk 11, hat Herrn Wirtschaftsprüfer Hassebrock zum Konkursverwalter ernannt. Der Antrag auf Konkurseröffnung ist bei Gericht am 18. Mai 1953 eingegangen. Darüber ob eine Gläubigerversammlung abgehalten und ein Gläubigerausschuß gebildet worden ist, und ob sonstige Maßnahmen seitens des Gerichts im Konkursverfahren getroffen wurden, habe ich keine Mitteilung erhalten.
Zu den Gläubigern der Gesellschaft gehörte auch die Abgabenverwaltung, welche erhebliche Beträge, über deren Höhe ich genauere Angaben nicht machen kann, gefordert hat. Nach den mir zugänglichen Unterlagen handelte es sich um einen Betrag von 285.700 DM.
Wegen der Besonderheit des Falles hat der Unterzeichnete eine Eingabe an Herrn Finanzminister Dr. Hans Loch gerichtet unter Bezugnahme auf die früher schon vom Geschäftsführer Oertel mit dem Finanzministerium eingeleiteten Verhandlungen, mit dem Ziele eines Erlassens der Abgaben. Herr Minister Dr. Loch ist über die gesamte Materie durch frühere Besprechungen mit Herrn Dr. Oertel unterrichtet, und zwar seit 1952. Eine Entscheidung über das Erlassungsgesuch ist bislang nicht ergangen.
Da eine Entscheidung über den Erlassungsantrag der geforderten Abgaben noch nicht getroffen ist, hat die Abgabenverwaltung zur Zeit noch die Stellung eines Konkursgläubigers.
Zur Begründung des Antrags, das Zwangsversteigerungsverfahren einzustellen, nehme ich Bezug auf die 6. Durchführungsbestimmung, wonach absonderungsberechtigte Gläubiger Ansprüche auf Aussonderung gemäß § 2 der Durchführungsbestimmung nicht geltend machen können.
Ich bitte daher, den gestellten Anträgen stattzugeben und, soweit erforderlich, dem Treuhänder und der Deutschen Investitionsbank, letzterer soweit sie die Anteile des Herrn Oertel und der Frau Zilla Neumann verwaltet, Gelegenheit zur Stellungnahme zu geben.

Hochachtungsvoll Dr. Wolfgang Gasser
Großpösna, Fröbelstr. 11“

Nun kam es zumindest zu einer Reaktion. Die Stadt- und Kreissparkasse Leipzig schrieb:

„Einspruch wird zurückgewiesen

Begründung

Für die Einstellung des Versteigerungsverfahrens liegen weder Voraussetzungen auf Grund der Verordnung vom 26. 5. 1933, noch der 6. Durchführungsbestimmung zur StÄVO vom 27. 8. 1953 vor.

Die Antragstellerin ist als Mitgesellschafterin der Vollstreckungsschuldnerin nicht zu dem Einstellungsantrag legitimiert.

Über das Vermögen der Grundstückseigentümerin ist das Konkursverfahren eröffnet, weil die Eigentümerin überschuldet ist und im Falle einer Niederschlagung der im Einstellungsantrag erwähnten Abgabenschulden unheilbar überschuldet bleiben wird. Nach Auskunft des Konkursverwalters kommt auch nur ein Teil der Abgabenschulden für eine ev. Niederschlagung in Frage. Diese Niederschlagung könnte nur ausgesprochen werden, wenn die Kapitalgesellschaft auf Grund der 8. Durchführungsbestimmung zur StÄVO vom 19. 10. 1953 vorher in eine Personengesellschaft umgewandelt würde. Die 8. Durchführungsbestimmung ist aber unanwendbar, weil sie gemäß § 7 sinngemäß zur Voraussetzung hat, daß auch die Personengesellschaft lebensfähig ist.

Die Versteigerung wird aus der erststelligen Grundschuld der betreibenden Gläubigerin über 100.000,– M betrieben. Die im Rang anschließende Hypothek von 1.400.000,– sichert eine Darlehensforderung der geschlossenen Sparkasse der Stadt Leipzig, die von der betreibenden Gläubigerin gemäß Befehl der SMA Nr. 66 einzuziehen ist. Auf derartige Forderungen ist die Stundungsverordnung vom Jahre 1946 (§ 3) nicht anzuwenden. Bei einer Verzögerung oder gar Einstellung des Versteigerungsverfahrens besteht übrigens die Gefahr, daß die seit dem Jahre 1945 rückständigen Zinsen verjähren.

Das Vorgehen der Mitgesellschafterin ist zum Scheitern verurteilt, weil selbst im Falle der an sich unmöglichen Umwandlung der GmbH in eine Kommanditgesellschaft auch die neue Firma konkursreif bliebe und, wenn schon nicht selbst erneuten Konkursantrag stellen würde, dies wahrscheinlich von einem der Privatgläubiger geschehen würde.

Für den Weiterbestand unser dinglich gesicherten Forderungen trotz der teilweisen Kriegsschäden am belasteten Grundstück wird überdies noch auf die grundsätzliche Entscheidung des Obersten Gerichts vom 20. 8. 1953 (N.J. 53 Nr. 20, S. 654) verwiesen.“

Die Kredite, die auf diesem Hause lasteten, zogen sich durch die Jahrzehnte. Das Konkursverfahren drängte. Die Öffentlichkeit zeigte bereits Interesse, die Angestellten sowieso. Aber es gab Verständnisschwierigkeiten bei der Justiziarin des potentiellen Käufers:

„Regierung der Deutschen Demokratischen Republik
Ministerium für Handel und Versorgung
Verwaltung der zentralgeleiteten Hotelgaststätten
durch Eilboten am 19. 5. 1954 an das Kreisgericht Leipzig

Zur Erteilung des Zuschlags sind erforderlich	1.750.000,– DM
Zu zahlen sind (in der Rangfolge):	
Verfahrensgebühr	ca.12.200,– DM
Grundsteuer	ca. 24.000,– DM
1. Hypothek der Sparkasse	100.000,– DM
Zinsen zur Hypothek	7.500,– DM
	143.700,– DM
2. Hypothek in Höhe von	1.400.00,– DM
soll im Wege der Umsetzung erfolgen.	
Darnach ergäbe sich eine Summe von	1.543.700,– DM
Das Gebot beträgt jedoch	1.750.000,– M

Wie sollen die restlichen 206.300,– DM gedeckt sein? Damit würde doch eine Auslösung der an 3. Stelle rangierenden Hypothek der Privatgläubiger vorgenommen werden? Habe ich falsche Zahlen eingesetzt? Sind irgendwelche Verfahren vorzunehmenden Zahlungen bei meiner Aufstellung unberücksichtigt geblieben? Welcher Denkfehler liegt sonst vor? Ich bitte Sie dringend, mir umgehend – möglichst per Eilboten – die offenen Fragen zu beantworten.

Beck, Justitiar“

Die noch offenen Fragen konnten zwischen dem Ministerium und dem Gericht in Leipzig geklärt werden. Justiziarin Helena Beck reiste in die Messestadt, um für das Hotel „Astoria“ zu bieten. Sie legte ein von höchster Stelle beglaubigtes Schreiben vor:

„6. 7. 1954
Regierung der DDR, Ministerium Handel und Versorgung, der Minister
Vollmacht
Frau Helena Beck, wohnhaft in Groß-Glienicke, Bez. Potsdam, Potsdamer Chaussee 1, ausgewiesen durch Deutschen Personalausweis Nr. XII 0 677 667 ausgestellt am 10. Dezember 1953 vom VPKA Meißen, Jusitiziar in der Verwaltung der zentralgeleiteten HO-Gaststätten in Berlin C2, Gontardstr. 3–4 wird bevollmächtigt, in dem am Freitag, den 9. Juli 1954 stattfindenden Termin zur Zwangsversteigerung des im Grundbuch für Alt-Leipzig, Blatt 2478, auf den Namen der Hotel Astoria GmbH eingetragenen Grundstücks bis zum Betrage von

DM 1.740.800,–

(in Worten: eine Million siebenhundertvierzigtausend achthundert Deutsche Mark der Deutschen Notenbank)

zu bieten und das Grundstück für den Rechtsträger von Volkseigentum, die HO-Gaststätten (Z) Leipzig III, Betrieb des volkseigenen Einzelhandels mit dem Sitz in Leipzig C1, Tröndlinring 8, eingetragen im Handelsregister C VII/164 zu erwerben."

Die Presse meldete die erfolgreiche Geschäftsübernahme des Hotels „Astoria" durch die 1948 gebildete Handelsorganisation (HO) der DDR. Fortan arbeitete das Kollektiv an der Wiederherstellung und der Erweiterung der Bausubstanz, hob den Service und das Angebot. Der weltweit gute Ruf des Hauses hatte keinen Schaden genommen. Auch der Kredit konnte bei der Sparkasse Leipzig abgelöst werden. Zum letzten Gerichtstermin in dieser Sache traf man sich am 22. Januar 1958:

„Aktenvermerk: Betr. Konkurs der Hotel Astoria GmbH
An dem am 22. 1. 1958, 15 Uhr, vor dem Kreisgericht Leipzig-Mitte, Leipzig C1, Humboldtstr. 15, anberaumten Termin zur Schlußverteilung nahm der Unterzeichnete teil. Der Konkursverwalter, Herr Hassebrock, legte die Schlußabrechnung entsprechend dem uns vorliegenden Exemplar, zugesandt am 26. 6. 1957.
Der noch zur Verteilung stehende Betrag von 17.816,14 DM wird zum überwiegendem Teil von den Gebühren für den Konkursverwalter, die lt. vor-

Schöne Bilder vom sozialistischen Luxus (Foto: 1980er)

gelegter Abrechnung im Einvernehmen mit dem Konkursgericht auf rund DM 15.000,– festgesetzt wurden, und sonstigen Kosten aufgebraucht. Ein etwa noch bestehender Überschuß wäre an die Unterabteilung Abgaben auf Grund einer Forderung von DM 262.699,93 (in der Bilanz per 31. 12. 1956 ausgewiesen unter der Bezeichnung ‚Rückstellungskonto') zuzüglich der seit dem noch anfallenden Zinsen abzuführen. Diese Schuld basiert auf einem Mehrerlösabführungsbescheid.

Die Stadt- und Kreissparkasse hatte nach Konkurseröffnung auf Grund der von ihr vertretenen Althypotheken die Zwangsversteigerung des Grundstücks betrieben und aus dem Erlös nach Abzug der Steuern und Kosten 1.596.814,91 DM erhalten.

Gegen die Abrechnung waren seitens des Konkursgerichts keine Einwendungen erhoben, auch von den Vertretern der Gesellschaft nicht. Die private Gesellschafterin, Erika Neumann, wurde von Herrn Dr. Wolfgang Gasser, Großpösna b. Leipzig vertreten. Unterzeichnete kam mit Herrn Hassebrock überein, daß er uns noch eine endgültige Abrechnung über den Restbetrag von 17.816,14 DM einreicht.

gez. Meier"

Das „Astoria“ war fortan offiziell schuldenfrei und fest in Volkes Hand. „Aus dem einstigen Renommierhotel wurde ein sozialistischer Hotelbetrieb, in dem sich Gäste aller Klassen und Schichten, Kollektive, Familien, Messegäste und Touristen aus vielen Ländern wohlfühlen sowie sich von den Prinzipien sozialistischer Gastlichkeit überzeugen können.

Auch äußerlich veränderte sich in dieser ersten Phase des Wiederaufbaus das Hotel. Die privaten Geschäfte im Erdgeschoss verschwanden von der Außenfront des Hauses, und es wurde eine neue Eingangszone geschaffen. Die Adresse lautete nicht mehr Karl-Legien-Platz 2, sie lautete fortan: Platz der Republik Nr. 2. Zu jener Zeit war Sensation und Publikumsmagnet im Haus eines der ersten Fernsehgeräte in der Stadt. Der Apparat stand gut platziert, und stets schauten Leute in ihm fern.

In der ersten Hälfte der 50er Jahre wurde das Hotel einer umfassenden Rekonstruktion unterzogen und verfügte danach ab dem 31. Dezember 1957 über eine Hotelkapazität von 350 Betten. Besonders waren in dieser Rekonstruktionsphase die sozialen Bedingungen für die Mitarbeiter verbessert worden.“

Das „Astoria“ blieb für die Leipziger ein erreichbarer Sehnsuchtsort. Keiner, der in der Stadt wohnte, spazierte einfach so am noblen Haus vorbei, geschweige denn hinein. Der Hotelbesuch war jedem DDR-Bürger Höhepunkt und Abweg aus sozialistischem Alltag. Er wurde wie ein Urlaub oder Jubiläumfest lang im Voraus geplant. Man sparte darauf hin und kaufte feine Kleidung, die dem Ambiente angemessen war. Jeder „alte“ Leipziger hat irgendwann einmal im „Astoria“ geweilt und kann Geschichten davon erzählen, offizielle, private und solche, die man vom Hörensagen kannte: Prunk, Sex, Alkohol und Spionage. Sagenhaft! Viele aber verbinden mit diesem Haus bis heute Angenehmes: Jugendweihe und Hochzeit, Geburtstagsfeste und Betriebsfeiern. Auch der Astoria-Frisör war legendär. Nur nach Voranmeldung waren da beim Meister und der Meisterin Termine möglich. Für besondere Anlässe bestellte man im „Astoria“ den Tisch oder mietete einen der Räume. Wenn man nicht vom Rezeptionisten hinausgebeten wurde, lungerte man einfach mal so im Foyer in den Fauteuils und beobachtete Betrieb und Gäste: Es war ein Blick in eine andere Welt. Manchmal saßen da auch Fans mit Autogrammkarten von Idolen wie Gérard Philipe, Vico Torriani, Fred Bertelmann oder Lutz Jahoda, denn weilten diese in der Stadt, stiegen sie meist im „Astoria“ ab. Der Onkel aus Bingen am Rhein oder die Tante aus Wyk auf Föhr gaben im Intershop mal einen aus: Matchbox-Autos, einen heißen Plattenteller oder Jeans und Sprengelschokolade mit den begehrten Fußballbildchen. Dann luden sie ihre

Mischpoke ins Restaurant, um die armen Ostverwandten einmal speisen zu lassen, was die HO-Wohngebietsgaststätte niemals im Angebot hatte: Lachs, Hummer, italienische Trüffel. Die Weinkarte empfahl: Bordeaux, Barolo und Veuve Clicquot. An der Bar wurde gemixt, was man aus dem Kino kannte: Bloody Mary, Manhattan, Martini geschüttelt und nicht gerührt. Das „Astoria" blieb eine „Insel im roten Meer".

Kunst im Hause, Spione und die Prominenz

Die Einheit der Gewerke war bereits bei Planung des Hotelprojekts erwünscht und stets zu sehen: Kunst am Bau und Künstler im Hause. Bis zu seiner Schließung war das „Astoria“ eine feste Größe im Kulturleben der Stadt, sowohl mit stattgehabten Veranstaltungen als auch mit berühmten Übernachtungsgästen. „Es gibt viele Gespräche, die wir hier geführt, viel Blödsinn, den wir hier gemacht haben. Wir haben hier dem Wein gefrönt und gefeiert und gesungen. Ich habe beinah alles erlebt in diesem Haus, deswegen hat es so eine besondere Mystik für mich“, sagte Sänger und Entertainer Wolfgang Lippert (* 1952), befragt nach seinen Aufenthalten im legendären Hotel. Diese Erinnerungen teilt er mit vielen Prominenten aus Wirtschaft, Politik und Kultur. Sie alle fanden Ruhe, schliefen hier oder machten im Café und an der Bar, in den Zimmern und den Sälen Nächte zum Tag. Nach Dienstschluss führte manchmal das Personal mit ihnen auch Privatgespräche.

Kunst am Bau muss beeindrucken, und sie muss ins Auge fallen. Bereits die Astoria-Architektur folgte ästhetisch-künstlerischen Prämissen. „William Lossow gehörte zu jenen Architekten, die in der Zeit vor dem Ersten Weltkrieg in der Kunstgeschichte Sachsens eine herausragende Rolle gespielt haben. Er kombinierte zunächst in spielerischer Form verschiedene historische Stile vom Mittelalter bis zum Barock. Sein besonderer Verdienst lag darin, in einer zweiten Phase seines Schaffens überlieferte Formen durch umsichtige Reduzierung so eingesetzt zu haben, dass großzügige, in ästhetischer und in technischer Hinsicht modernen Anforderungen entsprechende Bauten, entstanden. Er gilt als Schöpfer des ‚sächsischen Neobarock‘, dessen zeitlose Eleganz auch heute noch anerkannt und geschätzt wird.“

Bei der Zusammenarbeit mit seinem Schwiegersohn hielt er an diesen Prämissen fest. Der Neubau des „Astorias“ gab der Hotelarchitektur neue Impulse, andererseits wirkte das Hotelgebäude mit dem des Hauptbahnhofes vis-à-vis als korrespondierende Einheit. Für die Gestaltung der Fassaden und der Innenarchitektur verpflichteten Lossow & Kühne namhafte Künstler, machten ihnen aber keine allzu detaillierte Vorgaben, so dass deren individuelle Handschrift sichtbar und erkennbar blieb. Am „Astoria“ arbeiteten Meister ihrer Zeit und ihrer Heimat, wobei einige von ihnen auch am Leipziger Hauptbahnhof ihre Handschrift hinterließen, u. a.:

Rudolf Born (1882–1969): Bildhauer und Dozent der Dresdner Kunstakademie. Er schuf Kriegerdenkmale in Zittau, Kamenz und Liegnitz, gestaltete die Fassadenfiguren am Dresdner Hauptstaatsarchiv und verantwortet das Architektur der Studentenwohnheime an der Dresdner Fritz-Löffler-Straße (ehemals Reichs- und Juri-Gagarin-Straße).

Karl Groß (1869–1934): Neben seiner bildhauerischen Tätigkeit arbeitete er als Goldschmied und schuf u. a. das filigrane Ziergitter der „Goldenen Pforte“ des Dresdner Rathauses oder die Treppengeländer im Schauspielhaus Dresden. 1914 wurde er der auf William Lossow folgende Rektor der Dresdner Kunstgewerbeschule.

Mann der Wohnkunst: Alexander Baranowsky

Georg Sieburg (gefallen 1916): Bildhauer, Maler, Kunstgewerbler, der auch als Medailleur und mit dekorativen Arbeiten für die Freie Volksbühne Berlin Aufmerksamkeit erregte.

Paul Ricken (1885–nach 1954): Maler, Grafiker, Fotograf und Studienrat, Gast der Dresdner Sezession und Teilnehmer der Großen Deutschen Kunstausstellungen 1941–1943 im Haus der Deutschen Kunst in München.

Alexander Baranowsky (1871–1941): Maler, Bühnenbildner, Gebrauchsgrafiker, wurde 1913 als Professor an der Kunstgewerbeschule in Dresden berufen und übernahm die Ausbildungsrichtung der Textilkunst.

Josef Goller (1868–1947): Glasmaler, Grafiker, Buchgestalter, wichtiger Vertreter des Jugendstils, leitete an der Kunstgewerbeschule Dresden die Klasse für

Glasmalerei, später Professor an der Hochschule für Grafik und Buchkunst in Leipzig. Er gestaltete viele Fenster in Kirchen, Rathäusern und Schulen: u.a. die der Empfangsräume des Leipziger Hauptbahnhofes, der Michaeliskirche in Leipzig, der Synagoge in Görlitz, der Garnisonkirche in Dresden und des Rathauses in Radebeul.
Das Leipziger Hotel „Astoria" galt mit Eröffnung als beste Adresse für einen Leipzigaufenthalt. In den 200 Fremdenzimmern standen Chippendale-Stühle. Die Wände waren mit Brokat verkleidet. Die Fenster bestanden aus Bleiglas. An den Decken böhmische Kristall-Leuchter. Besteck von Silber. Sanitärporzellan von Villeroy & Boche. Das Speiseservice aus Meißen oder von der „Von Schierholz'schen Pozellanmanufactur in Plaue" hergestellt. Beide Marken weltbekannt: Meißner Porzellan war seit seiner Erfindung 1710 einer der steten Verkaufsschlager der Leipziger Messe. In deren Werbung fürs Porzellan aus Plaue heißt es 1990:

„Die von Schierholz'sche Pozellanmanufactur Plaue, unweit von Arnstadt in Thüringen gelegen, ist 1817 gegründet worden. Das Sortiment dieser traditionsreichen Manufaktur stützt sich auf den noch heute erhaltenen Formenfundus, der zum Teil ein Alter von weit mehr als einhundert Jahren aufweist. Verglichen mit den Erzeugnissen der anderen sächsisch-thüringischen Porzellanmanufakturen spielt figürliches Porzellan im Sortiment der Porzellanmanufactur Plaue nicht die Hauptrolle. Vorrangig finden sich im Angebt Potpurri-Vasen, Tafelaufsätze sowie Kron-, Wand- und Tischleuchter im Stile des Barock und Rokoko. Diese Artikel bezaubern durch ihre vollendete Modellierung, den reichen vegetabilen Belagdekor und die filigrane thüringische Blumenmalerei. Dosen, Schalen, Körbchen und Teller können in gleicher Ausstattung und vielfältigen Formen angeboten werden.
Als Besonderheiten von Liebhabern und Sammlern hochgeschätzt, gelten die Porzellantische und Lithophanien-Lampen. Plaue dürfte die einzige europäische Manufaktur sein, in der sich noch heute die Kunst der Lithophanieherstellung gepflegt wird. Die dünnen unglasierten Porzellantafeln, die im durchscheinenden Licht den erstaunlichen Tonwertreichtum der eingearbeiteten Bilder offenbaren, werden in die Lampen eingesetzt oder – in Holz oder Metall gefaßt – als Fensterschmuckverwendet."

Das ist Luxus. Das ist Spitzenqualität. So ausgestattet ist ein Grand Hotel, um sich auch damit von gewöhnlichem Hotelbetrieb zu distanzieren. Eine Nacht im „Astoria" kostete in den „goldenen" Jahren 15 Mark. Viel Geld, sehr viel Geld, für einen von der Krise Gebeutelten. Die angereisten Politiker und Stars der Bühne konnten zahlen und nahmen im „Astoria" gern Quartier. Auch betuchte Leipziger saßen abends und an Wochenenden beim Fünf-Uhr-Tee an den Tischen, tranken in der Nachtbar oder speisten im Gourmet-Restaurant.

> „Einmal ging ich aber in's Astoria zum Mittagessen.
> Dort hab ich 50 Mark bezahlt.
> Allerdings ohne Getränke.
> Eine kleine, alte Humar aß ich und ein Menu.
> Als ich eine Stunde dort war, dann wurde es mir übel.
> Nicht von dem Humar.
> Sondern von allen den Leuten, die in Leipzig Humar essen.
> Und ein wenig von allen Leuten, die zur Zeit in der Welt
> Humar essen."

Sándor Márai (1900–1989)

Wobei sich schon mit der Speisebezeichnung für die Normalbevölkerung die Schwierigkeiten im Leben der besseren Gesellschaft offenbarten, denn Humar ist mitnichten Hummer. Das aus dem Isländischen stammende Wort steht nämlich für weniger Delikates: Kaisergranat, Scampi, Langoustinen etc. Wahrscheinlich also aß der Künstler eine Meeresfrüchtesuppe im gehobenen Ambiente des Hotelrestaurants. Nicht nur der Speisekarte wegen ward das „Astoria" aufgesucht. Auf seiner Gästelisteliste findet sich das Who's who der Zeit, überliefert sind zahlreiche Anekdoten.

So forderte Paul Lincke (1866–1946) den jungen Telephonisten auf, für ihn zu geigen. Das Trinkgeld lohnte. Beniamino Gigli (1890–1957) drückte dem livrierten Hotelboy für seine kundige Stadtrundführung 200,– Reichsmark in die Hand, dabei hatte der Startenor schon davor den Chef bestochen und musste noch fürs Taxi löhnen. Knauserig dagegen erwies sich Hans Albers (1891–1961) und gab dem Liftboy vorm Zubettgehen 50 Pfennig: „Kleener, für dich hat's nicht mehr gelangt, ich habe das ganze Kleengeld in eurer Bar versoffen."

Eine große Menge Schaulustiger hatte sich versammelt, als 1921 Adele Sandrock (1863–1937) unter Polizeischutz aus dem Wagen stieg. Erstaunt fragte

Astoria-Betriebsmannschaft: BV Olympia (Foto: 1921)

sie ob dieser Menschenmasse: „Junger Mann, was wollen denn all die vielen Leute hier?" Die Antwort des Pagen: „Aber meine Dame, die wollen Sie alle begrüßen. Winken Sie wenigstens einmal!" Die „komische Alte" genoss legendären Ruf ob ihrer Unbeherrschtheit, mit der sie das Personal schikanierte und in Angst und Schrecken versetzen konnte. So sehr, daß sich die Zimmermädchen gar nicht mehr zu ihr in die Künstlersuite trauten. Die Sandrock ließ daraufhin ein Schild an ihre Türe hängen: „Ich habe ein goldenes Herz ..."
Erich Ebermayer (1900–1970) war bekennend schwul und ein aufstrebender Autor aus Leipzig, 1929 war seine Novelle „Nacht in Warschau" erschienen. Er erinnert sich:

„Wenig später lud mich eine Leipziger Konzertdirektion ein, einen Vorlesungsabend zu machen. Nach meinen ersten zwei Büchern hatte ich wenig ‚Publikum', der Name des Vaters (Ludwig Ebermayer, Reichsgerichtsrat und Oberreichsanwalt) tat in dieser Stadt das Seine. Ich schlug kurz entschlossen Klaus Mann vor, sich zu beteiligen. Er sagte zu. Der 6. Dezember wurde festgemacht. Bald klebten an allen Säulen die Plakate, die zum ersten Mal unsere Namen vereinigten. Anfang Dezember schrieb Klaus Mann:

Lieber Erich Ebermayer!
So werde ich also das ‚Fragment von der Jugend' nicht lesen. Muß es denn sein, daß ich mich auf die Legenden schon heute festlege? Ich entscheide mich immer erst im letzten Moment, – plakatieren Sie einfach: ‚aus eigenen Werken'. Es wird gewiß ganz prächtig werden ... Wohnen werde ich im ‚Astoria'. Bestellen Sie bitte ein prächtiges Zimmer. Ich bin grauenhaft pleite, und wenn wir mit der Vorlesung nicht Goldhügel verdienen, werde ich im Leipziger Schuldturm bleiben. Bis Sonntag! Herzlichst Klaus Mann

Ich bestellte mit leisem Kopfschütteln im äußerst prächtigen Hotel ‚Astoria' ein prächtiges Zimmer. In der Stadt begann ein Raunen. Die Vorlesung schien eine kleine Sensation werden zu sollen. Der Vorverkauf war über Erwarten gut. Aber schon spürte ich von vielen Seiten schärfste Opposition. Am Sonntag Mittag traf der Gast ein. Nachdem er sein Appartement mit lässigster Selbstverständlichkeit bezogen, brachte ich ihn zu Tisch zu meinen Eltern."

Die Presse urteilte über den Abend: „Der Gesamteindruck war zwiespältig. Manchmal empfand man: Sie sind wirklich jung, aber sie können wenig. Und manchmal: Sie können schon etwas, aber sie sind nicht jung." Goldhügel hat keiner der beiden am Abend verdient. Klaus Mann (1906–1949) beglich seine Hotelrechnung nicht. „Nachdem uns eine avantgardistische Fotografin nach unzähligen Malen in den verrenktesten Stellungen zusammen fotografiert hatte, und ich Klaus aus dem ‚Astoria' ausgelöst, entschwand er nach München, um dort erst einmal finanziell zu genesen."
Stars von Film und Bühne kamen immer wieder und stiegen im „Astoria" ab: Henny Porten (1890–1960), Magda Schneider (1909–1996), Wolf Albach-Retty (1906–1967) und, und, und. Hans Albers wohnte 1931 im Haus. Zum Empfang des Schauspielers legte die Direktion extra eine Schallplatte mit Seemannsliedern auf. Dem „‚blonden Hans' war's gar nicht recht. ‚Ich will jetzt nichts für die Ohren, sondern was für den Hals. Erst ein Bier, dann noch ein Bier, schließlich ein Faß. Bei dem bleiben wir dann bis zum Morgen', schrie der Star und orderte das Bierfaß, das man aus dem Keller brachte."
Johannes Heesters (1903–2011) war von dem ‚Astoria-Auftritt' seines Kollegen so beeindruckt, „daß er 1936 unbedingt in Albers' Zimmer nächtigen wollte: ‚Weil da oben bestimmt noch irgendwo eine Flasche versteckt ist ...'"

Er hat das Zimmer bekommen, ob er auch fündig wurde, verschweigt die Legende.

Natürlich nahmen Militärs und Nazigrößen je nach Stellung und Reputation ebenfalls im „Astoria" Quartier. Sie alle ließen sich gern in der Messestadt mit ihren über 700.000 Einwohnern sehen und „haben hier rauschende Feste gefeiert". Elly Beinhorn (1907–2007), Idol und furchtlose Pilotin, jedoch „brach beim Mittagessen plötzlich zusammen". Es war der Moment, als sie erfuhr, dass ihr Mann, der Rennfahrer Bernd Rosemeyer (1909–1938), bei seinem Geschwindigkeitsrekordversuch auf Autobahn von Frankfurt nach Darmstadt tödlich verunglückt war.

Den Koch Hansgert Oranke ernannte ein Wehrmachtsgeneral 1940 zu seinem Leibkoch und nahm ihn einfach aus dem Hotel mit sich in seinen Stab. Nach dem Krieg kehrt Oranke wieder und arbeitete im „Astoria" bis zu seiner Rente.

Von Joseph Goebbels (1897–1945) erzählte man sich hinter vorgehaltener Hand, dass er sich im „Astoria" – inkognito, natürlich – mit seinen Geliebten traf. Viele Schauspielerinnen seien darunter gewesen. Menschenmassen jubelten bei Goebbels Reden auf den Massenkundgebungen, sie jubelten auch vorm Eingang, wenn er im Hause schlief, es betreten und verlassen musste – zumindest solange der Frieden anhielt und sich die allgemeine Situation der meisten Menschen besserte. „Es mag gut sein, Macht zu besitzen, die auf Gewehren ruht. Besser aber und beglückender ist es, das Herz eines Volkes zu gewinnen und es auch zu behalten", dozierte der Propagandaminister auf dem Reichsparteitag 1934 in Nürnberg. Nach zwölf Jahren ruhte die Macht fast ausschließlich auf Gewehren. Adolf Hitler dagegen hat im „Astoria" nie geschlafen.

Auch das sozialistische Aufbauwerk setzte, der eigenen Ideologie unangemessen, auf den Pomp und Luxus eines vornehmen Hotels und lud nicht nur zu offiziellen Anlässen in dessen Räume. „Als 1952 eine neue Leitung den Beweis erbringen wollte, daß das ‚Astoria' seinen alten Glanz wiedererlangen könne, waren pfiffige Ideen gefragt. Und die hatte man: Zuerst wurde eine kleine Musikkapelle engagiert, die zum Tanztee aufspielte. Dies machte man in Leipzig publik, und so nach und nach füllten sich die Restaurants wieder. Die ehemaligen Läden an der Außenseite baute man zu einer Eingangszone mit Rezeption um. Auf dem Dach wurde die Leuchtschrift ‚Hotel Astoria' installiert, und ein raffiniertes System von Kabeln und Lampen ermöglichte es dem Chef, sein Hotel (für die Passanten) all abendlich per Lichtschaltung zu ‚belegen' und so als gefragte Adresse zu erscheinen. Der Erfolg solcher Schummeleien war jedoch tatsächlich bald in der Hotelkasse zu spüren. Das Ministerium für Handel und

Versorgung stiftete dem aufstrebenden Haus einen der ersten Fernsehapparate, die in Leipzig zu betrachten waren. Dieser bekam seinen Platz in der Hotelhalle und war eine vielbestaunte Sensation." Public Viewing mangels bessrer Möglichkeiten.

1954 ist eine Konzeption fürs Haus erstellt, und unter Architekt Rolf Fricke beginnt das Kollektiv mit der Um- und Neugestaltung bei laufendem Hotelbetrieb. Und während Gäste und Leipziger Bürger im Nebenraume speisen, trinken und diskutieren, entstehen an Süd- und Westseite die Erweiterungs- und Ergänzungstrakte, die sich an der historischen Sandsteinfassade des alten Gebäudes mit ihrer Wandpfeilergliederung orientieren. Der Haupteingang präsentierte sich fortan dem Innenstadtring und nicht mehr dem Westausgang des Hauptbahnhofs gegenüber.

„Schwarzer Samt" und Ostfilmstars: Christine Lazar, Herbert Köfer und Günther Simon und eine Leiche im Hotel

Gäste und Leitung des 1955 ins Leben gerufenen „Internationalen Leipziger Festivals für Dokumentar- und Animationsfilm" schliefen gleichfalls oft im „Astoria". Besonders gern kam dessen stellvertretende Direktor Karl-Eduard von Schnitzler (1918–2001), der sich stets und gern „Genosse von Schnitzler" riefen ließ. Manches Mal habe man ihn die Treppen hinauf stützen müssen. Seine dritte Gattin, Schauspielerin Christine Laszar (* 1931), hat sogar im Hause – „Schwarzer Samt" (1964) – gedreht. Die vierte und letzte von Genosse von Schnitzlers sagenhaften Ehefrauen, Márta Rafael (1926–2017), parlierte mit dem Mann hinter der Empfangstheke auf Ungarisch, dessen der Chefideologe des DDR-Fernsehens nicht mächtig war.

Die Chansonette und der Rezeptionist waren beide in Ungarn gebürtig, und beide verstanden sich. Schnitzler führte seine Angetraute meist schnell ab.
Auch offiziell stand das „Astoria" an erster Stelle, so meldete die „Leipziger Volkszeitung" am 13. Dezember 1956: „Gestern weilte Ministerpräsident Otto Grotewohl den ganzen Tag unter Leipziger Arbeiterinnen, Arbeitern und Wissenschaftlern. Am Vormittag besuchte er die Leipziger Eisen- und Stahlwerke, wo er mit den Arbeitern eine fast dreistündige Beratung abhielt. Am Nachmittag sprach er vor 1.000 Arbeiterinnen aus Leipziger Betrieben in der Leipziger Baumwollspinnerei über die Rolle der Frau im Kampf um den Frieden und die Festigung unserer Arbeiter- und Bauern-Macht. Eine Aussprache mit Wissenschaftlern im Hotel ‚Astoria' beschloß diesen Tag. Alle drei Aussprachen gestalteten sich zu einem erneuten Vertrauensbeweis der Leipziger Werktätigen zur Politik von Regierung und Partei."
Das 1951 gegründete Nationale Aufbauwerk (NAW), das unter Führung der Nationalen Front freiwillige, gemeinnützige und unentgeltliche Arbeit zum Wohle der Republik – vornehmlich in Ost-Berlin – bündelte und lenkte, widmete sich auch dem Leipziger Hotel. Am 3. Februar 1957 heißt es: „Große Leistungen vollbringen alle Beteiligten beim Wiederaufbau des HO-Hotels ‚Astoria'. Wenn man bedenkt, daß alle Bauarbeiten innerhalb der bestehenden Grundmauern und ohne das Hotel zu schließen vor sich gingen! Zwei neue Restaurants mit 320 Plätzen und weitere 164 Betten werden am 1. September 1957 kurz vor Beginn der Herbstmesse den in- und ausländischen Messegästen zur Verfügung stehen. Von diesem Zeitpunkt an wird das HO-Hotel ‚Astoria' mit insgesamt 440 Betten das größte Hotel unserer Republik sein. In enger kameradschaftlicher Zusammenarbeit mit dem konsumgenossenschaftlichen Handel werden die beiden Handelsorgane auch im kommenden Jahr alles daran setzen, eine noch bessere Versorgung der Bevölkerung zu gewährleisten."
Der FDJ schien im Februar 1957 die Hotelkulisse angemessen zu ihrer Diskussion über die bevorstehenden VI. Weltfestspiele der Jugend und Studenten in Moskau:

„Da waren sie wieder einmal alle beisammen: ‚Täve' Schur (*1931, Radrennfahrer), Klaus Porbadnik (*1930, Leichtathlet) und Hans Zierold (*1938, Schwimmer), Heinz Fröhlich (1926–1999, Fußballer), Klaus Frost (*1936, Speerwurf) und Günter Behne (*1932, Fußballer) oder Hannelore Wilke (*1935, Schwimmen) und Irmgard Müller (*1934, Speerwurf) – Sportler,

die Leipzigs Ruf als Sportstadt festigten. Dazu ihre verdienstvollen Trainer und Helfer sowie die bewährten Funktionäre der Leipziger Sportclubs. Mitten unter ihnen saßen an diesem Mittwochabend im Hotel Astoria aber auch Freunde der Freien Deutschen Jugend, Mitglieder der FDJ-Bezirksleitung und der -Kreisleitung, welche als Gastgeber zeichneten, und am Vorabend des Jahrestages der Verkündung des Gesetzes zur Förderung der Jugend über die Vorbereitung des Festivals plaudern und die Verbindung zwischen FDJlern und Sportlern festigen wollten.
Der 1. Sekretär der FDJ-Bezirksleitung, Kurt Knobloch, beglückwünschte zunächst noch einmal alle Teilnehmer an den Olympischen Spielen, insbesondere die Medaillengewinner, und teilte ihnen mit, daß alle ihre Namen im Ehrenbuch der FDJ des Bezirkes Leipzig Aufnahme gefunden hätten. Er betonte, daß die Sportler und die Mitglieder des Jugendverbandes gemeinsam ein großes Ziel hätten, nämlich eine bessere Welt aufzubauen, unsere Republik zu stärken und ihr in der ganzen Welt zu großem Ansehen zu verhelfen. Diese Aufgabe steht auch in Moskau bevor, doch bis dahin gibt es noch viel Arbeit. Dann kamen die Sportler zu Wort, die teilweise recht humorvoll die Erfahrungen der letzten Jahre heranzogen und mit Vorschlägen für die nächsten Aufgaben aufwarteten.
Ob dann beim Plausch in gemütlicher Runde, bei einem Tänzchen oder beim Schunkelwalzer, überall war das Gesprächsthema Nr. 1 das Festival in Moskau, überall kam es zum Ausdruck, daß diese Reise das Ziel aller Sportler im Jahre 1957 sein wird. So war dann dieser Abend ein gelungener Auftakt für die Vorbereitungen der Weltfestspiele und ein gutes Beispiel auch für die Kreis- und Grundorganisationen nicht nur für die Vorbereitung des Festivals, sondern auch für ein enges freundschaftliches Verhältnis zwischen Jugendverband und Sportlern."

Schließlich wird „das HO-Hotel ‚Astoria' am Leipziger Hauptbahnhof zur Frühjahrsmesse 1957 durch die Inbetriebnahme der ersten drei Stockwerke eines neuerbauten Seitenflügels statt 240 nunmehr 270 Hotelgäste aufnehmen können. Der gesamte fünfstöckige Flügel, der mit einem Kostenaufwand von etwa einer Million DM modern und großzügig erbaut wurde, und insgesamt über 43 Zimmer verfügt, wird bis zur Herbstmesse 1957 endgültig fertiggestellt sein. Er enthält ferner in den Parterreräumen zwei große HO-Verkaufsstellen für Blumen und Reiseartikel."

Nicht nur Unterhaltung, Übernachtung, Feiern bot das Hotel Platz. Auch politisch-ethische Fragen wurden in seinen Sitzungsräumen diskutiert, etwa mit dem im Leipzig geborenen SED-Chef Ulbricht. Am 4. Juni 1957 berichtete der Stadtreporter der „Leipziger Volkszeitung":

„Ueber hundert Personen des Leipziger Geisteslebens waren am Sonntagnachmittag der Einladung der Bezirksleitung des Kulturbundes zu einer offenen Aussprache im Hotel ‚Astoria' gefolgt. Der Erste Stellvertreter des Vorsitzenden des Ministerrates, Walter Ulbricht (1893–1973), nahm an der fast fünfstündigen Diskussion teil, deren Thematik sich mit den Problemen der sozialistischen Moral und Ethik befaßte.
Der Erste Vorsitzende der Bezirksleitung Leipzig des Kulturbundes, Prof. Steiger, erklärte einleitend, daß die sozialistische Erziehung nicht nur an die Vernunft der Menschen appellieren könne, sondern auch das Gefühl für die neue Moral und die neue Ethik mehren müsse. Im Sozialismus, so sagte er, gebe es keinen Widerspruch zwischen Politik und Moral, und aus dieser Einheit erwachse die Ethik des Handelns.
In der anschließenden Aussprache erörterten Professoren, Lehrkräfte der Oberschulen und Theaterleute freimütig die Problematik der sozialistischen Erziehung. Sie sparten weder mit Kritik noch mit Vorschlägen, um den Fragen gerecht zu werden, die unsere gesellschaftliche Entwicklung für alle Angehörigen der Intelligenz aufwirft. Es kristallisierte sich immer klarer die Meinung heraus, daß die Erziehungsfrage nicht nur auf die Jugend beschränkt werden darf, sondern gleichermaßen für die Erzieher selbst gilt. Die Jugend, so formulierte der Leiter der Nicolai-Oberschule, Miersch, ruft nach dem sozialistischen Vorbild.
Walter Ulbricht ging in seinem Diskussionsbeitrag auf verschiedene Fragen ein, die im Laufe des Abends gestellt wurden. Ausführlich beschäftigte er sich mit der Perspektive in Deutschland. Er wies überzeugend nach, daß es nur eine Perspektive für Deutschland gibt, die über die Stärkung der Arbeiter- und Bauernmacht und die Aktionseinheit der deutschen Arbeiterklasse zu einem einheitlichen, sozialistischen Deutschland führt. Große Bedeutung maß Walter Ulbricht der Aussprache selbst bei. Er beurteilte, daß eine solche Diskussion durchaus der weiteren Entwicklung unserer Demokratie entspräche und auch dem Kulturbund zeige, wie er die neuen Probleme unserer Gesellschaft mit lösen helfen kann.

Die Teilnehmer dieses Gespräches brachten ihren Wunsch zum Ausdruck, die Diskussion recht bald fortzuführen und über die angerissenen Probleme auszusprechen. Der Erste Stellvertreter des Vorsitzenden des Ministerrates sagte seine Anwesenheit für weitere Gespräche zu."

Bereits vier Wochen später hieß es: „Die Diskussion geht weiter – Am Mittwochabend setzten rund 150 Persönlichkeiten des wissenschaftlichen und kulturellen Lebens der Messestadt im Hotel Astoria ihre am 2. Juni begonnene Aussprache fort. Die Diskussion, an der auch diesmal wieder der Erste Stellvertreter des Ministerrates, Walter Ulbricht, teilnahm, beschäftigte sich, wie am ersten Abend, mit den ideologischen Problemen beim Aufbau des Sozialismus. Auch Produktionsarbeiter ergriffen in der Aussprache das Wort. Es wurden unter anderem Fragen des wissenschaftlichen Nachwuchses, des Einflusses von Dekadenzerscheinungen auf unser gesellschaftliches Leben, der Uebereinstimmung zwischen individueller und gesellschaftlicher Lebensaufgabe, des Bündnisses zwischen Arbeiterklasse und Intelligenz, des sogenannten ‚Dritten Weges', der Entwicklung des Theaters usw. besprochen."

Verschwundene Restaurantwelt mit fünf Erdteilen: Europa, Asien, Afrika, Australien, Amerika von Werner Tübke

Fürs neue Restaurant schuf der 1957 nach einem Jahr bereits wieder wegen widersprechender Kunstauffassung aus der Hochschule für Grafik und Buchkunst Leipzig entlassene Werner Tübke für das „Astoria“ die aus fünf Doppelgemälden bestehende Reihe „Die fünf Kontinente“. Tübke hatte den von der Hotellerie ausgeschriebenen Wettbewerb gewonnen: „Fast ein Jahr legte Werner Tübke seine ganze Kraft in die etwa 40 Quadratmeter Malerei zur Ausschmückung des Stadtrestaurants. In seiner Darstellung der fünf Erdteile wollte er ‚die Gäste zum Denken und Handeln anregen‘. In beinahe quadratischen Dypticha auf voneinander getrennten hochformatigen Tafeln stellte er in charakteristischen Figurengruppen mit bestimmten Assoziationen zur Identifikation der Kontinente gesellschaftspolitische Erscheinungen dar. Kenner bestätigen ihm ‚detailgetreue Malerei, genreartige Konzeption und gestalterische Imaginationskraft‘. Geschäftsleitung und Belegschaft des Hotels ‚Astoria‘ sind mit Fug und Recht stolz darauf. Originalgemälde von Prof. Werner Tübke im Besitz zu haben und Gäste aus nah und fern auf dieses Weise mit ihm bekannt zu machen. Sein Realismus, dem Tradition keine Last ist, zählt zu den Herausforderungen unserer Zeit.“ 1958 werden die fünf Dypticha der Öffentlichkeit übergeben. Sie zeigten bis zu seiner Schließung Kunst der „Leipziger Schule“ im Restaurant „City“. Danach wurden sie wie andere Kunstwerke aus dem Hause meistbietend versteigert. Tübkes Bilder erwarb das Panorama-Museum Bad Frankenhausen.

Und während Werner Tübke an seinem weltumspannenden Werk im Hause arbeitete, empfing das Hotel „Astoria“ am 30. September 1957 internationale Gäste: „Zur Teilnahme am IV. Weltgewerkschaftskongreß, der vom 4. bis zum 15. Oktober in Leipzig tagt, trafen am späten Montagnachmittag Mitglieder des Büros des Weltgewerkschaftsbundes mit Louis Saillant (1910–1974), Generalsekretär des WGB an der Spitze, in Leipzig ein. Im Laufe des Montags kamen bereits über 100 Gäste in der Kongreßstadt an. Im Hotel ‚Astoria‘ begrüßten sich zahlreiche Gewerkschaftsführer aus den verschiedensten Ländern der Erde. Unter ihnen befanden sich der Generalsekretär des CGT, Frachan, der Sekretär des WGB, Grassi, aus Italien das Mitglied des Exekutivbüros des WGB und Generalsekretär des allindischen Gewerkschaftsbundes, Dange, der Vorsitzende der tschechoslowakischen Gewerkschaften, Zupka, sowie der Stellvertreter des Vorsitzenden des Zentralrates der der sowjetischen Gewerkschaften, Solowjow.“

Überraschung und ungeteilte Aufmerksamkeit herrschte im ganzen Stadtzentrum am 30. Juni 1958: „Seltene Begegnungen gab es gestern vormittag in

Leipziger Straßen. Gegenüber dem Hauptbahnhof hatte sich Dompteur Hanno Goldam mit zwei Berberlöwen auf einer Bank in den Parkanlagen niedergelassen, während wenig später Maxie Niedermeyer mit zwei mächtigen Braunbären dem Hotel ‚Astoria' einen Besuch abstattete. Karah Khavak jr. konnte man mit einem Krokodil an der Leine vor einem Lebensmittelgeschäft in der Richard-Wagner-Straße treffen. Viele hundert Zuschauer hatte Karah Khavak sen. vor dem Burgkeller, als er dort mit seinem Schimpansen Moritz an einem Tisch Platz nahm und sich beide eine Portion Torte mit Schlagsahne teilten. All diese seltenen Episoden hat das DEFA-Studio für Wochenschau in Leipzig gefilmt, so daß man sie in etwa 14 Tagen in unseren Lichtspielhäusern wiedererleben kann." Der Zirkus „Aeros" hatte gegenüber dem Hotel sein Zelt aufgeschlagen und das Gastspiel in der Messestadt verlängert: eine schöne Werbung.

Fotoapparate klickten bei Gästen wie „Fanfan, der Husar", Gérard Philipe (1922–1959), „Capri-Fischer" Vico Torriani (1920–1998), den Holzköpfen von Spejbl, Hurvínek (seit 1919/26) und Mánička (seit 1930), die manche Wahrheit sagen durften. „Otello" Mario del Monaco (1915–1982) reiste mit eigenem Koch. Dass „Satchmo" Louis Armstrong (1901–1971) während seines einzigen DDR-Aufenthalts 1965 im Hotel „Astoria" schlief, wie vielfach behauptet, ist nicht wahr, wie die Mitarbeiter wissen: Die Jazz-Legende nächtigte im Hotel „Deutschland" am Karl-Marx-Platz (heute „Radisson Blu" am Augustusplatz 5/6).

Kameras hielten auch den Staatsbesuch am 9. Januar 1959 fest:

„Hunderte von Leipzigern hatten sich am Freitag vor dem Hotel ‚Astoria' versammelt, um der albanischen Partei- und Regierungsdelegation in der Messestadt ein herzliches Willkommen zu bereiten. Jubel, Winken, Rufe der Freundschaft und lang anhaltender Beifall, als der Konvoi mit den hohen Gästen kurz nach 11 Uhr in den Hauptbahnhofsvorplatz einbog. Begeistert wurden die Repräsentanten des albanischen Brudervolkes, der Erste Sekretär des ZK der Partei der Arbeit, Enver Hodscha (1908–1985), und der Vorsitzende des Ministerrates des Volksrepublik Albanien, Genosse Mehmet Shehu (1913–1981), in Begleitung des Mitglieds des Politbüros des ZK der SED Erich Mückenberger (1897–1945) begrüßt, als sie ihren mit Standarten der beiden befreundeten Länder geschmückten Wagen verließen. Junge Pioniere überreichten ihnen herrliche Blumensträuße, legten ihnen als sichtbaren Ausdruck der Freundschaft ihre Pionierhalstücher um und tauschten mit ihnen Abzeichen aus. Zum Empfang hatten sich vor dem Hotel der Erste Sekretär der SED-Bezirksleitung Leipzig und Kandidat des Politbüros der SED, Paul Fröhlich (1913–1970), und der Erste Stellvertreter des Vorsitzenden des Rates des Bezirkes, Walter Setzepfand, der Erste SED-Sekretär der Stadtleitung, Fritz Beier, der Erste Stellvertreter des Oberbürgermeisters, Dr. Walter Krogull, der Vorsitzende des Bezirksausschusses der Nationalen Front, Dr. Gerd Meusel, und weitere hervorragende Persönlichkeiten eingefunden, die unsere albanischen Freunde im Namen der Bevölkerung des Bezirkes herzlich willkommen hießen."

Am 4. Juni 1960 lud Philanthrop und Investmentbanker Cyrus S. Eaton (1883–1979) zur Presseaudienz ins Hotel „Astoria". Eaton hatte weltweit Schlagzeilen geschrieben, als er 1957 angesichts der atomaren Bedrohung die „Pugwash Conferences on Science and World Affairs" ins Leben rief, die sich um weilweite Abrüstung bemühte. So war der Atomwaffensperrvertrag maßgeblich auf ihr Engagement zurückzuführen, für das die Organisation 1963 den Friedensnobelpreis erhielt:

„Zum Abschluß seines Besuches in Leipzig trafen sich am Sonnabendabend der Großindustrielle Cyrus S. Eaton und dessen Gattin mit deutschen und ausländischen Journalisten zu einem bedeutungsvollen Gespräch im Leipziger Hotel ‚Astoria'.
Während des Pressegespräches legte Eaton seinen Standpunkt zu zahlreichen wirtschaftlichen und politischen Problemen dar. Auf die Frage der Vertreterin des Londoner ‚Daily Worker', welche Bedeutung er den Gesprächen mit führenden Politikern der DDR hinsichtlich des Verständnisses des komplizierten Deutschlandproblems beimißt, antwortete Eaton: ‚Es war mir eine große Hilfe, daß sie mir ihre Standpunkte so ausführlich dargelegt haben. Ich habe daraus Eindrücke und Informationen gewonnen, die für mich sehr lehrreich sein werden.'
Ein Vertreter der indischen Zeitung ‚New Age' fragte: ‚Ist es Ihnen möglich, nachdem Sie hier zu Besuch geweilt haben, etwas über die Politik gewisser Staaten zu sagen, deren Politiker vorgeben, daß die Deutsche Demokratische Republik nicht bestünde?' Cyrus Eaton antwortete: ‚Ich glaube, daß die-

ser genannte Standpunkt eine Dummheit dieser Leute verrät, wenn sie bekunden, daß die Deutsche Demokratische Republik nicht existiert.' In einem anderen Zusammenhang betonte Cyrus Eaton noch einmal, er habe bei den Gesprächen mit Walter Ulbricht, Otto Grotewohl und anderen Repräsentanten der Deutschen Demokratischen Republik den Eindruck gewonnen, daß die Regierung der DDR aufrichtig zu Verhandlungen bereit ist.'"

Der Kalte Krieg zwischen den Westmächten unter Führung der USA und der Ostblockstaaten unter Führung der Sowjetunion teilte die Welt nahezu in zwei Hälften. Jede Seite suchte Verbündete im internationalen Klassenkampf: „Griechische Gäste trafen sich am Dienstagabend im Hotel ‚Astoria' mit Persönlichkeiten der Stadt Leipzig zu einer Aussprache. Der Vorsitzende der Demokratischen Union Griechenlands, Ilias Tsirimokos (1907–1968), sowie die Abgeordneten Kyrkos und Valourdos erklärten übereinstimmend, nach ihrer Rückkehr mithelfen zu wollen, die in ihrer Heimat verbreiteten Unwahrheiten über das Leben in der DDR zu entlarven."

Die 13. Internationale Friedensfahrt 1960 führte bei ihrer 11. Etappe am 14. Juni von Dresden zum Zielort Leipzig. Den Leipziger Innenstadtring säum-

Gab's mal: Friedenfahrt und Friedenfahrt-Denkmal

ten zahlreiche Schaulustige, auch am Hotel „Astoria" standen die Menschen dicht an dicht, so dass sie dem Live-Kommentator manches Mal die Sicht versperrten. Der Leipziger Erich Hagen (1936–1978) gewann nach 5 Stunden 13 Minuten und 37 Sekunden und konnte die gesamte Tour für sich entscheiden.
18-mal war Leipzig bis 1989 Zielort einer Etappe des Course de la Paix, von 1952 bis 1962 jedes Jahr. Gustav Adolf „Täve" Schur und Olaf Ludwig (*1988) hießen die Etappensieger aus der DDR. Vorm Grassi-Museum am Johannisplatz erinnerte seit 1954 ein Denkmal an das Radsport-Ereignis. Ende der sechziger Jahre verschwand es – spurlos.
Am 5. September 1960 stand das Hotel „Astoria" als Gästehaus der Staatsregierung wieder auf der Titelseite: „Die Grüße des Präsidenten der Republik Ghana, Dr. Kwame Nkrumah (1909–1972), überbrachte der Minister für Arbeit und Genossenschaftswesen, Robert Okyere Amoako-Atta, der Bevölkerung der Deutschen Demokratischen Republik am Sonntag auf einer Pressekonferenz im Leipziger Hotel ‚Astoria'. Der Minister versicherte, er sei der Regierung der DDR dankbar, daß sie ihm und den Mitgliedern seiner Delegation die Möglichkeit gab, landwirtschaftliche Produktionsgenossenschaften, Einrichtungen der Konsumgenossenschaften, Betriebe und andere Einrichtungen zu besuchen und Besprechungen mit dem Stellvertretenden Vorsitzenden des Ministerrates Heinrich Rau (1899–1961) und Paul Scholz (1902–1995) zu führen. ‚Ich bin von dem, was ich in Ihrem Lande gesehen habe, sehr beeindruckt', erklärte der ghanesische Minister weiter. Besonders beeindruckt sei er von dem Geist, der in dieser Republik herrscht. Auch das ghanesische Volk habe das stärkste Interesse für den Frieden. ‚Möge die Freundschaft, die uns verbindet, ewig bestehen bleiben', betonte Herr Amoako-Atta."
Der 12. Dezember, der Geburtstag von Robert Koch, war in der DDR durch Beschluss des SED-Politbüros vom Dezember 1960 seit 1961 der „Tag des Gesundheitswesens". Am 11. Dezember 1960 ehrte man bereits im „Astoria": „Am Vorabend des 117. Geburtstages von Robert Koch, dem Ehrentag des Arztes und unseres sozialistischen Gesundheitswesens, erhielten in einer würdigen Feierstunde im Hotel ‚Astoria' 19 Ärzte, Zahnärzte, Apotheker und verdiente Mitarbeiter des Gesundheitswesens des Rates des Bezirkes Leipzig für ihre unermüdliche Einsatzbereitschaft und ihr erfolgreiches Wirken zur Entwicklung der medizinischen Wissenschaft und des Gesundheitswesens die Hufeland-Medaille. Gleichzeitig wurde drei unserer Ärzte des Bezirkes auf einer Feierstunde in Berlin mit dem Titel ‚Verdienter Arzt des Volkes' geehrt. Mit

dieser hohen staatlichen Auszeichnung durch die Regierung der Deutschen Demokratischen Republik findet zugleich die aufopferungsvolle Tätigkeit aller im Gesundheitswesen Beschäftigten Würdigung und Anerkennung." Zur Weihnacht im gleichen Jahr lauteten die Schlagzeilen ganz anders:

„Eine Unmenge Koffer und Gepäckstücke mit spanischen Bezeichnungen standen gestern im Vestibül des Hotels ‚Astoria': Unsere Stadt hat weltberühmte Gäste! Nach einer unvergleichlichen Tournee durch den ganzen Kontinent ist das Ballet de Cuba zu uns nach Leipzig gekommen. Es war eine Kette des Erfolgs: Während ihrer Gastspiele in der Sowjetunion tanzten die Künstler neunmal im Kreml-Theater vor ausverkauften Haus. Sie verabschiedeten sich vom sowjetischen Publikum mit einer Gala-Veranstaltung im Bolschoi-Theater. In unserer Republik folgt jetzt nach den brechend vollen Häusern in Dresden, Karl-Marx-Stadt und Berlin das Gastspiel von Leipzig. Bis zum 26. Dezember werden die Künstler aus dem Land Fidel Castros in der Messestadt gastieren. Bei seiner Ankunft aus Berlin wurde das Ballett und besonders sein künstlerischer Leiter, Fernando Alonso, seine Gattin, Alicia Alonso, und der Partner, Rudolfo Rodriguez, gestern nachmittag von Stadtrat Ernst im Namen des Oberbürgermeisters und der Bevölkerung Leipzig herzlich willkommen geheißen. Grüße der Leipziger Künstler überbrachten Generalintendant Karl Kayser (1914–1995) und eine Delegation des Balletts der Städtischen Oper. Inzwischen haben sich die 60 Mitglieder des Balletts eingerichtet, sind heute morgen ausgeruht in die Probenarbeit gegangen und werden heute Abend zum ersten Mal tanzen. In ihrem Plan steht an erster Stelle der Empfang des Rates der Stadt im Plenarsaal, auf dem der Oberbürgermeister die berühmten Gäste persönlich begrüßen wird. Ferner besuchen die Künstler die Weihnachtsmotette am 24. Dezember in der Thomaskirche. Für die Leipziger ist aber wichtig: Ballet de Cuba gastiert – das Ballett der Revolution. Leipzig wird es sehen!"

Im Kalender des Genossen Heinrich Rau, seit 1955 DDR-Minister für Außen- und innerdeutschen Handel, war der Termin der Leipziger Frühjahrsmesse immer dick angestrichen.

„14. März 1961. Der letzte Tag der Leipziger Frühjahrsmesse ist in vollem Gange. In den Verhandlungsräumen, in den Kojen, an den Exponaten der vielen tausend Firmen aus 51 Ländern – überall werden die letzten Gespräche geführt, Kontrakte unterschrieben. Überall wird von Abschied gesprochen, vom Wiedersehen zur Herbstmesse 1961. Und in vielen Sprachen hört man es: ‚Das war eine gute Messe. Wir sind zufrieden.'
Bei den vielen Gästen des Hotels ‚Astoria' herrscht gleichfalls Abschlußstimmung. Gute Stimmung. Einer von ihnen ist unser Genosse Heinrich Rau. Während vieler Messen wohnt er in diesem Hause, arbeitet er dort an der Spitze des Außenhandels unserer Republik stehend. Noch aber wartet ein arbeitsreicher Messetag auf ihn, gleichermaßen schwer und anstrengend wie all die anderen Messetage. Doch die vielen Gäste der Republik, mit denen er in den vergangenen Tagen sprach, Minister aus der Sowjetunion und Ghana, Kaufleute aus den USA und Frankreich, Journalisten aus England und Wirtschaftler aus der VAR (Vereinigte Arabische Republik – Zusammenschluss von Syrien, Ägypten und dem Königreich Jemen 1958–1961) und aus Indien, sie alle lernten seine freundliche aufgeschlossene Art kennen und schätzen, seine Ruhe und Sicherheit, die auf all seine Mitarbeiter ausstrahlte. Viele Termine warten auch am Abschlußtag auf Heinrich Rau. Einen hat er in seinem Notizbuch unterstrichen: ‚15:30 Uhr – Vertrag mit Burma.'
15:27 Uhr öffnen sich die Flügeltüren zum edelholzgetäfelten Verhandlungsraum des Hotels. Heinrich Rau tritt, begleitet von seinen engsten Mitarbeitern, in das Zimmer, begrüßt lächelnd die Kameraleute und Journalisten. Prüfend gleitet sein Blick über die blumengeschmückte Tafel, auf der die Dokumente zur Unterschrift bereit liegen.
Sein Gespräch mit Minister Weiß unterbricht er, als der Minister für Handelsentwicklung und Versorgung der Union von Burma, U Thwin, mit seinen Beratern das Zimmer betritt. Die beiden Staatsmänner drücken sich herzlich die Hände. ‚Herzlich willkommen', sagt Heinrich Rau. ‚Thank you, Excellenz', entgegnet U Thwin. Beide nehmen an der Tafel Platz. Die Mappen mit den Verträgen werden geöffnet. Heinrich Rau zieht bedächtig seinen Füllfederhalter, öffnet ihn, und ebenso ruhig und bedächtig unterzeichnet er. Als U Thwin seinen Namenszug unter das letzte Exemplar gesetzt hatte, tauschen die beiden Sekretäre die Dokumente aus. Heinrich Rau erhebt sich, wendet sich zu U Thwin und besiegelt mit einem langen Händedruck den Vertrag, der die Verlängerung des 1958 zwischen beiden Regierungen

DER STELLVERTRETER DES VORSITZENDEN DES MINISTERRATES und Minister für Außenhandel und Innerdeutschen Handel, Heinrich Rau (rechts), und der Minister für Handelsentwicklung und Versorgung der Union von Burma, U Thwin (links), unterzeichneten am Dienstagnachmittag im Leipziger Hotel Astoria Dokumente, mit denen das im Juli 1958 zwischen beider Regierungen abgeschlossene Handelsabkommen um drei Jahre verlängert wird.
Foto: LVZ (Donath)

The same procedure, andere Männer (LVZ: 15. März.1961)

abgeschlossenen Handelsabkommens um weitere drei Jahre zum Inhalt hat. Sektgläser werden gereicht. Die beiden Staatsmänner und ihre Mitarbeiter stoßen an. ‚Auf eine gute Zusammenarbeit zum Nutzen unserer Völker', sagt Heinrich Rau. ‚Auf Wohl und Gesundheit Eurer Excellenz und Ihrer Republik', antwortet U Thwin. Schließlich tauschen beide Seiten Geschenke aus, Geschenke der Freundschaft, Ausdruck des Willens zu friedlichem Handel. Nur wenig mehr als zehn Minuten dauert dieser feierliche Akt. Doch in diesen zehn Minuten offenbart sich das große Lebenswerk unseres Genossen Heinrich Rau, Fürsorge und Weitsichtigkeit, Herzlichkeit und große Kennt-

nisse, sachliche Leitung und Führung auf der Grundlage der Beschlüsse der Partei – das sind die Merkmale des Genossen Heinrich Rau in seiner jahrelangen Arbeit an der Spitze des Außenhandels der DDR.
Es war der letzte Vertrag, den Heinrich Rau mit einem ausländischen Partner unterzeichnete. Es war der letzte Messetag für unseren Genossen. Als uns neun Tage später die Nachricht von seinem plötzlichen Tod überraschte, da sahen wir ihn noch einmal vor uns, so wie er an der Tafel im Hotel ‚Astoria' stand: aufrecht, freundlich lächelnd, gütig. Wir Journalisten erinnerten uns der vielen Begegnungen mit ihm. Wir waren für ihn Genossen, Kameraden, die sich gleich ihm der großen Aufgabe verschrieben haben, Leipzigs friedliche, völkerverbindende Mission zu fördern und das Ansehen unserer Republik zu erhöhen. Wir danken dir, Genosse Heinrich Rau. Wir danken dir am besten damit, daß wir mithelfen, dein Werk fortzusetzen. Der Triumph der Ideen der friedlichen Koexistenz, die du in der Messestadt keimen ließest, wird dein Denkmal sein."

Im Hotel hört man im Foyer der Sprachen viele. „Svenska idrottsvänner hjärtligt välkomna" – „Schwedische Sportfans, herzlich willkommen", heißt es am 15. Februar des Jahres 1962.

„Wenn man auf gute Freunde wartet, zählt jede Minute doppelt. Die Leipziger Organisatoren des morgen um 17 Uhr im Zentralstadion beginnenden 1. Leichtathletik-Länderkampfes der DDR gegen Schweden wurden gestern nachmittag auf eine kleine Geduldsprobe gestellt, ehe die zwei blauen BVG-Busse von Berlin-Schönefeld kommend, vor dem Hotel ‚Astoria' anhielten. Die Landung der IL 18 aus Stockholm hatte sich in Schönefeld etwas verzögert. Der Vorsitzende des Bezirksausschusses Leichtathletik, Gerhard Sommer, hieß die die schwedischen Gäste mit ihrem Verbandspräsidenten Nils Carlius (1911–1986), der als erster dem Bus entstieg, in der Messestadt herzlich willkommen. Schon oft standen Leichtathleten Schwedens und der DDR gemeinsam im Wettkampf, die Junioren beider Länder maßen in Rostock die Kräfte, aber nie war es bisher zu einem offiziellen Vergleich der Ländermannschaften gekommen.
Wir hatten im Foyer ein kleines Gespräch mit dem 66-m-Hammerwerfer Birger Asplund (* 1929), einem stämmigen blonden Sportsmann. Er sag-

Blickpunkt Brühl

Leipzig (Eig. Ber.). Rauchwarenhändler aus elf Ländern beteiligen sich an der 509. großen Rauchwarenauktion im Grassimuseum. Experten aus der Sowjetunion, aus der Volksrepublik Polen, aus den USA, aus Großbritannien, Westdeutschland und anderen Staaten äußerten bei einem zu Beginn der Auktion stattgefundenen Sektfrühstück im Hotel „Astoria", daß der Leipziger Brühl für sie ein großer Anziehungspunkt ist, bei dem immer gute Geschäfte zu erwarten sind.

Im internationalen Pelzauktionskalender für 1962 ist Leipzig gleich zweimal vertreten. Wie Direktor Fleschhut von der Deutschen Rauchwaren Export und Import G.m.b.H. mitteilte, kommen bei dieser Auktion vor allem Standard-, Mutations- und Wildnerze sowie Edelfüchse aus deutschem und internationalem Aufkommen „unter den Hammer". Künftig sind in jedem Jahr zwei Rauchwarenauktionen vorgesehen.

Daß der Leipziger Brühl als traditionelles Welthandelszentrum des Rauchwarenhandels nach wie vor im Blickpunkt des internationalen Interesses steht, beweist schon allein die Tatsache, daß mehr Teilnehmer zu dieser Auktion erschienen sind als eingeladen waren. Auf Grund dieses Zuspruchs soll diese zweite Rauchwarenauktion 1963 wesentlich erweitert werden.

Die Generalauktion, bei der Dachse, Fohlen, Metis, Luchse, Schneeleoparden, Murmel, Bisam und Persianer zur Versteigerung gelangen, ist für April festgesetzt. Man rechnet schon jetzt am Brühl mit einer starken Fellanlieferung und erweitert deshalb vorsorglich die Lagerräume.

CHEKIANG-PELZE hat der VEB Stadtpelz zu diesen modischen Mänteln verarbeitet. Auch in der Pelzmode hat Leipzig ein gewichtiges Wörtchen mitzureden.

Blickfang: Models, Mode, Pelz (LVZ: 15. Februar1962)

te: ‚Wir freuen uns sehr auf den Wettkampf am Mittwoch, wenn wir auch gegen Ihre Mannschaft nicht werden gewinnen können.' Unter den namhaften Schweden vermißten wird den Hochsprung-Rekordhalter Schwedens, Petterson (2,15 m). ‚... er ist noch nicht hier', kommentierte Birger Asplund, ‚Mittwoch abend wird er trotzdem dabeisein.'"

Am 15. Februar 1962 ist der eigentliche „Blickpunkt Brühl" dem Hotel gegenüber: Zeit für Pelze.

„Rauchwarenhändler aus elf Ländern beteiligen sich an der 509. großen Rauchwarenauktion im Grassi-Museum. Experten aus der Sowjetunion, aus der Volkrepublik Polen, aus den USA, aus Großbritannien, Westdeutschland und anderen Staaten äußerten bei einem zu Beginn der Auktion stattgefundenen Sektfrühstück im Hotel ‚Astoria', daß der Leipziger Brühl für sie ein großer Anziehungspunkt ist, bei dem immer gute Geschäfte zu erwarten sind. Im internationalen Pelzauktionskalender für 1962 ist Leipzig gleich zweimal vertreten. Wie Direktor Fleschhut von der Deutschen Rauchwaren Export und Import G. m. b. H. mitteilte, kommen bei dieser Auktion vor allem Standard-, Mutations- und Wildnerze sowie Edelfüchse aus deutschem

und internationalem Aufkommen ‚unter den Hammer'. Künftig sind in jedem Jahr zwei Rauchwarenauktionen vorgesehen.
Daß der Leipziger Brühl als traditionelles Welthandelszentrum des Rauchwarenhandels nach wie vor im Blickpunkt des internationalen Interesses steht, beweist schon allein die Tatsache, daß mehr Teilnehmer zu dieser Auktion erschienen sind, als eingeladen waren. Auf Grund dieses Zuspruchs soll diese zweite Rauchwarenauktion 1963 wesentlich erweitert werden. Die Generalauktion, bei der Dachse, Fohlen, Metis (Lamm), Luchse, Schneeleoparden, Murmel, Bisam und Persianer zur Versteigerung gelangen, ist für April festgesetzt. Man rechnet schon jetzt am Brühl mit einer starken Fellanlieferung und erweitert deshalb vorsorglich die Lagerräume."

Auch literarisch wird das „Astoria" zum Schauplatz: „Als ich gegen halb zehn Uhr abends die Bar im Grand Hotel betrat, war noch nichts los. Nur drei Tische waren besetzt. Auf der anderen glitzerten leere Gläser, waren die Aschenbecher sauber. Kleine Blumensträußchen standen frisch und bunt mitten auf den blütenweißen Tischtüchern. Die schwarzbefrackten Ober mit den schwarzen Fliegen schlenderten untätig durch die Tischreihen, hier ein Glas prüfend gegen das Licht haltend, dort eine Falte zurechtzupfend; die blasse Schönheit hinter der Bar ordnete ihre buntköpfigen Flaschenbatterien, und der Bassist sägte lustlos auf seinem Instrument herum.
Zwei Stunden später war es knüppeldick voll. Die Ober schleppten mit feierlichen, aber schwitzenden Gesichtern Flaschen und Sektkühler, von den Barhockern baumelten perlonbestrumpfte und buntsockige Beine, und der Bassist hatte sich das Mikrophon an den Mund gebogen, verdrehte die Augen und sang etwas, was kein Mensch verstand und auch nicht verstehen konnte."
In diesem zwielichtigen Ambiente agiert der Klassenfeind mit seinen Geheimagenten, bösem Willen und Mord. Es gilt, die Konstruktionspläne eines im Sozialismus entwickelten Lastkrans zu entwenden und die geplante Präsentation der Weltneuheit auf der technischen Messe zu sabotieren. „Der scharlachrote Domino" ist ein Kriminalroman, der 1962 unterm Pseudonym Fred Unger (eigentlich Peter Vogel, *1933) in der einschlägig bekannten NB-Reihe (Band 43) erschien. Letztlich werden „von Mitarbeitern des Ministeriums für Staatssicherheit, Bezirksverwaltung Leipzig, drei Personen festgenommen. Die Verhafteten stehen unter Mordverdacht und dem Verdacht der staatsfeindlichen Tätigkeit und der Spionage im Auftrag eines westdeutschen Nachrich-

tendienstes. Angesichts des erdrückenden Beweismaterials sind die Verhafteten geständig." Es tobt der Kalte Krieg auf allen Ebenen.

Solch Vorlage reizt Filmproduzenten und die Defa. Drehbuchautor Gerhard Bengsch (1928–2004) ist im Metier erfahren (u.a. „Das geheimnisvolle Wrack", 1954; „Gift", 1960; „Reserviert für den Tod", 1963). Regisseur Hans Thiel (1920–2003) drehte bereits Klassiker (u.a. „Gewissen in Aufruhr", 1961, „Der Kinnhaken", 1962), auch das Krimigenre ist ihm nicht fremd (u.a. „Tanz am Sonnabend – Mord?", 1963). Stars können verpflichtet werden, etwa Christine Laszar, Günther Simon (1925–1972) und Herbert Köfer (1921–2021). Auch Leipziger Schauspielgrößen wie Christa Gottschalk (1927–2018), Fred Delmare (1922–2009) und Werner Godemann (1924–2010) wirken mit.

Der Progress-Filmverleih wirbt im Programmheft für den Reißer:

„Diesmal sah es ganz gut aus, als sollte es wirklich klappen, mit dem Urlaub. Zwar verspätet wie immer. Aber daran war man ja gewöhnt. Es kam eben immer ‚etwas dazwischen'. Aber jetzt war die Sache weit gediehen, daß eigentlich nichts mehr ... Denn gepackte Koffer, sorgfältig gewachste Skier und die obenauf liegende Kamera mußte doch wohl jeder respektieren. Zumal es bereits Anfang März war, und die Aussicht auf einen richtigen Skiurlaub von Tag zu Tag buchstäblich dahinschmolz wie Schnee unter der Sonne.

Aber Alexander Berg, der weder in dieser noch in anderer Hinsicht an Wunder glaubt, muß auch diesmal die Skier wieder wegstellen, den Koffer umschichten und das Reiseziel ändern. Das nur deshalb, weil auch ein anderer Mann am gleichen Abend den Koffer gepackt, eine Kamera obenauf gelegt und – nicht ganz freiwillig – sein Reiseziel ‚geändert' hatte. Auch bei dem anderen war ‚etwas Unvorhergesehenes' dazwischengekommen. Zwar hatte es genau auf die Minute an seiner Tür geklingelt, und eine Männerstimme hatte geflüstert: ‚Ich bringe die Papiere.' Aber der Überbringer war nicht der erwartete Kurier, sondern ein Mitarbeiter des Ministeriums für Staatssicherheit. Und so mußte der Fotograf Gwendoleit wohl oder übel seinen Reiseplan ändern.

Statt einer anstrengenden und für ihn sicherlich nicht ungefährlichen Reise nach Leipzig durfte er an der Seite des ‚Kuriers' eine kurze, aber absolut sichere Fahrt antreten, die ihn für einige Zeit vor ähnlichen Unhelligkeiten bewahren sollte. So kam es, daß Alexander Berg von den bereits geplanten

Urlaubsvernügungen nur das Fotografieren blieb. Allerdings vergnüglich in einem anderen Sinne, als er ihn erhofft hatte: Seine Kollegen in der betreffenden Abteilung des Ministeriums für Staatssicherheit konnten nämlich mit Kameras nicht so gut umgehen.

Aber der Fotograf Gwendoleit mußte in Leipzig ankommen; denn die zwei österreichischen Blankopässe, die Autozulassung für den Volkswagen IB 92 – 10, die Nummernschilder und der Wagen selbst mußten in die ‚richtigen Hände', weil davon möglicherweise mehr abhing, als Gwendoleit selbst wußte.

Auf Parteilinie: Agenten-Action made in GDR (DEFA-Programmheft 1964)

Pünktlich um 5.30 Uhr sitzt Alexander Berg also im VW mit der Nummer IB 92 – 10 und wartet auf den ersten Unbekannten. Es konnte nämlich nichts weiter in Erfahrung gebracht werden, als daß Gwendoleit mit Fotoausrüstung erwartet wird und er den Wagen übergeben soll. Daß am Orienburger Tor im Berliner Zentrum eine unsicher wirkende Dame zu Berg in den Wagen steigt, macht ihm die Gwendoleit-Rolle vorerst nicht besonders schwer. In Leipzig erwarten ihn jedoch so viele unbekannte Faktoren und ein so raffiniert vorbereiteter ‚Zwischenfall während der Messe', daß er alle seine Erfahrungen aufbieten muß, um ‚im Alleingang' durchzuhalten.

Wer ist ‚Dora'? Welche Bewandtnis hat es mit dem ‚Schnappschuß'? Was bedeutet ‚Schwarzer Samt'? Welche Rolle spielt der Ingenieur Sibelka? Wer ist Dr. Kosel? Kann man der Sekretärin Vera Gorm glauben?

Alexander Berg kommt zu den Schnappschüssen, die Gwendoleit machen sollte. Daß es nicht genau die Bilder werden, die man von Gwendoleit erwartete, erfährt er erst in dem Augenblick, als ihn der raffiniert getarnte ‚Dora'-Ring tödlich umschließt. Doch so aussichtslos die Lage auch scheint – Alexander Berg findet noch einen Weg, weil er nicht einen Augenblick die Größe der Gefahr und die Skrupellosigkeit des Gegners unterschätzt ..."

Astoria-Stammgast Fred Delmare (l.) und Hoteldirektor Hans-Peter Schulze beim 1. Brauerei-Silvester 1992

Die Uraufführung des Polit- und Spionage-Thrillers erfolgte am 27. Februar 1964 im Berliner Kino „Babylon". Kino-Eule Renate Holland-Moritz (1935–2017) meinte, dass im Film wieder einmal „ein Superman serviert wird, der den schwierigen Fall nahezu im Alleingang aufklärt". Aus dem Westen grüßt James Bond alias Sean Connery (1930–2020). Größe: 1,88 m. Im Ostfilm ist James kleiner (1,60 m) und heißt Fred Delmare.

1965 ist Leipzig Jubiläumsjahr – 800-jähriges Bestehen feiert die Stadt. Und noch hat Leipzig ein Problem. So schreibt das Presseorgan der CDU, „Die Union", unterm Titel „Blickpunkt: Weltniveau" am 19. Juni 1964:

> „Unsere Republik und besonders auch Leipzig ist schon eine Reise wert – immer mehr verbreitet sich diese Erkenntnis im Ausland, und so nimmt es nicht wunder, daß es auch außerhalb der Messezeiten Schwierigkeiten bereitet, ein Hotelbett zu bekommen. Nun steigt aber nicht nur die Zahl der ausländischen Touristen, sondern die Ansprüche werden ebenfalls ständig größer. Mit anderen Worten: Um den Anschluß an das internationale Niveau herzustellen, müssen unsere Hotelbetriebe gewaltige Anstrengungen unter-

nehmen. Eben darum ging es in einer Zusammenkunft der Gästebeiräte des 13 Häuser umfassenden HO-Hotelbetriebes Leipzig.

Unsere Stadt ist in einer glücklichen Lage: In den vergangenen Monaten wurden nicht nur erhebliche Summen in die Renovierung und Rekonstruktion älterer Häuser ausgegeben, sondern auch große Investitionsmittel bereitgestellt. Sie alle wissen von den drei Hotelneubauten. ‚Stadt Leipzig' soll am Silvestertag dieses Jahres übergeben werden, der Termin für die schlüsselfertige Übergabe der anderen beiden Häuser, ‚Deutschland' und ‚Zum Löwen', liegt nur einen Monat später.

Mit großer Anteilnahme verfolgen die Mitarbeiter der Hotels und auch die Gästebeiräte den Fortgang der Arbeit. So nehmen beispielsweise die bereits in ihrer Funktion eingesetzten künftigen Hotelleiter und ihre technischen Leiter direkten Einfluß auf das Baugeschehen. Die Gästebeiräte wiederum haben sich zu zahlreichen NAW-Stunden an den Objekten verpflichtet, unter ihnen auch Unionsfreund Tischlermeister Lommatzsch. Sorgen bereitet zur Zeit der Planrückstand am Neubau ‚Zum Löwen'.

Ein weiteres Hauptproblem besteht in der Gewinnung der notwendigen 551 Arbeitskräfte und deren Vorbereitung auf die Arbeit in den neuen Hotels. In der Wettbewerbskonzeption zu Ehren des 15. Jahrestages unserer Republik sind zahlreiche gute Vorschläge verankert, dennoch kann der HO-

UdSSR-Fußballer in Leipzig

Leipzig (LVZ). Gestern nachmittag, 15.30 Uhr, traf die sowjetische Fußball-Olympiamannschaft unter Leitung des sowjetischen Fußball - Präsidenten R j a n z e w, von Berlin-Schönefeld kommend, in Leipzig ein und bezog im Hotel Astoria Quartier. Die Freude über den 3:1-Sieg im Europapokal der Nationen gegen Schweden beherrschte natürlich die Stimmung unserer Gäste, zumal Mudrik, Schesternjew, Kornejew und Glotow, die zum 19köpfigen Olympiaaufgebot zählen, diesen Erfolg mit errangen. Heute wollen die sowjetischen Fußballer in Leipzig erneut trainieren. Am Mittwochabend hatten sie unter Flutlicht noch ein inoffizielles Übungsspiel gegen Spartak Moskau bestritten.

Foto: LVZ (Naumann)

Spokoynye Noči: Auch Fußballhelden müssen schlafen (LVZ: 29. Mai 1964)

Hotelbetrieb mit diesen Aufgaben nicht allein fertig werden. Hier muß vor allem der Staatsapparat helfen. Besonders wichtig ist die Qualifizierung. Erfreulich, daß in der Betriebsakademie spezielle Lehrgänge für die neuen Kräfte beginnen. Das kann aber nicht ausreichen. Den Fachkadern beispielsweise müsste die Möglichkeit gegeben werden, im Ausland das internationale gastronomische Niveau kennenzulernen. Die Bedienungskräfte namentlich sollten ihre Fremdsprachenkenntnisse erweitern.
In der Zusammenkunft, in der über diese Dinge sehr kritisch gesprochen wurde, machten Mitglieder der Gästebeiräte gute Vorschläge, um auf dem Wege zum Welthöchststand auch in Leipzig weiter voranzukommen. So forderte der stellvertretende Vorsitzende des zentralen Gästebeirats, Haupt, eine kontinuierliche Belieferung der Hotels mit Waren. Herr Teichmann schlug vor, eine Handwerkerbrigade für Nachteinsätze zu bilden und endlich für ausreichende Parkplatzkapazitäten zu sorgen. Das Fazit: Obwohl schon viel getan wurde, es gibt noch viel zu tun."

Im Hotel „Astoria" hingegen sind die Baumaßnahmen bereits abgeschlossen. „Im Ergebnis dieser Veränderungen hatte das Hotel 1965 eine Kapazität von 465 Betten sowie 800 Gaststättenplätzen." Es herrscht wieder der Normalbetrieb, illustre Gäste inklusive. „Gestern nachmittag, 15:30 Uhr, traf die sowjetische Fußball-Olympiamannschaft unter Leitung des sowjetischen Fußball-Präsidenten Rjanzew, von Berlin-Schönefeld kommend, in Leipzig ein und bezog im Hotel Astoria Quartier. Die Freude über den 3:1-Sieg im Europapokal der Nationen gegen Schweden beherrschte natürlich die Stimmung unserer Gäste, zumal Mudrik, Schesternjew, Kornejew und Glotow, die zum 19köpfigen Olympiaaufgebot zählen, diesen Erfolg miterrangen. Heute wollen die sowjetischen Fußballer in Leipzig erneut trainieren. Am Mittwoch abend hatten sie unter Flutlicht noch ein inoffizielles Übungsspiel gegen Spartak Moskau bestritten."
Mit Januar 1965 wird das „Astoria" Bestandteil neu gegründeten Kette „Interhotel" der DDR. Die dazu gehörenden Häuser „waren Hotels der gehobenen Klasse, in denen bevorzugt Gäste aus dem sozialistischen Ausland (SW) und den nichtsozialistischen Wirtschaftsgebieten (NSW) und späterer Jahre auch des Feriendienstes der Einheitsgewerkschaft FDGB beherbergt wurden. Ursprünglich bestand die Hotelkette aus je einem Hotel in Berlin, Erfurt, Jena und Magdeburg, zwei Hotels in Karl-Marx-Stadt und fünf Hotels in der Messe-

stadt Leipzig. Sie waren in Drei-, Vier- und Fünf-Sterne-Kategorien unterteilt. Die Fünf-Sterne-Häuser standen vor allem Besuchern aus dem NSW offen, vor allem wenn die Bezahlung in frei konvertierbarer Währung erfolgte. Die Untergruppe der sogenannten ‚Valutahotels' unterstand dem Bereich Kommerzielle Koordinierung im Ministerium für Außenhandel und Alexander Schalck-Golodkowski (1932–2015)." Es wird berichtet, dass das Ministerium für Staatssicherheit in jedem dieser exklusiven Häuser ein Büro betrieben hätte. Bewiesen ist (siehe u. a. „Schwarzer Samt"): Geheimdienstmannen weilten nicht nur zu Messezeiten vor Ort. In den Vier-Sterne-Häusern wurden oft Urlaubsgäste des FDGB und Reisende aus den Ländern des RGW (Rat für gegenseitige Wirtschaftshilfe) untergebracht. Hotels der dritten Kategorie standen oft in kleineren Städten, die abseits der Touristenrouten lagen.
Das SED-Parteiorgan der Messestadt, die „Leipziger Volkszeitung", meldete am 3. Januar 1965:

„Knüller in jedem Haus – Gestern vormittag erfolgte im Hotel ‚Astoria' die feierliche Übernahme der Hotels ‚International', ‚Astoria', ‚Stadt Leipzig', ‚Deutschland' und ‚Zum Löwen' durch den Hauptdirektor der Vereinigung INTERHOTEL Berlin, Hans Siegert. An der Feier nahmen neben verdienten Mitarbeitern des Leipziger Hotelwesens Repräsentanten der Parteien und staatlicher Organe teil, an ihrer Spitze der Sekretär der SED-Stadtleitung Hubert Schnabel und als Stellvertreter des Oberbürgermeisters Stadtrat Große.
Hubert Schnabel (* 1932) überbrachte die Glückwünsche des Sekretariats der Stadtleitung unserer Partei und versicherte den neuen Hoteldirektoren die volle Unterstützung bei ihrer Arbeit durch die neu zu bildenden Grundorganisationen. Jeder Gast der Interhotels müsse merken, daß diese Hotels echte Zeugnisse der allgemeinen Leistungsfähigkeit unserer Republik sind. ‚Mit jedem Handgriff, mit jedem Handschlag verwirklichen die Mitarbeiter dieser Hotels ein Stück Außenpolitik der DDR.' Keinesfalls aber dürften sie nur repräsentative Inseln sein, sondern sie müssen auf das gesamte Hotelwesen der Stadt Leipzig ausstrahlen."

Der Neubau auf der Rudolf-Breitscheid-Straße 3 sollte selbständiger Betriebsteil des „Astorias" werden, war aber zum Termin noch nicht bezugsfertig: die

Hotel geöffnet, Name geändert (Postkarte: 1970er)

Bauarbeiten befanden sich im Planverzug. „Im Touristenhotel ‚Zum Löwen' sollen in der zweiten Februarhälfte die ersten Gäste einziehen. Zur Zeit wird im Foyer mit Volldampf gearbeitet, und es sieht fast so aus, als wäre dieser Termin allzu optimistisch. Doch der Leiter der Aufbauleitung Stadtzentrum, Helmut Ober (1913–1969), zerstreute die Bedenken und führte aus, daß sich das Bild schlagartig ändert, wenn erst einmal die Stuckateure fertig sind; und das wird in den nächsten Tagen der Fall sein. In den Bettengeschossen sind bereits die Fußbodenleger bei der Arbeit, und die ersten Einbaumöbel werden zusammengefügt. Zur Eröffnung wird Zoodirektor Seifert mit einem kleinen Löwen als Gast erwartet. Der Zoodirektor stiftete auch ein Stück Löwenfell für den Einband des Gästebuches. Alles in allem: Wir sind sicher, daß die Interhotels zur Jubiläumsmesse ihre Bewährungsprobe mit Bravour bestehen werden."

Der Chef der Aufbauleitung des Leipziger Innenstadtzentrums behielt Recht: Das Hotel „Zum Löwen" konnte im Februar 1965 als Betriebsteil des Grandhotels „Astoria" eröffnet werden. Auch das Innere des neuen Hauses zeigte das Leipziger Wappentier und den Exportschlager des Zoos: den Löwen.

Die Blücherstraße (Rudolf-Breitscheid-Straße) war überhaupt der Raubkatze eng verbunden: Am 19. Oktober 1913, einem Sonntag, hatten 80 Polizisten

hier tatsächlich Löwen gejagt, die dem Cirkus Barum während eines hiesigen Gastspiels entflohen waren. Um den Hauptbahnhof kam zu einer stundenlangen Hatz. „Über den ganzen Vorfall berichtet uns ein Augenzeuge, der in recht nahe Berührung mit der Bestie gekommen ist, folgendes: Ich kam mit der Straßenbahn an die Ecke der Blücher- und Berliner Straße. Als ich den Straßenbahnwagen verlassen wollte und in einen dort stehenden Automobilomnibus gestiegen war, sprang auch ein weiblicher Löwe in den sonst leeren Wagen. Mit großem Schreck bemerkte ich vor mir den Löwen. Mein Geschrei verscheuchte das Tier offenbar. Es machte einen gewaltigen Satz und sprang durch die Scheiben des Omnibusses auf den Führersitz. Dort wurde das Tier im selben Augenblick von einem Schutzmann niedergestreckt." Zwei der Löwen entfernten sich auf der Blücherstraße Richtung Hauptbahnhof und begegneten dabei ihrer herbeigeeilten Dompteuse, Madame Kreiser. „Sie rief den ersten Löwen beim Namen. Das Tier kam auf sie zu. Dieses hielt sie im Arm, den sie um den Hals des Löwen geschlungen, fest. Währenddessen schossen Schutzleute gerade vis-á-vis einen Löwen tot. Als bemerkt wurde, wie die Frau den Löwen festhielt, sprangen Schutzleute auf sie zu. ‚Nicht schießen! Nicht schießen! Es ist ja mein Liebling!' Aber dessen ungeachtet bekam das Tier eine Kugel in sein Hinterteil." Madame Kreiser wurde vom Kadaver fortgerissen.
Eine weitere der entflohenen Großkatzen, Löwendame Polly, gelangte zum Hotel „Blücher", Blücherstraße 20:

„Mit einem mächtigen Satz sprang der Löwe durch die Haustür. Das Personal hatte sich bereits zur Ruhe begeben, als es plötzlich durch das Klirren aufgeschreckt wurde. Man nahm zunächst an, daß ein Hotelgast beim Öffnen der Tür versehentlich die Scheibe zertrümmert hätte und war nicht wenig erstaunt, ein großes Tier den Flur entlang laufen zu sehen, in dem man schließlich einen Löwen erkannte. Nachdem die erste Bestürzung sich gelegt hatte, wurden sofort Polizei und Feuerwehr alarmiert. Inzwischen hatte der Löwe seinen Weg zum ersten Stockwerk genommen. Durch die offene Entreetür gelangte er in den Korridor, auf den die Türen der Hotelzimmer münden. Eine Dame, deren Zimmer gleich am Anfang des Korridors lag, wollte gerade ihre Schuhe vor die Tür setzen, als sie den Löwen erblickte. Sie hielt ihn zunächst für einen großen Hund. Groß war ihr Schreck, als sie den mächtigen Kopf des Tieres sah, und im gleichen Augenblick warf sie die Tür ins Schloß. Inzwischen war der Löwe weiter vorgedrungen. Der

Löwen, die einst dem Haus den Namen gaben

hintere Teil des Korridors ist hier etwas höher gelegen und durch ein paar Stufen mit dem Eingang verbunden. An dieser Stelle machte der Löwe halt. Mit seinen Tatzen kratze er an der Tür eines Zimmers, das von einem Ausländer, einem Franzosen, bewohnt wurde. Ahnungslos öffnete dieser die Zimmertür, um nach der Ursache des Geräuschs zu sehen. Schlaftrunken glaubte er, es sei ein Kalb. Ein Todesschreck aber befiel ihn, als er plötzlich das Fauchen des Löwen vernahm und den heißen Atem der Bestie spürte. Glücklicherweise gelang es ihm, die Tür zu schließen und sich in Sicherheit zu bringen. Aus dieser unangenehmen Situation wurde er erst befreit, als die Polizei- und Feuerwehrmannschaften anlangten. Mit Pechfackeln und vorgehaltenem Revolver gingen sie dem Tier zu Leibe und zwangen es bis ans Ende des Korridors. Zufällig stand dort die Tür zu der Toilette offen, in die der Löwe mühelos hineingetrieben wurde."

Madame Kreiser eilte diesmal mit Erfolg hinzu und konnte Polly retten. Am Ende der als „Leipziger Löwenjagd" in die Geschichtsbücher eingegangenen Geschehnisse lagen sechs tote Raubtiere in Leipzigs Straßen. Sie wurden obduziert, allein aus dem Körper von „Abdul" holte man 165 Patronen. Viel-

leicht war das Hotel „Zum Löwen“ das einzige weltweit, das seinen Namen zu Recht trug.
Der Name des Hotels „Zum Löwen“ ward also mit Bedacht gewählt und schlug sich auch sichtbar nieder: Die bildkünstlerische Gestaltung im neu eröffneten Haus oblag Walter Münze (1913–1969), seiner Hand entstammte das Wandbild „Leipziger Löwen“ (heute übermalt und unsichtbar). Gerald Müller-Simon (1931) verantwortete den „Löwen-Fries“. Auch die Weberstrategie des heutigen „Best Western Hotel City Center Leipzig“ setzte 2018 auf die Vermietung seiner „löwenstarken Zimmer“.
Zur Eröffnung der Jubiläumsmesse 1965 sind alle Betten auch im Hotel „Zum Löwen“ bezogen und gebucht. Oberbürgermeister Walter Kresse (1910–2001) entbietet am 28. Februar den angereisten Besuchern seinen Gruß:

„Leipzig ist in diesen Tagen Gastgeber von rund 700.000 Besuchern, und unsere lieben Gäste können versichert sein, daß jeder hier sein zweites Zuhause finden wird. Unsere Leipziger Bürger haben bestens vorgesorgt und erwarten ihre Gäste. Die Jubiläumsmesse wird aber auch Gelegenheit bieten, unseren Gästen die Stellung der Deutschen Demokratischen Republik und das Verhältnis zwischen den beiden deutschen Staaten und die deutsche Friedensdoktrin zu erläutern. Nicht zuletzt trägt damit die Jubiläumsmesse zur Vertiefung der Verständigung zwischen den Völkern und Staaten, zur Festigung der friedlichen Koexistenz bei. Unser Wille zur Verständigung, zur Politik der friedlichen Koexistenz wird sich ganz besonders auch in der Stadtgestaltung widerspiegeln.

Astoria-Klause in Chic und Charme der Zeit

Auch auf dem Gebiete des Handels und der Versorgung haben wir uns gut vorbereitet. Neue Gaststättenkapazitäten stehen unseren Gästen zur Verfügung und andere wurden in ihrem Niveau und vom Inhalt her sehr verändert. Nach angestrengter und sicher erfolgreicher Geschäftstätigkeit können sich unsere verehrten Gäste in unseren Theatern und in anderen kulturellen Institutionen und Einrichtungen bei hervorragenden Veranstaltungen erfreuen und entspannen. Die Messestadt Leipzig ist gerüstet und hat alles getan, daß sich die Handelsleute aus aller Welt bei uns wohlfühlen und ihre Aufgaben im Interesse der Sicherung und Erhaltung des Friedens, den freien internationalen Welthandel weiter zu erhalten und zu fördern, erfüllen können."

Dazu servierte man im Hotel „Astoria" echte Schmeckerchen von andersher: „Gestern vormittag verwandelte sich die Astoria-Klause zum 5. Male während der Leipziger Messen in das Restaurant ‚Praha'. 50 Fachleute aus der ČSSR sind zur Jubiläumsmesse mit dabei."

Während man in Leipzig 800 Jahre jubelfeiert, dreht der französische Regisseur Raoul Lévy (1922–1966) die nächste Agentenmär, die im Hotel „Astoria" spielt. Da der Kalte Krieg die Dreharbeiten am Originalschauplatz verbietet, wird das Ost-Geschehen in Münchener Kulissen nachgestellt. Die Story basiert auf der Geschichte „The Spy" (1963) vom englischen Autor Paul Thomas und hält sich an die Spielregeln im Spionagekrieg der Weltsysteme. Es ist die Hochzeit der Agententhriller von Eric Ambler (1909–1998), John Le Carré (1931–2020) und Len Deighton (1929). Einschlägige Titel lauten u.a. „Froschmann in der Oder" (1962), „Der Spion, der aus der Kälte kam" (1963) oder „Finale in Berlin" (1964). Sean Connery füllt Kinosäle als James Bond mit „Liebesgrüßen aus Moskau" (1963), „Goldfinger" (1964) und „Feuerball" (1965).

Der Film aus dem Hotel „Astoria" nennt sich „Lautlose Waffen" (1966, Originaltitel: „L'Espion"). In der Darstellerriege national und international bekannte Namen wie Montgomery Clift (1920–1966), Hardy Krüger (1928), Karl Lieffen (1926–1999) und Rolf Zacher (1941–2018). Die Kritik bemerkt: „Um psychologische Differenzierung bemühter, aber stilistisch unsicherer und nur mäßig spannender Agentenfilm."

Im Münchner Tierpark Hellabrunn „tritt den US-Physiker Bower (Montgomery Clift) ein CIA-Mann an und fordert Spionagedienste, sonst drohe Kürzung der Forscher-Finanzen. Willig fährt der Physiker im roten Porsche

ostwärts. Die Fahrt ist kurz, denn Regisseur Raoul Levy, 44, ließ Leipzig auf Münchner Straßen filmen, und als Dresdner Gemäldegalerie diente ihm Münchens Pinakothek. Ähnlich unauthentisch wirkt, was der Ost-Western dann an Handlung bringt.
Bower soll in Leipzig einen Sowjet-Professor treffen, der ihm die letzten Geheimnisse der Raumfahrt auf Mikrofilm übergeben will. Aber statt des Russen erwarten ihn Rätsel. Im ersten Hotelzimmer steht eine Brünette bloß unter der Brause – sie erklärt: ‚Mein Zimmer hat kein Bad. Ich komme aus Zwickau.' Im zweiten rinnt rote Sauce aus dem Wasserhahn, Gitter senken sich, schreckliche Geräusche tönen, visuelle Phantasmen jagen ihn – der Physiker ist in einer Psycho-Folterkammer.
Weitere Anschläge unternehmen die DDR-Geheimdienstler sprachlich: Sie bereden den Amerikaner, ans sozialistische Lagerfeuer zu kommen, und der DDR-Physiker Heinzmann (Hardy Krüger) bietet ihm Freundschaft und ein Kaviar-Frühstück. Aber Bower, von einer hellen Sächsin (Macha Meril) beraten, ergreift die Flucht durch Stacheldraht und Minen.
Eine ähnliche Handlung hatte Hitchcock (1899–1980) in seinem ‚Zerrissenen Vorhang' (ebenfalls in Leipzig spielend und ebenfalls Premiere 1966). Der Levy-Film geht weiter: DDR-Heinzmann, von einem leninbärtigen, vor Leninbildern photographierten Politrukowoditjel gedrillt, folgt Bower nach Bayern: Doch ehe der Agent aktiv wird, überrollt ihn ein Sechstonner.
Der Film, als Thriller zu dröselig, als Polit-Spiel zu simpel, zehrt von der fiebrigen Nervosität Montgomery Clifts (der ein Vierteljahr nach Dreh-Ende an Herzschlag starb). Vom Ost-Milieu zehrt der Streifen nicht – es ist nicht vorhanden, obgleich die Künstler (laut Levy) ‚wegen der Atmosphäre' täglich russische Eier aßen."

Überschrieben war die Filmkritik als „Rote Sauce". Doch scheinen sich die Künstler informiert zu haben. Am Zeitungskiosk hängen die Presseorgane der DDR: „Berliner Zeitung", „Der Morgen" und die „NBI". Partei- und Staatsführer lächeln allenthalben im Foto von der Wand. Und Professor James Bower wird, kaum dass er im „Astoria" angekommen, ins Zimmer 511 bestellt. Dort empfängt ihn, was nicht wundert, ein Stasioffizier.
Überhaupt war es ein offenes Geheimnis, dass Ministeriumsmitarbeiter im Hotel ständig präsent waren. Und manche Dame näherte sich im Auftrag westlichen Händlern und protokollierte danach die Gespräche. Manch Mädchen, das

Spirituosen extra fürs Astoria

sich für Westmark den Herren zur Verfügung stellen wollte, wurde dagegen des Hotels verwiesen.

Abgesehen von all den Geheimnissen, die hinter den Zimmertüren verborgen blieben, versahen die sozialistischen Arbeitskollektive unter Führung der Partei in den Küchen, an der Rezeption und beim Zimmerservice ihre tagtäglichen Arbeitsaufgaben in höchster Qualität. Das „erreichte Leistungsniveau wird auch dadurch dokumentiert, daß dem Hotel ‚Astoria' anläßlich des 17. Jahrestages der DDR am 7. Oktober 1966 der Orden ‚Banner der Arbeit' verliehen wurde." Eine Auszeichnung für „hervorragende und langjährige Leistungen bei der Stärkung und Festigung der DDR, insbesondere für hohe Arbeitsergebnisse und vorbildliche Initiativen im sozialistischen Wettbewerb zur allseitigen Erfüllung und gezielten Überbietung des Volkswirtschaftsplanes sowie für beispielgebende Leistungen und Ergebnisse im sozialistischen Arbeiten, Lernen und Leben".

Parteiführung mit Auftrag und Verfahren

Nichts war in der DDR so wichtig wie ein Parteitag der staatstragenden Sozialistischen Einheitspartei Deutschlands, der SED. Die dort gefassten Beschlüsse wurden bis in die tiefste Provinz verbreitet, von den werktätigen Massen zur Kenntnis genommen und für die eigene Arbeit ausgewertet.

„Vom 17. bis 22. April 1967 beriet in Berlin der VII. Parteitag der SED. Seit dem VI. Parteitag (1963) hatte die Partei beim umfassenden Aufbau des Sozialismus, insbesondere bei der Entwicklung der Volkwirtschaft und ihrer Leitung und Planung, des Bildungswesens und des kulturell-geistigen Lebens, wichtige Erfahrungen gewonnen. Immer deutlicher zeichnete sich die Notwendigkeit ab, alle Bereiche der Gesellschaft ausgewogen und im richtigen Verhältnis zueinander zu entwickeln. Das objektive Erfordernis, stärker den Gesamtzusammenhang und die Wechselbeziehungen der politischen, ökonomischen, sozialen, kulturellen und ideologischen Prozesse zu beachten, faßte der VII. Parteitag in der Aufgabe zusammen, den Sozialismus in der DDR als einheitlichen sozialen Organismus, als entwickeltes gesellschaftliches System zu gestalten ... Der Parteitag beschloß, die nächsten Schritte für die Ausgestaltung der sozialistischen Staats- und Rechtsordnung. Die Hauptaufgabe der staatlichen Organe bestand darin, auf der Grundlage exakter Analysen und wissenschaftlich begründeter Entscheidungen die rationellste und wirksamste Leitung der gesellschaftlichen Prozesse zu gewährleisten, die Übereinstimmung der gesellschaftlichen und persönlichen Interessen herbeizuführen und die bewußte Aktivität aller Werktätigen zu fördern."

Restaurant Panthera im Hotel Zum Löwen

Auf parteilicher Grundlage wurde das Aufgabenprofil für das Interhotel beschrieben: „Das Hotel ‚Astoria' ist ein modernes Großhotel mit internationalem Niveau. Entsprechend seiner Leistungen ist das Hotel in der Kategorie der 4-Sterne-Hotels einzuordnen. Dem Hotel ‚Astoria' ist das Hotel ‚Zum Löwen' als Betriebsteil angegliedert. 11 gastronomische Einrichtungen bieten 767 Gästen Platz. Insgesamt stehen 413 Gästezimmer zur Verfügung. Die angeführten Kapazitäten dienen der Beherbergung und Betreuung internationaler und nationaler Gäste. Das Hotel ‚Astoria' ist Protokollhotel der Regierung der DDR. Das Hotel ‚Zum Löwen' fungiert (in Messezeiten) als Valuta-Hotel."

Den Herausforderungen der neuen Zeit musste nicht nur dieser Betrieb genügen, auch die Stadtwerke Leipzig bedurften der technischen Anpassung. Vorm

Kältebecken und Sauna-Ruhebereich

Hotel „Astoria“ bohrt man im Oktober 1968 nach Wasser: „Brunnen vorm ‚Astoria‘ – Vor dem Hotel sind gegenwärtig Angestellte der Firma Andrae KG dabei, einen neuen Brunnen für das Kraftwerk Georgi Dimitroff zu bohren. Im Zuge der Baumaßnahmen am Messehaus ‚Union‘ (gegenüber am Brühl gelegen, zugunsten von Neubauten 1968 abgerissen) wird der Brunnen, der jetzt noch dort in Betrieb ist, abgerissen. Aus dem neuen sollen aus 18 m Tiefe – acht Meter tief ist er jetzt – etwa 50 bis 60 Kubikmeter Wasser fließen.“

Den neuen Qualitätsansprüchen konnte man nicht in allen Bereichen genügen. So entsprachen die baulichen, innenarchitektonischen und hygienischen Gegebenheiten nicht dem internationalen Standard. Deshalb erfolgte von 1969 bis 1973 bei fortlaufendem Geschäft eine weitere Totalrekonstruktion des Hauses. Das Architekturteam stand unter der Leitung von Erich Taschner. So wurden alle Hotelzimmer umgebaut und auf technisch neusten Stand gebracht. Die Liftanlage wurde generalüberholt. Gäste konnten fortan in einer Sauna schwitzen. Ein medizinischer Stützpunkt mit ausgebildetem Personal wurde eingerichtet. Die Restaurants, die Empfangs- und Hotelhalle gestaltete man komplett neu. Namhafte Künstler wurden dafür verpflichtet. Die Astoria-Klause und das Astoria-Café zierten Porzellan- und Keramik-Plastiken, u. a. von Gerhard Lichtenfeld (1921–1978), Professor für künstlerische Werkgestaltung an der Burg Giebichenstein in Halle an der Saale. Ausstellungsreisen führten den Künstler nach Frankreich, Ungarn und Bulgarien, Werke von ihm stehen in Middelheim, Moskau, Kairo, Neu-Delhi, Visby und Tallinn.

Im Mai 1971 löst Erich Honecker den bisherigen SED-Chef Walter Ulbricht ab, der folgende Parteitag markiert den Beginn der Ära Honecker, die 1989 unter dem Druck der in Leipzig initiierten Montagsdemonstrationen endet. „Im Ringen um die Verwirklichung der Beschlüsse des VIII. Parteitags der SED (15.–19. Juni 1971) war die Partei als Ganzes, waren ihre Leitungen und Grundorganisationen, ihre Mitglieder und Kandidaten gewachsen. Der prinzipielle und lebensverbundene Stil des VIII. Parteitages war zur bewährten Arbeitspraxis der gesamten Partei, ihrer Leitungen und Organisationen geworden. Die SED hatte das Vertrauensverhältnis, das sie mit der Arbeiterklasse und den anderen Werktätigen verband, wesentlich vertiefen können. Das Zentralkomitee stellte dazu in seinem Bericht fest: ‚Politisch, ideologisch und organisatorisch gestählt, an Erfahrungen reicher, ist die Partei tiefer im Volke verwurzelt denn je.“

Auch vorm Hotel geht man buchstäblich neue Wege, „Zur Frühjahrsmesse 1972 erhält Leipzig einen neuen Fußgängertunnel, der die Richard-Wagner-Straße mit dem Hotel ‚Astoria‘ verbindet. Außerdem ist die Gerberstraße verbreitert worden. Dadurch wurden weitere Voraussetzungen für einen zügigen Verkehr am Hauptbahnhof geschaffen. Noch in diesem Jahr soll am Friedrich-Engels-Platz mit dem Bau einer der Fußgängerbrücke begonnen werden, die zwischen Konsument-Warenhaus und dem Ring-Messehaus diesen Verkehrsknotenpunkt überspannt.“ Die Brücke wurde ob ihres ursprünglichen Anstrichs Leipzigs „Blaues Wunder“.

Am 2. März 1973 konnte die Presse DDR-weit den erfolgreichen Abschluss der Bauarbeiten verkünden. „Am ‚Astoria‘ fallen die letzten Gerüste“, lautet eine der Schlagzeilen. Die Zeitschrift „Deutsche Architektur“, Heft 10/1973, berichtete lobend und detailliert.

„Ab der Frühjahrsmesse erstrahlt das ‚Astoria‘ im neuen Glanz – Die Attraktion des Hauses: Eine Sauna für 20 Personen – Zur Messe wird sich das Interhotel ‚Astoria‘ rekonstruiert, d. h. im neuen Glanz, seinen Gästen präsentieren. Als uns gestern nachmittag der gastronomische Direktor des Hotels, Dietmar Gaiger, durch das Hotel führte, glich es noch einem einzigen Bauplatz. Gegenwärtig fallen die letzten Gerüste, und die Handwerker sind dabei, den letzten Bauschutt wegzubringen. Dennoch ist bereits zu erkennen, wie das ‚Astoria‘ in wenigen Tagen aussehen wird. Die Empfangs- und Hotelhalle wurden völlig neu gestaltet. Moderne Zimmer mit insgesamt 200 Betten werden in diesen Tagen eingeräumt, und die Hotelgäste können mit einem neuen Lift in die Etagen fahren. Die Attraktion des ‚neuen Hauses‘ ist eine Sauna, in der zwanzig Personen Platz finden. Zu den Novitäten des ‚Astorias‘ zählen ab der Frühjahrsmesse weiterhin Garagen, ein Gastronom-Service und die Vermittlung von Dienstleistungen für die Hotelgäste.

Bis zur Herbstmesse, so informierte uns Direktor Gaiger, werden die Rekonstruktionsarbeiten abgeschlossen sein.
Ab der Frühjahrsmesse wird sich aber bereits der neue, moderne Haupteingang öffnen, durch den man dann auch wieder zum Stadtrestaurant gelangt. Wegen der letzten Arbeiten im Hotel muß aber das Restaurant über das Wochenende geschlossen bleiben. Der jetzige provisorische Eingang von der Gerberstraße her bleibt ab der Frühjahrsmesse geschlossen, und der Vorraum, der gegenwärtig noch als Garderobe genutzt wird, steht dann wieder als kleines Restaurant mit etwa 90 Plätzen zur Verfügung.
Die neugestaltete „Astoria-Klause befindet sich im Kellergeschoß des Hotels und ist sowohl über einen separaten Eingang von der Straße als auch vom Hotel her zu erreichen. Sie wurde als Bier- und Speiselokal konzipiert und bietet den Gästen eine Reihe entsprechender Gerichte, abgestimmt zum großen Restaurant in der Preisstufe III. In der originellen Klausenzeitung (Speise- und Getränkekarte) ist zu lesen, daß die Gastronomen des Hauses die Erwartung des Gastes, sich in der Klause wohler zu fühlen, als in seinen ‚gemieteten vier Wänden', zu erfüllen bestrebt sind. Behaglichkeit und den modernen Komfort eines Interhotels zu verbinden, das war die an die Autoren gestellte Forderung. Es galt rustikalen Charakter und eine zeitlose Gestaltung zu verbinden, ohne daß der Eindruck einer Dekoration entstand. Von der Straße aus ist die Klause über eine zur Garderobe herabführende Treppe zu erreichen. Man gelangt dann durch einen kleineren Vorraum (24 Plätze) mit durchaus eigenständigem Gepräge in den großen Klausenraum (etwa 120 Plätze). Beide Räume ergänzen sich in ihrer Gestaltung und Funktion.
Die kleine Klause enthält lose Sitzgruppen mit jeweils zwei oder drei Plätzen, die auch variabel gruppierbar sind, während im großen Raum feste Bankeinheiten, kombiniert mit loser Bestuhlung angeordnet sind. An den Wänden entlang verläuft eine durchgehende Bank mit davorstehenden unterschiedlich großen Tischgruppen und variabler Platzzahl. Ein umlaufender Gang wird durch die den Innenraum abschließenden und die Stützen einbindenden Bänke abgegrenzt. Hierzu sind Tisch-Sitzgruppen für größere Geselligkeit zugeordnet. Im Zentrum dient ein Lunchbüffet als variables Möbel mit gekühlten und beheizbaren Teilen sowie speziellen Behältnissen den Gastronomen zum Zubereiten und Anbieten der Speisen. Die mittlere Zone des Raumen kann zu besonderen Anlässen als Freifläche genutzt werden.

Jahrgang 4/1975

Lfd. Nr. 38 12401–12700

INTERHOTEL LEIPZIG

Astoria Klause

Lokalanzeiger der Astoria-Klause · Preisstufe III · Ausgabe vom 26. 11. 1975

Hochwillkommene Eremiten und Einsiedlerinnen!

Entschuldigen Sie bitte die etwas klausulierte Anrede, aber was ein richtiger Klausner ist (und im Augenblick sind sie ja unbestreitbar einer), der verschließt die Augen nicht vor der Tatsache, daß „Klause" in des Wortes ursprünglicher Bedeutung allerhand mit Abgeschiedenheit zu tun hat. Klause, Kloster, Klausur, Klausel – sie alle entstammen derselben Wortfamilie und lassen sich ohne weiteres mit Schlüsseln (von außen im Schloß herumgedrehten, versteht sich), Einschluß, Ausschluß und Abgeschlossenheit in Verbindung bringen, nicht aber leider mit Anschluß, den Sie womöglich ausgerechnet hier, in einer Klause, im guten Sinne versteht sich, suchen. Wiewohl diese Ihre Neigung für durchaus plausibel gehalten werden muß – klausibel ist sie nicht! Andererseits: Wenn Sie nun schon mal nach dem Wilhelm-Busch-Motto „Eins-zwei-drei im Klauseschritt" hierher geeilt sind, wäre es, so geben wir zu, um nicht allzu klösterlich zu erscheinen, geradezu barbarisch, Ihnen die Geselligkeit vorzuenthalten, derer Sie als soziales Wesen so dringend bedürfen. Schließlich und einschließlich; Um einsam zu sein, sind Sie nicht ausgegangen. Im Gegenteil, Sie möchten sich in der Klause wohler fühlen als sogar in Ihren gemieteten vier Wänden. Diese Erwartung soll – und wir genieren uns nicht, alle philologischen Skrupel gegenüber dem Wort „Klause" endgültig kühn in den Wind zu pusten – so umfänglich erfüllt werden, daß man künftig in Leipzig und rund um den Globus sagen und schwärmen hören wird: „Als Klausner der Astoria-Klause fühlt man sich wohl, wie zu Hause!" In diesem Sinne wünschen Ihnen angenehmen Aufenthalt an diesem Ort

alle Klausemädchen und Klausejungs

Interhotel Astoria

Ein Begriff für Gastlichkeit

Wir nehmen konvertierbare Währungen in Zahlung

Speise- und Getränke-Karte

Mehr als das Menü à la carte (1975)

Fleisch- und Pfannengerichte

	M
Klausentopf (Rumpsteak, Schweinesteak, Leber, geb. Ei, Früchte)	7,80
Schweizer Steak mit Schinkenkäse überbacken, junge Erbsen und pommes frites	5,70
Kasseler Rippenspeer, Rotkohl, Klöße	4,65
Braumeistersteak mit Blumenkohl, Röstkartoffeln	4,80
Paprikahuhn mit Letscho und Risotto	5,85
Wildgoulasch mit Klößen, Apfelmus	4,50
Wiener Zwiebelfleisch mit Setzei	4,50
Schweinesteak „Balkan-Tourist", gem. Salat	4,80
Bulg. Röstwürstchen, Letscho, pommes frites, gem. Salat	3,80
Beefsteak á la Meyer	3,15
Berliner Eisbein mit Sauerkohl und Salzkartoffeln	5,85
Sauerbraten mit Klößen	3,95
Wellfleisch mit Sauerkraut und Kartoffeln	2,85
Kapernklops mit Kartoffelpüree	2,55
Hühnerfrikassee mit Butterreis	5,35
1 Portion Broiler mit pommes frites, gem. Salat	5,80
Bratwurst, Sauerkohl und Kartoffeln	2,30

Haben Sie schon gehört? Nein? Wirklich nicht gehört?
Na das ist ja unerhört!

Tant de bruit pour une omelette (So viel Lärm um einen Eierkuchen.)

Küche rustikal, Preise erschwinglich

Der Fußboden wurde in Harzland-Syenit-Natursteinplatten mit hellgrauen Farbwerten ausgeführt. Im umlaufenden Gang sind Kokosläufermatten ausgelegt. Die Sockel der Sitzbänke werden durch hochgezogenen Naturstein gebildet, an denen auch die Polsterelemente befestigt sind. Die gegenüber an der Wand vorgezogenen Bänke enthalten im Distanzraum verschiedene Installationsausführungen und indirekte Beleuchtung durch Leuchtstofflampen (Piacrylabdeckung).

Die Wandflächen werden durch vorgesetzte Betonelemente und im Wechsel dazu eingesetzte Holzflächen gebildet. Die Betonplatten (Größe etwa 950 cm × 600 cm) wurden in Verbindung mit Plastikern entwickelt und im Merseburger Betonkombinat hergestellt. Die Oberfläche hat eine freie plastische Struktur und ist relativ glatt weißgrau verkieselt. Der plastische Effekt wird durch die Beleuchtung wirkungsvoll hervorgehoben. Die ehemaligen Fensteröffnungen dienen als Nischen für die Aufstellung von Plastiken. Der obere Abschluß erfolgt im Klausenraum durch eine umlaufende Blende, hinter der auch die Öffnungen für die Lüftung liegen.

Analog der Möblierung wird der mittlere Bereich durch einen heruntergezogenen Baldachin mit einer Decke aus schachbrettartig zusammengesetzten Holzflächen hervorgehoben. An der Decke wurden als direkte Beleuchtung kugelförmige Lampenbündel mit kupferfarbener Oberfläche über den vier großen Tischgruppen befestigt; das Zentrum der erleuchteten Reflektorenstrahler. Die verbleibende Deckenfläche, die Stützen und die Nischen erhielten eine altweiße Stuckoberfläche.

Im kleinen Klausenraum wird die Wand durch eine Holzverkleidung gebildet, wobei sich furnierte und farbig gestrichene Holzflächen abwechseln. An den Naturholzverkleidungen wurden flache, reliefartige Plastiken befestigt, während auf den Wandflächen über den Tischen kugelförmige Einzelleuchten montiert sind.

In den Räumen wiederholen sich gleiche Materialien und Farben, ebenso sind gleiche Tische und Stühle eingesetzt. Der Massivholzstuhl ist durch seine hochgezogene Lehne und die zwischen dem Gestell eingespannten Polsterteile in einer rustikalen Formauffassung konzipiert: Die Stühle – wie auch die Bänke – wurden mit einem derben, grün-blauen Bezugsstoff versehen. Diese Farben kehren wieder in den gestrichenen Wandflächen der kleinen Klause.

Für sämtliche Naturholzflächen wurde furnierte Lärche verwandt. Die Tischflächen erhielten zusätzlich eine Polyesterbeschichtung. Die Lunch-

Kronleuchter und Brokat: das Restaurant „Galerie“

büffetteile wurden mit einer angepaßten Oberfläche versehen und bestehen aus verchromten Platten. In der Mitte beider Räume werden einige tischhohe Pflanzenbänke zur Funktionsabgrenzung eingesetzt.
Als Hauptgestaltungselement verwandten die Autoren aufeinander abgestimmte Materialien (Naturstein, Beton, Holz, Bezugsstoff) in einer abgestuften Farbigkeit. Eigenständige Formen wurden sparsam eingesetzt. Das bot die Möglichkeit, im Kontrast zur sachlichen, materialbestimmten Funktionsbezogenheit gezielt künstlerische Mittel einzusetzen. Das scheint in vollem Maße gelungen; die Atmosphäre des Raumes wird dadurch wesentlich geprägt.
So schufen für die große Klause die an der Hochschule für Industrielle Formgestaltung tätigen Bildhauer, Prof. Gerhard Lichtenfeld und Bernd Göbel (1942), eindrucksvolle Plastiken, die heitere Szenen darstellen. Die Oberflächen sind grau-weiß lasiert mit sparsamen Farbeinsatz in blau-grünen Tönen. Die Hinterbeleuchtung der Nischen bringt die Plastiken wirkungsvoll zur Geltung. Für die kleine Klause schuf die Keramikerin Gertraud Möhwald (1929–2002, ebenfalls an der Hochschule tätig) heitere farbige Relieftafeln.

Die bereits beim Café praktizierte Zusammenarbeit zwischen Künstlern und Architekten führte auch hier zu einem optimalen Ergebnis. Neben den Gasträumen war auch der Wirtschafts- und Versorgungsbereich neu zu organisieren und zu gestalten. Die Küche hat die Funktion einer Endküche, d.h. bestimmte Speisen werden aus der Hauptküche zugeliefert und in der Klause angebotsfertig gemacht. Verschiedene Fleischspeisen, Suppen, Fisch-, Eier- und Eintopfgerichte sowie belegte Brote und kalte Platten können dem Gast präsentiert werden. Für den Bierausschank wurden große Biertanks installiert, die vom Innenhof aus gefüllt werden können.
Es spricht für die Arbeit aller beim Entstehen Beteiligten, daß die Klause bei den Gästen großen Anklang findet und ihre Frequentierung dementsprechend gut ist. Die Palette der gastronomischen Erlebnisbereiche des Interhotels ‚Astoria' wurden damit sinnvoll erweitert."

Das Planziel, noch vor der Frühjahrsmesse die „Astoria-Klause" zu eröffnen, wird erreicht, und „im übrigen: Während der Messetage wird sich die ‚Astoria-Klause' in das ‚Messerestaurant Brno' verwandeln, denn Köche und Kellner aus der befreundeten Partnerstadt werden echte tschechische Küche servieren. Die Leipziger Kollegen erwidern das während der Messe in Brno im ‚Restaurant Leipzig'."
In Vorbereitung des „25. Jahrestages unserer Republik" schickte ein Leser aus der Straße des Komsomol in Leipzig für die Serie „Fotos als Dokumente" der „Mitteldeutschen Neusten Nachrichten" ein Lichtbild mit dem Titel „Auch die Salons haben neuen Pfiff". Es bezeuge eindrucksvoll die Erfolge des sozialistischen Aufbaus in der Messemetropole: „Mit 460 Betten ist das Interhotel ‚Astoria' das größte unserer Stadt. Durch Um- und Erweiterungsbauten entstand gegenüber des westlichen Seitenausgangs des Hauptbahnhofs ein ganzer Hotelkomplex. Sieben Millionen Mark wurden allein für die Modernisierung des 1958 fertiggestellten zweiten neuen Gebäudeteils aufgewandt. Im vergangenen Jahr wurden die umfangreichen Rekonstruktionsmaßnahmen abgeschlossen. Nun hat jedes Zimmer Bad bzw. Dusche. Sämtliche Räume – mit insgesamt über 1.000 Plätzen – vom Hotel bis zum Stadtrestaurant, die Klause, das Café, die Bar, die Gesellschaftszimmer, den Konferenztrakt bis zu den Salons – erhielten neuen Schliff. Ebenso wurde die Küchenzone modernisiert." Dazu ein Blick auf das neue Interieur, gestaltet von W. Funk und G. Lichtenfeld. Auf den Plätzen freundlich blickende Menschen, die ihren Auf-

Schlummerstube für Frischvermählte: die Hochzeitssuite

enthalt genießen: „Ich leiste was. Ich leiste mir was", hieß Jahre später die Politparole.

Die Pendeltüren hin zur Küche allerdings verursachten einen Piepton, der die Gäste in den Zimmern drüber schlecht schlafen ließ. Kammersänger Hermann Prey (1929–1998) bat daraufhin die Rezeption, ihn und Gattin umzubetten. Alle Zweibettzimmer, außer das der Hochzeitssuite waren belegt. Also gab man den Preys das Zimmer für die Jungvermählten. Wenn solche ihre Hochzeitsnacht darinnen verbringen wollten, mussten sie diese vorbestellen. Bereits vor der ersten vollzogenen Übernachtung war das Zimmer Stadtgespräch: „Eines steht fest: Mit dem französischen Rundbett (und einem Spiegel darüber) im neuen Hochzeitszimmer sorgt das renommierte Leipziger ‚Astoria' für unvergeßliche Flitterwochen. Dreh- und Angelpunkt der äußerst geschmackvollen Einrichtung ist natürlich das mit sage und schreibe 58 Kubikmetern Inhalt gefüllte Wasserbett. Es wurde eigens für das ‚Astoria' von ‚sans accident ...' Paris angefertigt. Für Heiratslustige – leider vorerst nur aus dem Bezirk Leipzig – bietet das Astoria-Kollektiv heute einen besonderen Service: Von 13 bis 14 Uhr können Interessenten das Hochzeitszimmer begutachten und dabei auch einen prüfenden Blick auf das Wasserbett aus polyurethan-verschäumten SYS-Material werfen. Sie möchten sich daher bitte an der Rezeption melden. Gleichzeitig werden Vorbestellungen entgegengenommen. Hier allerdings Personalausweis, Geburtsurkunde und Familienstammbuch mitbringen. Für den ersten Besucher hat das Astoria eine kleine Überraschung in petto."

Apropos Künstler: Da diese ihre Ruhe mehr als andere benötigten, gab man ihnen Zimmer, vor denen die Lärmbelästigung weniger stark zu hören war – „nach hinten raus". Manche von ihnen bestanden auf demselben Zimmer und bekamen es: Mozarttenor und Hobbykoch Peter Schreier (1935–2019) etwa die Nummer 350: „Schade, daß Dresden so nahe bei Leipzig liegt. Sonst würde ich öfter in den Genuß dieses gastlichen Hauses kommen."

Höchste Töne und eigene Handschrift: Kammersänger Peter Schreier (1981)

Der IX. Parteitag der SED (18.–22. Mai 1976) brachte den Genossen nicht nur ein neues Parteistatut; er „orientierte darauf,

Leitung, Planung und ökonomische Stimulierung entsprechend den jeweiligen konkreten Bedingungen ständig zu vervollkommnen. Unerläßlich sei es, ein stabiles Wirtschaftswachstum und höchstmögliche Effektivität beim Einsatz der materiellen und finanziellen Ressourcen der Gesellschaft zu gewährleisten. Der Bericht des Zentralkomitees hon hervor, ‚daß Leitung, Planung und ökonomische Stimulierung eine untrennbare Einheit der Initiative der Arbeiterklasse, der Genossenschaftsbauern und aller Werktätigen bilden müssen'. Die Leiter in Staat und Wirtschaft hatten ihre Fähigkeiten in der sozialistischen Wirtschaftsführung vervollkommnet. Die große Mehrzahl von ihnen – selbst hervorgegangen aus der Arbeiterklasse und der Klasse der Genossenschaftsbauern – arbeitete mit Klugheit und Hingabe an der erfolgreichen Durchführung der Beschlüsse der Partei."
Auf den Direktorenposten des Hotels wurde im Dezember 1978 Hans-Peter Schulze (1941–1995) berufen. Feste Hierarchien und Abläufe hatten sich während der langjährigen Geschäftsführung unter Genossen Fritz Recknagel eingeschliffen und manifestiert. Auch dem wollte man mit Direktor Schulze entgegentreten. Absehbar kam es im Leitungskollektiv zu Differenzen, vor allem mit Gudrun Gaiger, der Parteisekretärin des Gesamtkomplexes Hotel „Astoria" und in Personaleinheit Direktorin des Hotels „Zum Löwen". Als erfahrene Mitarbeiterin des Hauses hatte sie sich von der Funktion einer wissenschaftlichen Mitarbeiterin zur Entscheidungsträgerin und Führungskraft im Unternehmen qualifiziert.
Der Konflikt zwischen beiden Leitungskadern eskaliert zur Frühjahrsmesse im März des Jahres 1979, neun Wochen nach dem Antritt des Direktorpostens durch den neuen Mann Hans-Peter Schulze. Ein Parteiverfahren soll die Differenzen beilegen und die Verantwortlichkeiten im Hause klar bestimmen. Der Direktor leitet das Verfahren ein, als die Beschuldigte nicht an ihrem Arbeitsplatz erscheinen kann, weil sie mit Grippe krankgeschrieben ist. Gudrun Gaiger wertet das Verhalten ihres Chefs als eine Intrige, das Verfahren als Vertrauensbruch. Sie wehrt sich gegen die ausgesprochene Strafe einer Rüge, die höchste Strafe die einer Grundorganisation (GO) der SED als Strafmaß zur Verfügung steht, und wendet sich an die höhere Ebene der Stadtparteileitung. Aufgrund von Gaigers Widerspruch läuft das Verfahren nun unter Federführung der Stadtparteikontrollkommission (SPKK), diese muss entscheiden, ob die Aussprache einer Rüge dem Vergehen der Genossin angemessen ist. Die SPKK legt ihren „Bericht über die Untersuchung in der Grundorganisation Interhotel ‚Astoria' Leipzig'" am 7. Juni 1979 vor:

„Anlaß der Untersuchung
war eine Eingabe der Genossin Gudrun Gaiger, Parteisekretär im Interhotel ‚Astoria' Leipzig.
Genn. Gaiger verweist in ihrer Eingabe auf Verletzungen des Prinzips der Arbeit mit dem Menschen, auf unkorrektes Verhalten ihr gegenüber und Festlegung von Maßnahmen, die ihre bisherige Arbeit ignorieren und den Normen der Partei widersprechen würden.
Die Untersuchung erfolgte mit dem 1. Sekretär der Stadtleitung Leipzig.
Ergebnis der Untersuchung
Im Ergebnis der geführten Aussprachen und dem Studium der vorliegenden Parteimaterialien zeigt sich, daß die Parteileitung bemüht war, ihrer Verantwortung bei der Durchsetzung der Politik der Partei und der Erfüllung der gastronomischen Aufgaben gerecht zu werden. Dabei ist jedoch nicht zu übersehen, daß sich in der politisch-ideologischen Arbeit der GO und in der ideologischen Erziehung der Genossen erhebliche Mängel zeigten und der Stand der Parteiarbeit nicht den hohen Anforderungen des IX. Parteitages gerecht wird. Als besonders hemmend zeichneten sich Verletzungen bzw. Mißachtung der innerparteilichen Demokratie und der Leninschen Normen des Parteilebens ab.
Im wesentlichen trifft das zu
– auf die Mißachtung der Kritik und Selbstkritik, vorhandener Selbstzufriedenheit, sowie Bildung negativer Denk- und Verhaltensweisen von Genossen und Leitern, die über längere Zeit bekannt waren, aber nicht geklärt bzw. einer Klärung ausgewichen wurde.
– auf eine mangelnde politisch-ideologische Erziehungsarbeit zur Erhöhung der Kampfkraft der GO.
– auf die Entfaltung der schöpferischen Aktivität der Mitglieder und Kandidaten der GO.
– auf die unzureichende Wahrung und Festigung der Kollektivität der Parteileitung.
Dieser unzureichende Kampf um die ideologische und organisatorische Einheit und Reinheit der Partei in der GO führte zu subjektivistischen Auffassungen in der Parteileitung und Grundorganisation, zu einer nicht offenen Atmosphäre und erzeugte bei einigen Genossen Angst, sich prinzipiell den Mängeln zu stellen, weil sie Nachteile befürchteten.
Die Erziehung zur Wahrnehmung der persönlichen Verantwortung jedes

Genossen und die allseitige Entwicklung seiner Aktivität und Initiative war unzureichend entwickelt und die Vorbildrolle der Genossen wenig ausgeprägt. Die Mitgliederversammlungen erfolgten zu wenig auf der Grundlage einer gründlichen und zielstrebigen Auswertung der Beschlüsse der Partei und wurden unzureichend entsprechend der Aufgabenstellung der GO mit der Lage im Bereich verbunden und entsprechende Schlußfolgerungen abgeleitet.

Negativen Erscheinungen wurde im unzureichenden Maße entgegengetreten und der Kampf um politisch-ideologische Klarheit nicht prinzipiell geführt. Das zeigte sich auch darin, daß die Genossen zu wenig Bereitschaft aufbrachten, in den Mitgliederversammlungen aufzutreten und ihre Probleme zu stellen. Es sprachen vorwiegend nur die Leiter, die mehr oder weniger ihre staatlichen Belange darlegten, kritikempfindlich reagierten bzw. Kritiken zerredeten oder auch unterdrückten.

Der qualitativen Durchführung des Parteilehrjahres wurde nicht die notwendige Beachtung beigemessen. In der Regel erfolgte die Durchführung formal und im Zusammenhang mit den Mitgliederversammlungen.

Diese Arbeitsweise hatte zur Folge, daß das schöpferische Umsetzen der Beschlüsse der Partei ungenügend mit der eigenen Lage verbunden wurde und das Parteileben durch Formalismus und Routine gekennzeichnet war.

Einen wesentlichen Anteil an dieser Entwicklung hat die Genn. Gaiger als Parteisekretär selbst. Die Parteileitung kannte das Verhalten der Genn. Gaiger und die Lage in der PL und GO, war damit auch unzufrieden, aber die Genossen duldeten das alles und führten nicht prinzipiell den Kampf zur Überwindung dieser unparteimäßigen Atmosphäre.

Bei der Genn. Gaiger handelt es sich um eine qualifizierte Fachkraft im Hotelwesen, die sich von der Tätigkeit einer Sekretärin zum Direktor des Interhotels ‚Zum Löwen' entwickelte. Ihre gesellschaftlich-politische Entwicklung verlief ebenfalls positiv. Als FDJ-Sekretär hatte sie Anteil bei der Organisierung der Jugendarbeit und erhielt das Vertrauen, ca. 7 Jahre als Parteisekretär tätig zu sein.

Die bis Ende des Jahres 1978 geführte Leitungstätigkeit des ehemaligen Direktors des Interhotels ‚Astoria', Genossen Recknagel, die gekennzeichnet war durch Mißachtung der Kollektivität, subjektivistisches Auslegen der Beschlüsse der Partei sowie Nichtwahrnehmen der persönlichen Verantwortung hat bei der Genn. Gaiger auch einen negativen Einfluß hinterlassen.

Diese negativen Eigenschaften eines Leiters hat sich Genn. Gaiger teilweise zu eigen gemacht und sie in der praktischen Tätigkeit angewandt. Dazu kommen einige persönliche Charaktereigenschaften, wie Selbstüberschätzung ihrer Leistungen, ausgeprägtes Geltungsbedürfnis und Uneinsichtigkeit, die auf ihr Verhalten bestimmenden Einfluß hatten und sich negativ in ihrer Leitungstätigkeit auswirkten.
Als Parteisekretär verletzte sie das Prinzip der Kollektivität der Parteileitung, in dem sie sich über eigene Beschlüsse der GO hinwegsetzte, die Parteileitung unzureichend informierte und sie kaum in die Arbeit mit einbezog.
Einschätzungen und Informationen an die Stadtbezirksleitung nahm sie ohne Kenntnis der Parteileitung ihres Betriebes vor, und sie ignorierte in arroganter Art die Kritik an ihrem Verhalten. Auch als staatlicher Leiter kam sie ihrer Verantwortung ungenügend nach und war als Parteisekretär kein Vorbild.
Die Genossen der Parteileitung erkannten zwar diese negativen Eigenschaften, aber klärten sie nicht konsequent im Kollektiv, und es blieb bei Einzelaussprachen bzw. Gesprächen unter vier Augen. Die Genossen der Parteileitung hatten nicht die Kraft, sich als Kollektiv diesen Fragen zu stellen und prinzipiell eine Klärung im Kollektiv der Parteileitung herbeizuführen.
Im Zusammenhang mit dem Einsatz des Genossen Schulze als Direktor des Interhotels ‚Astoria' wurden die negativen Eigenschaften der Genn. Gaiger immer sichtbarer und wirkten sich störend und hemmend auf das Partei- und Betriebsklima aus. Das Verhältnis zwischen Direktor und Parteisekretär war nicht getragen von Vertrauen zueinander und war nicht parteimäßig. Es bestand zwischen beiden Genossen Mißtrauen und das unparteimäßige Verhältnis spitzte sich immer mehr zu. Die Genn. Gaiger ignorierte auch Weisungen der staatlichen Leitung und setzte sich über Hinweise hinweg, weil sie der Meinung war, daß diese nicht richtig sind.
Sie war nicht bemüht, sich in den sachlich und auf die Parteiorganisation orientierten Arbeitsstil des Genossen Schulze, der sich positiv auf das Vertrauensverhältnis zwischen Leitern und Mitarbeitern auswirkte, einzuordnen.
Der Direktor, der das unparteimäßige Verhalten des Parteisekretärs rechtzeitig erkannte und auf eine Klärung drängte, hat dabei unzureichend auf die Genn. Gaiger eingewirkt. Die von ihm festgestellten Probleme besprach

er nicht mit ihr, sondern informierte darüber den 1. Sekretär der SED-Stadtbezirksleitung Leipzig-Mitte.
So erfolgte in Abwesenheit der Genn. Gaiger die Behandlung ihrer Probleme in der Parteileitung und die Eröffnung eines Parteiverfahrens. Ohne daß sie dazu gehört wurde und auch keine gründliche Prüfung erfolgte, wurde beschlossen, sie als Parteisekretär und als Mitglied der Parteileitung zu entbinden, sowie sie von ihrer staatlichen Tätigkeit als Direktor zu beurlauben und ein Disziplinarverfahren gegen sie einzuleiten.
Diese Beschlußfassung sowie die Arbeitsweise der Parteileitung sind ein Verstoß gegen das Parteistatut und die Leninschen Normen der Partei. Sie widersprechen dem Prinzip der Arbeit mit dem Menschen und tragen nicht zur Festigung des Vertrauens bei.
Die Arbeit der Stadtbezirksleitung gegenüber der Grundorganisation trug unzureichend zur Stärkung der Kampfkraft der Partei bei. Die operative Unterstützung und Hilfe war kaum gegeben und vorliegende Hinweise wurden zu wenig politisch gewertet und beachtet. Die Einschätzung der Arbeit der GO erfolgte im wesentlichen auf der Grundlage eingereichter Berichte, die unkritisch abgefaßt waren und nicht die reale Lage in der GO aufzeigten. So kam es zu einer Überbewertung der Arbeit der GO und ihres Parteisekretärs, der Genn. Gaiger.
Politische Mitarbeiter, die im Auftrag des Sekretariats zur Unterstützung der Parteileitung bei der Klärung der Probleme eingesetzt waren und an dieser Parteileitungssitzung teilnahmen, duldeten das nichtparteimäßige Herangehen der Parteileitung an die Lösung dieser Fragen.
In der Parteileitung wurden die Untersuchungsergebnisse ausgewertet und die Arbeitsweise der Genossen der Parteileitung als kritikwürdig eingeschätzt. Es war zu erkennen, daß die Genossen aus den kritischen Hinweisen ihr falschen Verhalten erkannten, kritisch die bisherige Arbeit werteten und die Ursachen, die zu einer solchen Lage führten, richtig erkannten und herausarbeiteten.
Es kann eingeschätzt werden, daß die Parteileitung die Voraussetzungen hat, den höheren Anforderungen, die an die Führungstätigkeit einer Grundorganisation gestellt werden, gerecht zu werden.
Die Absicht der Parteileitung, gegen die Genn. Gaiger ein Parteiverfahren durchzuführen, ist berechtigt. Sie wurde wegen unzureichender Wahrung ihrer persönlichen Verantwortung, Verletzung der Kollektivität der Leitung,

Uneinsichtigkeit und unkritischem Verhalten mit einer Rüge zur Verantwortung gezogen. Von ihren Funktionen als Parteisekretär und Mitglied der Parteileitung wurde sie entbunden. Genn. Gaiger scheidet auf eigenen Wunsch aus dem Interhotel ‚Astoria' aus und nimmt in einem anderen Hotelbetrieb eine Tätigkeit auf."

Genossin Gudrun Gaiger kuriert weiter ihre Krankheit aus, während die Gremien der Partei über ihr Verhalten und ihr Schicksal entscheiden. Als sie vom Beschluss der SPKK erfährt, ist sie mit dem Verhalten ihr gegenüber nicht einverstanden. Die nächsthöheren Parteiebenen des Kreises und Bezirkes Leipzig müssen sich mit Streit und Fall beschäftigen. Denn „der Einspruch der Genn. Gaiger richtet sich nicht gegen das Parteiverfahren und die Ergebnisse der Untersuchung der Stadtparteikontrollkommission, sondern betreffen Probleme des Arbeitsrechtsverhältnisses und Belange der staatlichen Leitungstätigkeit". Sie scheinen Gudrun Gaiger im Verfahren bislang nicht in ihr genügendem Maße als Vergehen und Fakten gewürdigt. Auch ist sie mit den ihr angebotenen Arbeitsstätten unzufrieden, entsprächen sie doch in keiner Weise ihrer Qualifikation.
„Der Genossin Gaiger wurden in den vergangenen Wochen viele Arbeitsstellen angeboten, z. B. Leiter des Hotels ‚Bayrischer Hof', des ‚Café Schauspielhaus' usw., aber sie habe diese Stellen abgelehnt. Ihrem Wunsch im Hotel ‚Merkur' als Leiter der Rezeption Einsatz zu bekommen, konnte nicht entsprochen werden, weil diese Stelle bereits besetzt ist. Genossin Gaiger habe bisher in keiner Weise das Bemühen der staatlichen Leitung unterstützt, ihr ein geeignetes neues Arbeitsgebiet zu beschaffen."
Gudrun Gaiger widerspricht den gegen sie erhobenen Vorwürfen und nimmt in einer „Stellungnahme zur Eröffnung eines Parteiverfahrens gegen mich, das am 23.3.1979 eröffnet wurde", zum Verfahren sehr detailliert und sehr ausführlich Stellung. In dem Papier werden interne Abläufe anschaulich beschrieben:

„1. Verletzung der ‚Staatsdisziplin'
Bereits in der ersten Überschrift wird mir vorgeworfen gegen die Staatsdisziplin gehandelt zu haben. Ich bin mir nicht klar darüber, ob sich der Kreis

der Genossen, die diese Formulierung im Zusammenhang mit den genannten Gründen gebraucht haben, über den Begriff ‚Staatsdisziplin' absolut sicher sind.

2. Mein Büro diene zum Aufenthalt von Gästen:

Das ist wahr.

– Es handelt sich um Genossen des Ministeriums für Staatssicherheit Berlin, mit denen ich seit 12 Jahren anläßlich der Leipziger Messen zusammenarbeite. Ich muß hier erwähnen, daß sich diese Genossen durch das ständige Kontrollieren meiner Büros durch den Direktor des Hotels ‚Astoria' beobachtet fühlten. Das kann nachgewiesen werden.

– Es handelt sich weiter um den Genossen Webersinke, Werbedirektor des Automobilwerkes Eisenach, der seit Jahren dem Betrieb Unterstützung in der Instandhaltung der Betriebsfahrzeuge zuteil werden läßt. Diesen Genossen kenne ich persönlich seit 14 Jahren. Er war bezüglich einer Essensabsprache für eine jugoslawische Delegation anläßlich der Leipziger Frühjahrsmesse 1979 bei mir, die im Restaurant des Interhotels „Zum Löwen" Gast sein sollte.

– Es handelt sich weiter um den Gen. Schweickert, Direktor für Absatz des VEB ‚Bärensiegel' Berlin, Mitglied des Gästebeirates des Interhotels ‚Stadt Berlin' in Berlin, der bis zum 10. 3. als offizieller Hotelgast im Hotel wohnte. Ab 11. 3. ein Privatquartier in Leipzig bezog. Diesen Gen. Schweickert ‚verfolgte' der Direktor buchstäblich und verhielt sich ihm als Hotelgast unhöflich und abweisend. Der Gen. Direktor genierte sich aber nicht, von dem Gen. Deckert 1 Karton Spirituosen anzunehmen.

– Es handelt sich letztlich um einen Gast aus England, mit dem ich an einem Abend ein Gespräch führte. Diese Tatsache steht in unmittelbarem Zusammenhang mit dem ersten Absatz auf Seite 3 zur ‚Verletzung der Staatsdisziplin', über die ich strengste Schweigepflicht habe!

Da nur mir als Hoteldirektor Interhotel ‚Zum Löwen', das Verbot des Aufenthaltes von Gästen im Büro, ausgesprochen wurde (siehe Protokoll Messerapport), erhielt ich vom Direktor den Hinweis, derartige Dinge im Restaurant abzuwickeln.

Ich stelle hier die Frage, ob ein öffentliches Restaurant dazu geeignet ist, offizielle dienstliche Gespräche zu führen.

An dieser Stelle muß ich der Vollständigkeit halber erwähnen, daß ich unmittelbar vor der Messe den Direktor darauf hinwies, welchen Personen-

Interhotels mit internationalem Ruf: Merkur und Astoria (Postkarte 1980er)

kreis von Gästen ich ab und zu in meinem Büro empfange. Das tat ich in weiser Voraussicht, um Mißverständnisse auszuschalten. Für diesen Hinweis bedankte er sich.

3. Einweisung von DDR-Bürgern im Hotel

Ich gab dem Gen. Webersinke, Automobilwerk Eisenach, die Möglichkeit, die letzten beiden Nächte der Leipziger Frühjahrsmesse 1979 in einem ungenutzten Office (Zi. 102) zu übernachten, in dem ich in diesen Raum eine Couch stellen ließ.

Der eigentliche Grund dieses Entgegenkommens bestand jedoch darin, Gen. Webersinke hat Ende vorigen Jahres kurzfristig den Unfallwagen des Betriebes instand setzen lassen, so daß der Betriebsablauf kaum gestört wurde. Für diese, seine Unterstützung, habe ich ihm gegenüber den Gefallen getan. Unter ‚Schwarz-Einweisung', wie mir vorgeworfen wird, verstehe ich etwas anderes, zumal mir in diesem Falle bekannt ist, daß sich der Gast bei Anreise polizeilich meldete.

4. Austern-Essen mit Ehemann

Der Werkdirektor des Automobilwerkes Eisenach, Gen. Aust, lud mich am 12. 3. 1979 19 Uhr zum Abendessen ein. Weitere – seine Gäste – waren

2 Vertreter der Generaldirektion LIMEX Berlin (staatlicher Bauaußenhandelsbetrieb der DDR, führt Gespräche zum Neubau des Hotels „Merkur“). Grund für diese Einladung war: Ich stellte auf Bitte am letzten Messetag der Leipziger Herbstmesse 1978 dem Gen. Aust und seinem Leitungskollektiv (10 Genossen) mein Büro zur Verfügung, da diese Genossen bis zum nächsten Morgen 8 Uhr eine Politbüro-Vorlage für den Gen. Günther Kleiber (1921–1978, Mitglied des ZK der SED und stellv. Vorsitzender des Ministerrates der DDR) zu erarbeiten hatten. Gen. Aust wollte sich – auf diesem Wege – nachträglich für meine Unterstützung bedanken, da er zur Leipziger Herbstmesse 1978 keine Gelegenheit mehr hatte. Es entspricht der Tatsache, daß Austern gegessen wurden. Ist das in einem Interhotel nicht statthaft? Gegen 23 Uhr holte mich mein Mann mit privatem Pkw ab, nahm jedoch für ca. 30 Min. vorübergehend am Tisch Platz.
5. Alkohol m Dienst
Es wird behauptet, daß ich in der Zeit vom 8.–12. 3. 1979 täglich angetrunken war.
Dafür verlange ich Beweise!
Wenn es so gewesen wäre, hätte der Direktor oder eine andere kompetente Person des Betriebes gem. der Weisung des Generaldirektors, die Pflicht gehabt, mich darauf aufmerksam zu machen und mich aufzufordern, den Betrieb zu verlassen. Das ist nicht geschehen. Diese Behauptung zu widerlegen, kann ich bezeugen lassen.
6. Restaurantnutzung nach Schließzeit
Ich saß am 14. 3. 1979 mit 12 Genossen des MfS Berlin im Restaurant des Interhotels ‚Zum Löwen‘. Gegen 24 Uhr bestellte ein Genosse noch etwas zu trinken. Die Bestellung nahm die Serviererin entgegen. Nach 5 Min. wurde dem Genossen erklärt, er kann das Gewünschte nicht mehr bekommen. Daraufhin sagte ich zu der Kollegin, daß es unhöflich ist, wenn ein Gast bestellt, die Bestellung auch aufgenommen wird, ihm anschließend mitgeteilt wird, es geht nicht mehr. So etwas sollte man ordentlicherweise vorher dem Gast sagen. Daß der Stützpunkt der Kellner abgerechnet war, wurde uns nicht gesagt.
Die Restaurantleiterin ließ nach Schließzeit des Restaurants noch weitere Gäste im Restaurant Platz nehmen. Das habe ich beim Gehen gegen 1.15 Uhr erst festgestellt.
7. Keine ordnungsgemäße Messevorbereitung

Ich habe am 26. 2. 1979 eine Belegschaftsversammlung zum Thema ‚Vorbereitung und Durchführung der Leipziger Frühjahrsmesse 1979' absolviert (siehe Protokollnotizen).
Ich habe am 6.–9. 3. Dienstberatungen und individuelle Gespräche mit Kollektivleitern durchgeführt (siehe Protokollnotizen).
Wenn mir unterstellt wird, keine ordnungsgemäßen Messevorbereitungen getan zu haben, frage ich mich, wie kann dann eine Messe u. a. ökonomisch mit einer Übererfüllung abgerechnet werden? Wie kommt es dann zu ausgezeichneten Einschätzungen über das Hotel und Versorgungsniveau seitens der Hotelgäste und wie kommt es dann, daß keinerlei negative besonderen Vorkammnisse eingetreten sind?"

Die Vorwürfe setzen sich im Immer-Kleineren fort. Gudrun Gaiger wird vorgeworfen, auch anderweitig Arbeitsmoral und Arbeitsdisziplin verletzt zu haben. Arbeitsorganisatorische Hinweise der staatlichen Leitung habe sie nicht beachtet. Sie hätte Stimmung gegen Kellner und gegen die Restaurantleiterin gemacht. Sie nehme nicht am obligatorischen Messerrapport teil. Das Parteistatut habe sie verletzt, sei unfähig zur Selbstkritik, übe aber harsche Kritik bei kleinsten Vergehen mit verletzendem Ton usw. usf. Am 22. Juni 1979 wird im „Berichtsbogen zur Erfassung und Auswertung von Untersuchungen der BPKK und der KPKK im 1. Halbjahr 1979" ein Schlussstrich gezogen.

„Abschluß der Untersuchung 27. 4. 1979
Wesentliche, durch die Untersuchung aufgedeckte Mängel und Verstöße
– Vernachlässigung der politisch-ideologischen Arbeit
– Verstöße gegen die Partei und Staatsdisziplin
– Mißachtung der Kritik
– Verstöße gegen die innerparteiliche Demokratie
– Mißachtung der Kollektivität der Leitung
– Liberales Verhalten bei Verstößen gegen die Normen des Parteilebens
Strafe: Rüge."

Es folgt die „Einschätzung der Untersuchung der SPKK in der GO des Interhotels ‚Astoria'":

„Der Anlaß der Untersuchung – Signale, die auf Verletzungen von Parteinormen bei der Durchführung eines Parteiverfahrens aufmerksam machten – entspricht der Spezifik unserer Arbeit. Mit der Untersuchung wurden ernste Verletzungen der Normen des innerparteilichen Lebens und der Rechte eines Genossen sichtbar gemacht. Es gelang, die wesentlichen Ursachen für das Fehlverhalten leitender Genossen im Interhotel ‚Astoria' aufzudecken und politisch richtig zu werten. Im Ergebnis wurde erreicht, daß die Genossen richtige Positionen zu ihrer bisherigen Arbeit und zu ihrer Verantwortung bezogen.
In der Untersuchung wurde auch sichtbar, daß verantwortliche Mitarbeiter der SED-BL (Bezirksleitung) Leipzig-Mitte ihrer Verantwortung gegenüber der GO Interhotel ‚Astoria' nicht genügend wahrnahmen.
Die Schlußfolgerungen orientieren auf die konsequente Durchsetzung der Leninschen Normen und die Verantwortung der Genossen des Apparates der Stadtbezirksleitung-Mitte. Es wäre zweckmäßig gewesen, als Kontrollmaßnahme festzulegen, daß das Sekretariat der Stadtbezirksleitung über die Realisierung der in den Schlußfolgerungen gestellten Aufgaben zu einem bestimmten Zeitpunkt den 1. Sekretär der Stadtleitung informiert."

Ihr Parteistatut nennt die SED „einen Kampfbund von Kommunisten. Dementsprechend werden die Verantwortung jedes Mitgliedes und Kandidaten der Partei, seine Pflichten und Rechte genau bestimmt. Verankert ist, daß die Aneignung und Verbreitung des Marxismus-Leninismus zu den Aufgaben jedes Kommunisten gehört. Jeder Kommunist ist verpflichtet, für die unverbrüchliche Freundschaft, Zusammenarbeit und das brüderliche Bündnis mit der Sowjetunion, für den engen Zusammenschluß der Länder der sozialistischen Staatengemeinschaft einzutreten und kompromißlos den Antikommunismus, Antisowjetismus und alle Erscheinungen der bürgerlichen Ideologie zu bekämpfen." Das Parteiverfahren ist abgeschlossen. Kollegin Gaiger hat ihren Arbeitsplatz gewechselt und dafür Leipzig verlassen.
In immer schnelllebigeren Zeiten schreiten die technischen Entwicklungen und die Möglichkeiten ihres Einsatzes immer rascher voran. Geschmack und Mode wechseln wie die Ansprüche und ihre Befriedigung: Was heute modern, ist morgen von gestern: Spurlos kann dies nicht vorübergehen, erst recht nicht an einem Hotel der Spitzenklasse. So führte „der zunehmende internationale Tourismus zu weiteren Profilierungsmaßnahmen besonders im Be-

Wandelbarer Salon: Speisen in „Meißen“

herbergungsteil und zur Schaffung eines Bürotrakts und die Anpassung zum Regierungs- und Protokollhotel in den Jahren 1978–1981.“

Die Modernisierungs- und Renovierungsmaßnahmen waren nötig, wollte das „Astoria“ nicht seinen Spitzenplatz im Ranking bester Hotels der Messestadt verlieren, denn quasi vor der eigenen Haustür erwuchs weitere Konkurrenz. „1978 wurde zwischen dem DDR-Außenhandelsunternehmen LIMEX und der Japan GDR Project Company der Vertrag zum Bau des 5-Sterne-Hotels unterschrieben. Kajima Corporation übernahm die Projektierung und die Ausführung. Die Kosten für den Bau betrugen 16,1 Mrd. japanische Yen. Im September 1978 war die Grundsteinlegung.“ Die Umsetzung des Baus übernahmen schwedische Firmen, deren Arbeiter im Hotel „Zum Löwen“ nächtigten. Am 28. März 1980 war Richtfest für das 96 m hohe Gebäude in unmittelbarer Nähe zu „Astoria“ und Hauptbahnhof.

Zur Frühjahrsmesse ein Jahr später wurde das „Merkur“ als Leipzigs größtes Hotel eröffnet. Es „verfügte über 447 klimatisierte Zimmer und Appartements mit 700 Betten, zwölf Restaurants, Bars und Clubs mit insgesamt 800 Plätzen – darunter mit dem Nationalitätenrestaurant ‚Sakura‘ das zweite japa-

Gehobenes Ambiente: Salon „Flair“

Gehobene Gastronomie: Restaurant „Pelzklause“

nische Restaurant der DDR nach dem ‚Suhler Waffenschmied' – sowie fünf Salons und ein Bankett- und Kongresszentrum mit 265 Plätzen. Das Hotel beschäftigte 740 Mitarbeiter, davon 110 im Intershop. Zum Hotel gehörten 15 hauseigene Fahrzeuge, darunter die Marken Wartburg, Lada und Volvo. Außerdem befand sich im Hotel eine eigene Pass- und Visastelle."
Wollte das „Astoria" gegen diese Konkurrenz bestehen, musste es die Gäste mit Qualität und Alleinstellungsmerkmalen überzeugen. Die Gaststättenbereiche wurden völlig neu gestaltet. Die Werbung verhieß: „In den letzten Jahren entstanden repräsentative und neuprofilierte Restaurants wie ‚Galerie', ‚Pelz-Klause' als Spezialitätenrestaurants der Spitzenklasse, das Restaurant ‚City' als Stadtgaststätte, das Tanz-Café ‚Karat', und die Salons ‚Meißen', ‚Plauen' und ‚Flair' wurden zur Spitzenklasse umgestaltet.

- Restaurant ‚Galerie', 80 Plätze, mit internationaler Küche
- Restaurant ‚City', 120 Plätze, mit internationaler Küche
- Restaurant ‚Pelz-Klause', 110 Plätze
- Tanzcafé ‚Karat', 110 Plätze
- Hotelklub (Bar), 55 Plätze

Dazu kommt die Hotelhalle sowie einige weitere Kapazitäten, so daß das Hotel heute mehr als 1.000 gastronomische Plätze anbieten kann." Das Hotel wurde 1979 anerkannter Praktikumsbetrieb der Handelshochschule Leipzig, einer Schule, die nicht nur zur Messe das freundliche und zuvorkommende Bild des Berufsstands prägte.
Journalisten waren im Hause nicht nur als Gäste, sondern vor allem als (werbende) Berichterstatter gern gesehen. Nach einer „Stippvisite durch ‚Astoria'-Räumlichkeiten" informierte das „Sächsische Tageblatt", die Landeszeitung der Liberal-Demokratischen Partei Deutschlands, am 10. Oktober 1980 seine Leser:

„Im Salon wird gemeinhin scharf geschossen, dort schiebt man sich die Whisky-Gläser mit elegantem Western-Schwung meterweit über den Tresen, an dem meist undurchsichtige Gestalten zu lehnen pflegen, im Salon wird – wenn man Film-Importen glauben darf – das Mobiliar nach jeder Schlägerei rundum erneuert ...
Exakt Letzteres wünschten sich fürwahr die ‚Astoria'-Hotel-Direktoren nicht nur für ihren kleinen neuen Chippendale-Salon, der seit der letzten Herbstmesse Gesellschaften zur Verfügung steht, denn dort ist alles von beträcht-

lichem Wert. Die Stühle, ein Nußbaumtisch, er sei der größte Hotel-Tisch in der DDR, wurde uns ehrenwörtlich versichert, bis zu 22 Leute können sich drumherum versammeln bei Festlichkeiten, versteht sich, ist alles nostalgisch prachtvoll.
So auch die Information, die wir gestern im ‚Astoria' erhielten bei einem Rundgang durch renovierte Räumlichkeiten. Dazu zählt auch das Stadtrestaurant, das ebenfalls eine Verjüngungskur durchmachte, obwohl das Wort Verjüngung dem Restaurant gar nicht recht zu Gesicht steht, denn auch dieser Raum ging durch ein nostalgisches Wasserbad, das heißt, er wurde anheimelnder, gemütlicher. Die Preise sind dabei angemessen, entsprechen denen eines ‚normalen' Großstadthotels. Ein Verweil lohnt mithin, und eingebaute Sitznischen verstärken den urigen Charakter. Und wer's nicht glaubt, der zahl' 'nen Taler und gehe hin ..."

Der Neuerungen ist kein Ende: „Hotel ‚Astoria' bietet seinen Gästen für Feiern im kleinen Kreis wieder neuen Service", titelt die regionale Tageszeitung der Ost-CDU „Die Union" am 8. Juli 1981 ihren Bericht.

„Das Interhotel ‚Astoria' hatte schon immer einen guten Namen. So stufte bereits das Adressbuch von 1914 das Haus Etablissement als ‚neuzeitliches Haus 1. Ranges' ein und verweist diskret auf ‚letzten Komfort'. Mit gastronomischen Extras anno 1981 machte jetzt Hoteldirektor Peter Schulze Pressevertreter bekannt. Dauerte es z. B. bisher fünf bis sechs Stunden – die Rückverwandlung nicht mit gerechnet – ein ‚normales' Hotelzimmer in einen Tafel- oder Büroraum umzugestalten, so vollzieht sich diese Prozedur nun in ganzen sechs Minuten. Betätigt man zwei Knöpfe, ist es ein Kinderspiel, das

Stars im Hause: Direktor Hans-Peter Schulze und Geigenvirtuose Yehudi Menuhin (1994)

Bett verschwinden zu lassen. Im Nu verändert sich jetzt ein Einbettzimmer in einen sehr ansprechenden Raum, in dem eine achtköpfige Gesellschaft Verlobung, Schulanfang oder einen ‚runden' Geburtstag feiern kann. Und wer gern einen größeren Kreis um sich versammeln möchte, bitteschön, auch für 16 Gäste ist man in diesen Tafelzimmern des Hotels ‚Astoria' gerüstet!
Zunächst wurden zwei Musterzimmer aus der Taufe gehoben. Bis zur Herbstmesse soll sich die Zahl der leicht veränderbaren Tafel- und Bürozimmer auf 18 erhöhen und bis zum Jahresende sind sieben weitere geplant. Insgesamt werden 30 dieser Räume vorgesehen, die sich bei aller Typisierung in individuellem Charakter präsentieren. So lädt in Kürze beispielsweise ein Bauernzimmer zu einem zünftigen Umtrunk in kleinem Kreise ein!"

International konsolidiert man die Partnerschaften zu den Hotels „Voronez" im tschechischen Brno und „Trimontium" in Plovdiv/Bulgarien. „Das Hotel ‚Astoria' heute ist ein neuzeitliches Hotel, das sich innerhalb der Leipziger Spitzenhotels eines guten Namens erfreut und seine Leistungsfähigkeit tagtäglich

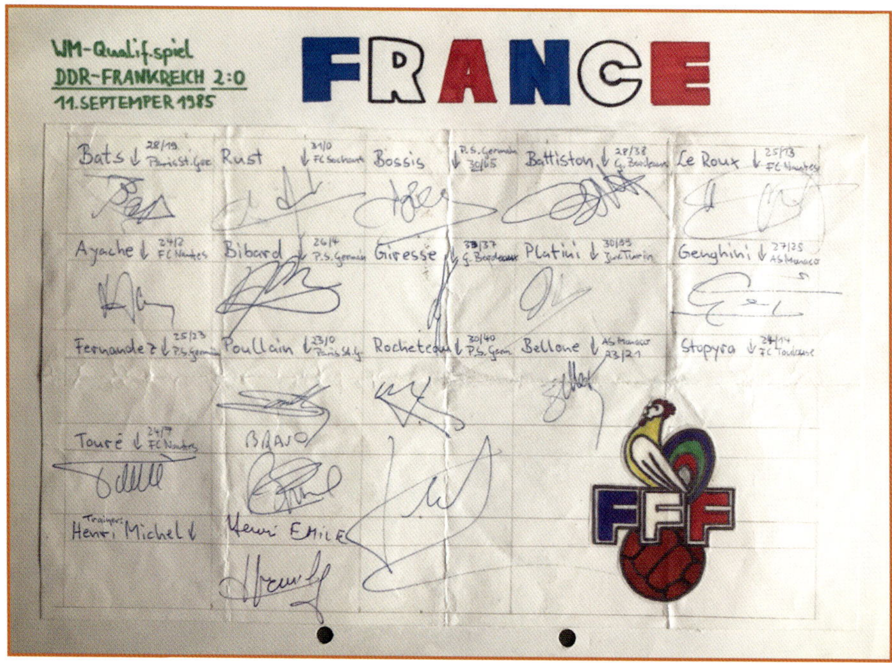

Get to France: gezeichnet – gewartet – gegengezeichnet

durch gastronomische Leistungen und Hotelleistungen mit hohem Niveau unter Beweis stellen muß und den internationalen Vergleich nicht scheut."

1984 beginnen die Instandsetzungsarbeiten an Dach und Fassade. Und ob all der Mühen und des durchgehenden Hotelgeschäfts wird dem ‚Astoria' 1984 der Titels „Hotel der ausgezeichneten Leistungsqualität" verliehen. Ein Höhepunkt in der Geschäftsgeschichte.

Ein Hotel verweist immer auf berühmte und prominente Gäste. Natürlich kann das auch das Hotel „Astoria": Von den Kosmonauten Juri Gagarin (1934–1968) und Wladimir Komarow (1927–1967), zu weltberühmten Künstlern wie Yehudi Menuhin (1916–1999), Daniel Barenboim (*1942) den Berliner Philharmonikern, deren Dirigent Herbert Karajan (1908–1989) getrennt von seinem Orchester im Hotel „Stadt Leipzig" schlief und sich das arrangierte Blumengrün verbat, oder die Oistrachs Dawid (1908–1974) und Igor (1931–1978). Orchester, Balletttruppen, Fußballmannschaften nahmen hier Quartier wie Dynamo Moskau, die französische Nationalmannschaft oder Werder Bremen. Die Mannen von Hannover 96 haben stundenlang Autogramme geschrieben. Als man einen besonders fitten Kollegen ob seiner Vigilanz lobte: „Bist ja ein Schnellinger!", fühlte sich Karl-Heinz Schnellinger (*1939) vom AC Mailand angesprochen. FIFA-Präsident Sir Stanley Rous (1895–1986) „setzte 1980, als er zum Europacup im ‚Astoria' weilte, im Foyer einer Fußballfigur das Astoria-Signet als Kopf auf und schrieb darunter: „‚Astoria" ist die beste Mannschaft in Europa!'" Die „Mütze" saß noch eine Weile zur Freude aller Mitarbeiter.

Neuer Haarschnitt, Cheese und Klick

Weitere Fußballspieler und -mannschaften betteten vor und nach ihren Spielen im Zentralstadion das Haupt im Interhotel: Nationalteams vieler Länder: Wales, Sowjetunion, ČSSR, Dänemark, Mexiko, England. Anlässlich des Spieles DDR – Frankreich in der EM-Gruppenphase am 19. November 1986 weilte Michel Platini (*1955) mit Mannen, Trainer und Physiotherapeuten im Hause. Dazu erschien auch Liberolegende Franz Beckenbauer (*1945) in Begleitung von DDR-Fußballschiedsrichter Rudi Glöckner (1929–1999). Auf der Ehrentribüne des Zentralstadions wurde „der Kaiser“ im weiten Rund sehr schnell entdeckt und ihm gehuldigt: „Selbst, wenn wir ihn unter eine rote Perücke gesteckt hätten, sie hätten ihn erkannt.“ Udo Lattek (1935–2015), Günter Netzer (*1944) und Helmut Schön (1915–1996), „der Mann mit der Mütze“, waren da und mehrmals Fußballfan und Schlagerbarde Udo Jürgens (1934–2014): „Du warst ein General mit Herz / ein Freund zugleich ein Boss / du wusstest Rat und manchen Trick / und rittest nie das hohe Ross.“

Der Sänger saß einsam an der Mokka-Bar, als die Angestellten in Kostümen anlässlich des Internationalen Frauentags zur Modenschau ins Café schritten. Eine freche Fachkraft aus der Kalten Küche meinte: „Udo, da musste uns zu Ehren etwas singen!“ Nach dem Defilee setzte sich Udo Jürgens an den Flügel und gab ein Privatkonzert. „Siebzehn Jahr, blondes Haar, so stand sie vor mir ...“ Es kamen die geehrten Frauen aus dem Friseurgeschäft mit Lockenwicklern in den Haaren, Zimmermädchen hörten mit dem Spiegelputzen auf, die Köchinnen ließen ihre Töpfe stehen, und mancher Mann mischte sich unters Publikum: „Merci, merci, merci, für die Stunden Cheri, Cheri, Cheri ...“

Der Verkaufsdirektor war lange Jahre und bis 1989 Thomas Küttner, Bruder des Kultmoderators „Punkt. Unterschrift. Gezeichnet Herbert Küttner“ (1926–2010) und Onkel von Frank Schöbel (*1942). Nicht nur wegen dieser familiären Beziehung schliefen die Stars der DDR im Haus. Verständlicherweise wussten auch sie Bequemlichkeit und Service zu schätzen. Sonderwünsche von Kondom bis zum täglichen Schnitzel für den Hund wurden gern erfüllt. Diskretion war Ehrensache und die Mitarbeiter zur Geheimhaltung verpflichtet. Im „Astoria“ haben gerne übernachtet: Heinz der Quermann (1921–2003), „dr Gleene mit dr großen Gusche“ Eberhard Cohrs (1921–1999), „Paula“ Angelica Domröse (*1941) mit „Clown Ferdinand“ und Ehegatten Jiři Vršta-la (1920–1999), Helena Vondračkova (*1947), Jiří Korn (*1949) und Václav Nečkář (*1943), Rolf Herricht (1927–1981) und Hans-Joachim Preil (1923–1999). Auch der Kultmoderator der Unterhaltungssendung „Da liegt Musike drin“ (1968–1985), Kammersänger Reiner Süß (1930–2015), und Gäste der Lotto-Show „Glück muß man haben“ (1985–1997), sie alle schliefen hier im Hause, erfolgte doch die Aufzeichnung der TV-Abendunterhaltung im „Haus der heiteren Muse“, das quer über den Hauptbahnhof hinweg auf dessen anderer Seite gelegen war. Der Weg war kurz, das Hotelleben bunt.

„Ich will keine Schokolade, ich will lieber einen Mann“, sang Trude Herr (1927–1991) auch in Leipzig und hatte etwas im Safefach zu verschließen.

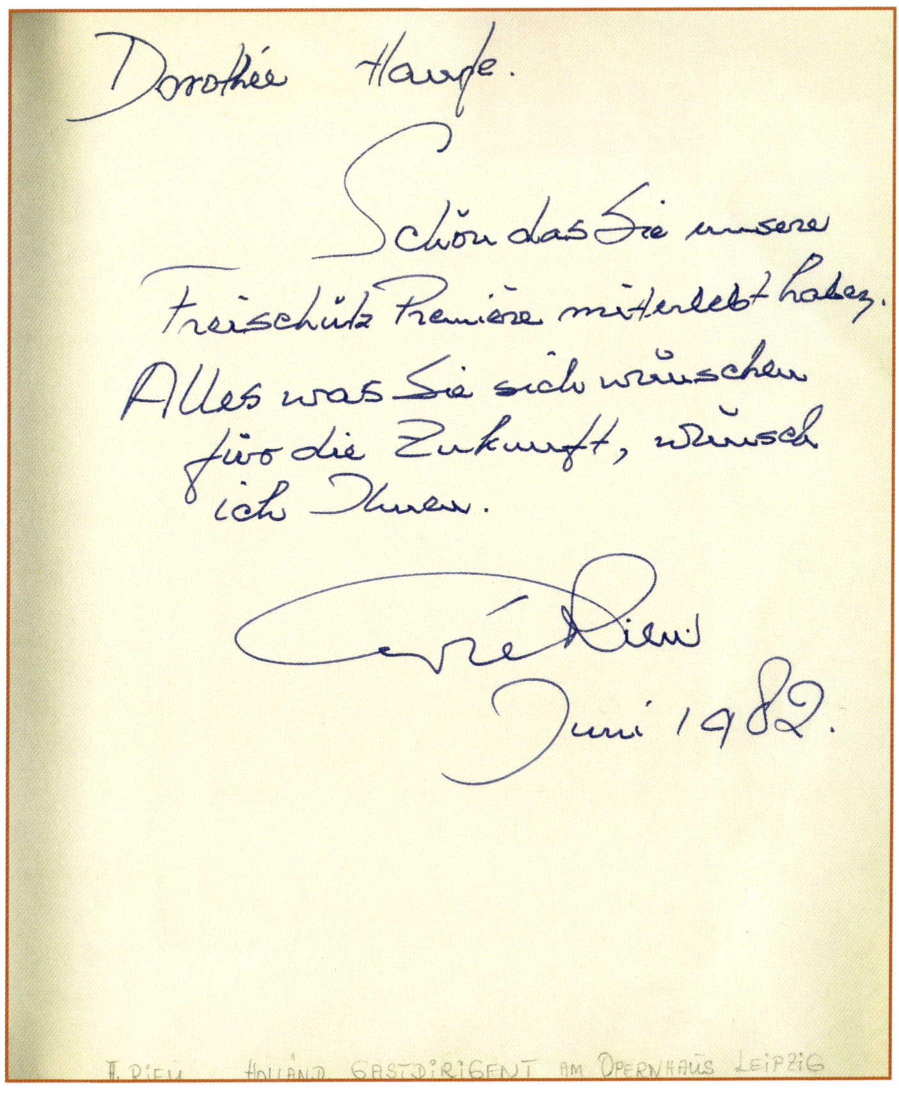

Dorothée Haupe.

Schön das Sie unsere
Freischütz Premiere miterlebt habe.
Alles was Sie sich wünschen
füor die Zukunft, wünsch
ich Ihnen.

André Rieu
Juni 1982.

A. Rieu Holland Gastdirigent am Opernhaus Leipzig

Ganz persönlich: André Rieu (Dirigent und Vater von André Rieu)

Nachdem dies erledigt, fuhr sie mit dem Taxi davon. Als sie ihre Wertsachen wieder auslösen wollte, fehlte ihr persönlicher Schlüssel zum Tresor. Überlegung und Recherche verfolgten ihren Weg zurück: Sie hatte den Geldschrank abgeschlossen, den Schlüssel an sich genommen, nicht weggesteckt – aufs Wagendach des Taxis gelegt. Man lief vor die Hoteltür und fand den Vermissten auf dem Asphalt, wo er nicht glänzte. Trude Herr fehlten die Worte. Sie musste sich setzen.

Auch Stars der deutschlandweiten Künstlerszene und internationalen Politik übernachteten gern im „Astoria“: Bischof Desmond Tutu (*1931) und der Erzbischof von Canterbury Robert Runcie (1920–2000). Wissenschaftler Manfred von Ardenne (1907–2007) beeindruckte mit ganz kleiner Schrift, Automobilrennfahrer Manfred von Brauchitsch (1905–2003) mit weißer Haarpracht. Die Stardirigenten Zubin Mehta (*1936), Otmar Suitner (1922–2010), Herbert Kegel (1920–1990) und Robert Hanell (1925–2009) haben gebucht. Kurt Masur (1927–2015) sprach sich mit der Rezeptionistin aus, ob er dem Gewandhausorchester als Kapellmeister genügen könnte. Hatte die Astoria-Bar bereits geschlossen, gab es am Empfang noch ein Glas Bier oder Sekt oder eine Bockwurst für den kleinen Hunger.
Die Klaviervirtuosen Annerose Schmidt (*1936) und Peter Rösel (*1945) liefen vom Hotel zum Auftrittsaal wie auch die Opernsängerinnen Edda Moser (*1938) und Eva-Maria Bundschuh (*1941). André Rieus (1949) Vater Andrè Rieu sen. (1917–1992) gastierte 1982 in Leipzig. Journalist Peter Merseburger (*1928) dokumentierte das Leben in der Messestadt, andere Westreporter auch. Diven, Egoisten, Schüchterne ließen sich zu ihren Vorstellungen, Verhandlungen und Geschäften bringen. Den Kabarettisten Dieter Hildebrandt (1927–2013) und Werner Schneyder (1937–2019) gelang es nach vielen Versuchen, erstmals 1985 ihr eigens geschriebenes Programm „Zugabe Leipzig“ in Leipzig auch zu spielen. „Meine Lieblingsstelle ist: Hildebrandt sagt, die Missstände in der DDR? Ich sage: Es gibt in der DDR keine Missstände. Sagt er: Was denn? Sag ich: Gesellschaftliche Widersprüche. Sagt er: Was sind gesellschaftliche Widersprüche? Sag ich: Missstände. Und dann sah ich unten ein paar Uniformierte sitzen. Und die haben gar nicht gelacht.“

„Für das ‚Astoria‘ bedeuteten die Messewochen in der Messestadt Leipzig den Ausnahmezustand, gleichzeitig war die Messezeit die Lebensader des Hauses. Zum offiziellen ‚Protokoll- und Regierungshotel‘ war das Haus schon in den 50er Jahren berufen worden. Mit dem Umbau 1979 bekam der DDR-Außenhandelsminister hier seine ständige Messeresidenz und verfügte über die Belegung aller Räume. Eine ganze Etage war dem geheimen Außenhandel eines Herrn Alexander Schalck-Golodkowski in jenen Tagen vorbehalten, keine der Hotelfachkräfte besaß Überblick, und an den genannten Namen durfte gezweifelt werden. Bestellt wurde vor allem Alkohol, aber der wurde nicht nur in diesem Stockwerk gern getrunken. Manch ein Politi-

ker und Handelsmann, ob Ost, ob West, ist im ‚Astoria' vom Stuhl gefallen. Die Servicekräfte waren zum Schweigen verpflichtet und haben es getan, ganz wie Ärzte, Rechtsanwälte oder Pfarrer.
Die Leipziger Rauchwarenmesse genoß schon in der Frühzeit des ‚Astoria' weltweiten guten Ruf. Zu DDR-Zeiten brachte sie internationales Flair mit entsprechend verwöhnten Gästen, die, so erinnert sich ein Mitarbeiter, eventuell von New York nach Leipzig kamen, um anschließend nach Leningrad weiter zu reisen. Den Luxusbedürfnissen solcher Gäste war das ‚Astoria' bestrebt nachkommen – wenn etwa Schwarzer Kaviar gefragt war, mußte dieser beschafft werden. Ein Mangel wie bei Südfrüchten konnte dennoch nie so ganz behoben werden."

Doch waren im „Astoria" Bananen öfter zu erhalten als im öffentlichen Handel. So hatten die Theatermacher des Pegasus-Clubs 1988 mit den Köchen (wie mit Zootierpflegern) den Deal, dass bei der Aufführung von Samuel Becketts „Letztem Band", der Erhalt von drei Bananen aus der Astoria-Küche möglich war. Denn diese Südfrucht gehörte unabdingbar zum absurden Stück: Ohne Banane kein Theater!
Dass ein solches Haus Geschichten erzählt, ist gewiss. Gästebücher dienen auch dem eignen Fromm und Nutzen und zeugen von der Vergangenheit. Sie gilt es zu bewahren. Im Mai 1983 war ein „Chronist auf Schatzsuche" und bat um Mithilfe der Bevölkerung:

„Mittlerweile dürfte sich der Name Mario Ebert in allen einschlägigen Museen und Archiven herumgesprochen haben. Zudem hat das Staatsarchiv Potsdam ein Schreiben mit der Unterschrift des jungen Mannes erhalten. Eigentlich wollte er die jahrtausendealte Historie der Gastronomie bewältigen, aber sein Chef, Astoria-Direktor Peter Schulze, lenkte den Elan in eine andere Richtung: ‚Franke, jetzt machst du erstmal unsere Betriebsgeschichte!' Und da lastet natürlich allerhand auf den Schultern des Chronisten. ‚Das Jahr 1915, das Eröffnungsjahr des „Astoria", haben wir nun in seiner Zeitfolge fertiggestellt. Aber ohne Hilfe komme ich nicht weiter', meint er. Und die Zeit drängt. 1985, dann feiert das ‚Astoria' 70jähriges, da soll nicht nur die Chronik geschrieben sein, das Interhotel erhält bis dahin ein Traditionszimmer. Darüber hinaus wird ein Zimmer so gestaltet, wie sich die Einrich-

Bildschön: Restaurant „Galerie“

tungen 1920 dem Gast präsentierten. Mario Eberts Bitte nun: Wer hat altes Material über das ‚Astoria‘? Gefragt sind z. B. Postkarten, Fotos, Speisekarten. Wer kennt sich ansonsten gut über einzelne Entwicklungsetappen dieses renommierten Leipziger Hauses aus? Halten Sie mit Ihrem Wissen und Material nicht hinter dem Berg zurück. Und wo sich das ‚Astoria‘ befindet, wissen Sie ja: 7010 Leipzig, Platz der Republik, PSF: 208, Telefon 71710. Es kann sein, daß Mario Ebert gerade in angestaubtem Archivmaterial blättert. Die anderen Astoria-Mitarbeiter notieren sich Ihre Hinweise aber genauso gern ...“

Apropos Retrostil: Am 21. Juli 1984 wird das Restaurant „Galerie" im Stil des Eröffnungsjahres neu gestaltet. Beeindruckt zeigte sich der Reporter vom „Sächsischen Tageblatt". „Gastronomisches Kleinod – Neues Restaurant der Spitzenklasse im ‚Astoria'" titelte er und gibt dann seine Eindrücke wieder: „Im festlichen Glanz erstrahlt das heute eröffnete Restaurant ‚Galerie' des Interhotels ‚Astoria'. Nach umfangreichen und grundlegenden Umgestaltungsarbeiten entstand hier aus einer der ältesten gastronomischen Einrichtungen des Hauses am Platz der Republik mit einem finanziellen Aufwand von etwa einer halben Million Mark ein gastronomisches Kleinod, ein Restaurant der absoluten Spitzenklasse. Möbel im Stil des englischen Chippendale in warmem Braun, Samtvorhänge vor bleiverglasten Butzenscheibenfenster, mit goldfarbenem Seidenbrokat ausstaffierte Wände und Leuchter aus böhmischem Kristall verleihen dem Raum eine überaus gediegene Atmosphäre. Gemälde als Leihgaben des Museums der Bildenden Künste setzen den Punkt aufs i."

Mancher Gast war sicherlich wie anno dunnemals so beeindruckt von diesem Ambiente, dieser Noblesse und der feinen Küche, die man sich nicht alle Tage leisten kann. 1923 schrieb der Essayist im Kulturblatt „Das Leben" über solche Gefühle: „Eduard hat eine Nachzahlung erhalten. Deswegen hat er mich in ein feines Restaurant zu Mittag eingeladen. Da sitzen wir also im Gasthaus. Die Tische sind weiß gedeckt, und die Kellner schweben wie schwarze Engel durch den Raum. Eduard ergreift eine riesenlange Karte. Das ist die Speisekarte. Weihevolle Stimmung. Da Eduard der Gastgeber ist, darf er auch die Speisen auswählen. Das gehört sich so ... Er wählt und ich male mir ein Wiener Schnitzel in den grellsten Farben aus: Zitrone, panierte Bräune, silberne Sardelle (die Sardelle bekommt Eduard, denn ich mag keinen Fisch). Ich male mir aus ... Eduard wählt. Das dauert lange. Begreiflich! Wann waren wir zuletzt in so einem Bratengeschäft? Waren wir überhaupt schon mal da? Und wenn Eduard nicht für meinen Geburtstag angespart hätte, säßen wir auch nicht hier ... ich male mir bereits den Teller aus. Dann weiß ich nicht weiter" – und der schwarze Engel, er schwebt heran ...

„Auch die Rekonstruktion bzw. völlige Neugestaltung der Küche konnte nunmehr abgeschlossen werden und hat einen finanziellen Aufwand von 1,2 Millionen Mark erfordert. Das Team um Küchendirektor Bernhard Grigoleit hat jetzt in seinem Reich Arbeitsbedingungen, die jedem internationalem Vergleich standhalten. Hier ist einfach alles vorhanden, was in der modernen Küchenindustrie nötig ist, so daß ein Sortiment von 100 verschiedenen Gerichten pro

Tag zubereitet werden kann." Küchenqualität vom Kombinat NAGEMA made in GDR. Nicht nur das Arbeitskollektiv ist stolz. Die Genossen kommen gern und lassen sich über weitere Fortschritte berichten.
Astoria-Direktor Peter Schulze stellt sich am 28. November 1984 den Journalistenfragen:

„Leipzig größtes Traditionshotel, das ‚Astoria', wurde kürzlich hoch geehrt, es erhielt als zweites Hotel in der DDR den Titel ‚Hotel der ausgezeichneten Leistungsqualität'. Darüber informierte uns Direktor Peter Schulze anläßlich einer Zusammenkunft. Diese Auszeichnung, so Peter Schulze, ist dem Hotel selbstverständlich Auftrag und Verpflichtung zugleich zu weiteren Anstrengungen fürs kommende Jahr. Was zählt dazu?
Zu nennen wären da einmal die Jugendtanzveranstaltungen, die auf hohem Niveau weitergeführt werden. Die Abende stehen unter den Themen wie beispielsweise ‚Mixgetränke für die Party zu Hause', ‚Wir flambieren' oder ‚Winzerfest'. Aber auch die erfolgreichen ‚Zoogeschichten' im ‚Panthera'-Restaurant im Hotel ‚Zum Löwen' laufen weiter. Peter Schulze konnte berichten, daß ein speziell für Kinder geschaffenes Speisen- und Getränkeangebot zur Verfügung steht, und zwar unter der Bezeichnung ‚Was hat der dicke Küchenmeister heute für die kleinen Geister?', daß die zwei Gesellschaftszimmer ‚Plauen' und ‚Meißen' – bis zu 30 Personen – den Leipzigern im neuen Gewande wieder zur Verfügung stehen, daß bis zur Herbstmesse Café und Bar überholt werden und im kommenden Jahr in der 5. Etage 20 Zimmer einschließlich Sanitäreinrichtungen ihrer Bestimmung übergeben werden.
Wissenswert für die Leipziger dürfte noch sein, daß die rekonstruierte Sauna ab März wiedereröffnet wird, die dann auch den Leipzigern ihre Pforten auftut. Familiensauna ist übrigens sonnabends von 8 bis 12 Uhr. Die Saunafreunde werden's zu danken wissen."

Auch künstlerisch kamen Werke hinzu: Im Restaurant „Panthera" sah man seit 1983 das von Karl Voigt geschaffene Wandrelief aus Gipssilikatstein „Die Umwelt des Löwen" mit den Maßen 3 m × 0,72 m und 2,4 m × 072 m. Der Steinsaal wurde Repräsentationsraum. Am Frisör hing der legendäre Pfau, der jedem Leipziger Begriff. Die Innenwandgestaltung der Astoria-Nachtbar gab man mit der Prämisse in Auftrag, dass die Gemälde zweidimensional auf elf Flächen à 3 m² (ca. 33 m²) und auf Acrylbasis auszuführen seien. Dafür traf sich die Leitung des Hotels mit dem Büro für architekturbezogene Kunst des Bezirkes Leipzig und legte nach den Gesprächen am 1. April 1985 fest:

„Bearbeiterkollektiv:

Hans Pasemann	Dipl. Ingenieur, stellv. Direktor BfaKB
Reginald Salzer	Dipl. Philosoph, leitender wiss. Mitarbeiter BfaKB
Michael Kunert (*1954)	Dipl. Maler und Grafiker, VBK DDR
Detlef Lieffertz (*1949)	Dipl. Maler und Grafiker, VBK DDR
Helmut Chowanetz	Dipl. Ökonom, Assistent des Direktors Interhotel ‚Astoria'

1. Vorbemerkungen

Diese Konzeption ordnet sich mit der prinzipiellen Zielstellung einer einheitlichen Planung und Realisierung von Werken der architekturbezogenen Kunst bei betrieblichen Bedingungen eines umfassenderen Renovierungsvorhabens ein. Zur Vorbereitung des Werkes der architekturbezogenen Kunst in der Nachtbar des Interhotels ‚Astoria' wurden die konzeptionellen Vororientierungen geprüft und als Grundlage der weiteren konzeptionellen Bearbeitung genutzt.

2. Kulturpolitisch-künstlerische Zielstellung

Das Interhotel ‚Astoria' in seiner Funktion als Regierungs- und Protokollhotel und entsprechend seines Versorgungsauftrages für den gehobenen Inlandbedarf sowie internationalen Auslandstourismus plant die Profilierung seiner Hotelnachtbar in einen repräsentativen Hotelclub. Dieses Anliegen soll im Gastraum durch künstlerische Arbeiten reflektiert werden.

3. Architekturbezogene Kunst

An internationalen Trends bei Bargestaltungen sind die Renovierungsmaßnahmen orientiert, wobei hinter den Polsterbänken auf 11 konkaven Wandflächen eine der Funktion des Hotelclubs adäquate bildkünstlerische Ausgestaltung vorgesehen ist. In dieser soll sich zum Farbprojekt abgestimmt eine seriöse sowie intime Atmosphäre spiegeln.

3.1. Kunststandorte – Innenwandgestaltung

Die 11 konkaven Wandflächen, getrennt durch schmale Spiegelleisten, rahmen den Gastraum als flächig-dekorativ aufgelockerte Szenenfolge, die auf

Für intimere Gespräche: Der Hotelclub

die Darstellung Bezug nimmt. Als Figurationen unterhaltsam-amüsanter, heiter-spielerischer Kontakte dargestellt, sind sie in einem Zusammenhang als thematische Folge anzubieten. Diese Darstellungen unterliegen gestalterischen Kriterien von Nah- und Fernsicht, müssen aber einerseits illustrativ-dekorative, kleiner Gestaltungszentren enthalten, aber auch rhythmisch gliedernd einen übergreifenden Gesamteindruck schaffen. Die Einzeldarstellungen sollen unter der inhaltlichen Prämisse: ‚Ironisch-tänzerisch-erotische Szenen (Barsituationen)' sich zur Einheit verbinden.

3.2. Finanzierung

Die finanziellen Mittel für die architekturbezogene Kunst in Höhe von 15,0 TM sind vom HAG, Interhotel ‚Astoria', auf den Bezirksfond für architekturbezogene Kunst des Bezirkes Leipzig auf Anforderung mit Avis zu überweisen. Die erforderlichen Bauleistungen für das Kunstwerk werden zusätzlich im Rahmen der Gesamtbauleistungen erbracht."

Ruggero Raimondi (*1941), italienischer Opernstar, Filmschauspieler und „ein großer, kräftiger Mann, ging manchmal langsam durchs Hotel: ‚Ich liebe', sagte er zu Hauptgeschäftsführer Peter Schulze, ‚lange Waldspaziergänge in bequemen Schuhen. Da ich jetzt nicht ins Grüne fahren kann, ich trete ja in der Oper auf, bummle ich durch das Hotel. Die Atmosphäre ist sehr angenehm. Die Bilder, die fast überall zu betrachten sind, beruhigen das Gemüt. Das ‚Astoria' ist durchaus auch ein Bildermuseum."

Weitere Neuerungen werden erbracht. In den Jahren 1986 bis 1988 erfolgen der Bau diverser Muster- und Stilzimmer, die Klimatisierung der Restaurants und Totalrekonstruktion der 5. Etage, der ehemaligen Dienstbotenetage. 1988 wird das Boulevard-Café mit Freisitz der Öffentlichkeit übergeben. Im gleichen Jahr bewirbt sich das Hotel um den Titel „Haus der vorbildlichen energiewirtschaftlichen Arbeit". Dafür ist ein Antrag notwendig, der den Ist-Zustand und die Pläne der Veränderung fixiert. Man prüft sich selbst.

„Prüfungsergebnis zum Auszeichnungsantrag

Das Hotel ‚Astoria' Leipzig ist ein modernes Großhotel mit internationalem Niveau. Die Einrichtung betreibt eine zielgerichtete rationelle Energieanwendung und konnte im Berichtszeitraum von 1985–1987 insbesondere durch kontinuierliche Analysetätigkeit den Verbrauch bezogener Energieträger bei gleichzeitiger Realisierung von komfort- und niveauerhöhenden Maßnahmen um 2,4 % senken.

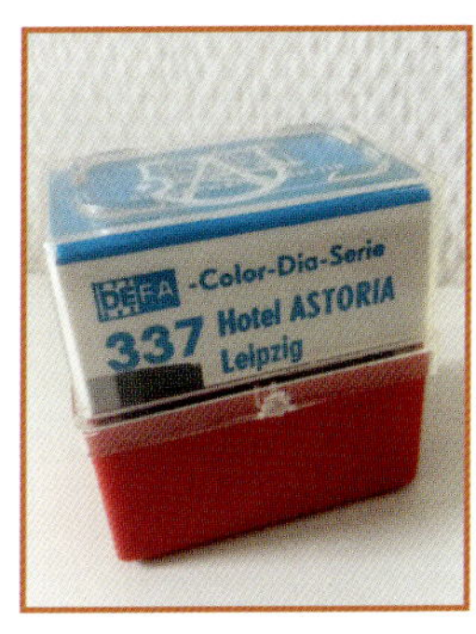

Werbung im Kasten:
12 Bilder, 6 Mark (1987)

Trotz der durch umfangreiche Rekonstruktionsmaßnahmen (Reko Hauptküche 1984/85, Umgestaltung der Beleuchtung Gänge, Treppen, Hotelhalle, Reko Klause-Küche, Reko 5. Etage 1986/87, Reko Wäscherei 1987) aufgetretenen Erschwernisse erfolgte eine planmäßige Realisierung von Rationalisierungsmaßnahmen, durch die insgesamt 3.376 GJ (Gigajoule) an Energieträgern freigesetzt wurden. Ausgewählte Beispiele für bilanzwirksame realisierte Maßnahmen sind:

– Optimierung der Regelkurve der außentemperaurabhängigen Steuerung der Heizungsanlage in Bauabschnitt A und B (769 GJ/a)

– Einsatz eines Reglers R 303 zur außentemperaturabhängigen Regelung der Raumheizungsanlage im Verwaltungstrakt (522 GJ/a)

– Installation einer Kondensatnutzungsanlage in der Kondensatrücklieferung (838 GJ/a)

– Einsatz zweier Kleinwärmepumpen zur Abwärmenutzung der Kühlanlage und Gebrauchtwasser-Vorwärmung (935 GJ/a)
– Umbau der Hotelbeleuchtungsanlage von Dauer- auf Bereitschaftsschaltung (238 GJ/a)
– Einsatz von Warmwasserkochprozessen anstelle von Elektroenergie (15 MWh/a)

Aufgabenprofil

Das Hotel ‚Astoria' ist ein modernes Großhotel mit internationalem Niveau. Entsprechend seiner Leistungen ist das Hotel in der Kategorie der 4-Sterne-Hotels einzuordnen. Dem Hotel ‚Astoria' ist das Hotel ‚Zum Löwen' als Betriebsteil angegliedert. 11 gastronomische Einrichtungen bieten 767 Gästen Platz. Insgesamt stehen 413 Gästezimmer zur Verfügung. Die angeführten Kapazitäten dienen der Beherbergung und Betreuung internationaler und nationaler Gäste.

Öffentlichkeitsarbeit

Die Öffentlichkeitsarbeit ist im Hotel in vielfältiger Weise in die alltägliche Arbeit eingebunden.
– Wettbewerbsführung und -abrechnung
– Parteiarbeit
– Vertrauensleutevollversammlung
– Rechenschaftslegungen

Desweiteren werden energiewirtschaftliche Aspekte im Rahmen von Intensivierungskonferenzen sowie Rentabilitätsanalysen betrachtet.
– Es erfolgt eine quartalsweise Auswertung der energiewirtschaftlichen Arbeit im Kollektiv und Leitung.
– Die Spitzenbelastungszeiten für den Elektroenergieverbrauch werden öffentlich ausgehangen und die Belegschaft über die Bedeutung und die einzuleitenden Maßnahmen (Senkung der elektrischen Leistung) informiert.
– Durch das Energieaktiv wird eine breitenwirksame Öffentlichkeitsarbeit durch die Publikation energiewirtschaftlicher Erkenntnisse an den Wandzeitungen organisiert.
– Zwischen den Hotelbetrieben findet in allen Bereichen zu energiewirtschaftlichen Fragen ein Erfahrungsaustausch statt (z. B. Lastabwurf im Küchenbereich – Zusammenarbeit mit dem Hotel ‚International')

Qualifizierung

– Der Hauptenergetiker schließt 1988 die Qualifizierung an der Ingenieur-

hochschule für Energiewirtschaft Markkleeberg ab (Fernstudium der Fachrichtung Energetik).
– Durch den Hauptenergetiker werden im Rahmen der ‚Woche der Energie' Beratungen der KDT (Kammer der Technik) besucht. Die gewonnenen Erfahrungen werden im Betrieb ausgewertet.
– Eine weitere Qualifizierung erfolgt in den Hauptenergieberatungen von ‚Interhotel der DDR'.
– Im Hotel findet eine Auswertung von Fachzeitschriften – ‚Energieanwendung' – und Informationen statt.
– Durch den Hauptenergetiker werden, entsprechend den Erfordernissen, Kollegen angeleitet. Diese Anleitung erfolgt z. B. in Beratungen des Energieaktivs.
– Der Stellvertreter des Hauptenergetikers und der Energiebeauftragte werden in die Arbeit des Hauptenergetikers einbezogen.
– Mitarbeiter des Bereiches Technik, welche an energieintensiven Anlagen tätig sind, werden tätigkeitsspezifisch qualifiziert (z. B. Klimaanlagen – Klimatechnik bei MAB Schkeuditz).
– Die Qualifizierungsmaßnahmen werden durch den Bereich Kader/Bildung koordiniert."

Die Lichter brennen, gute Arbeit zahlt sich aus. Das Restaurant „Galerie" wird 1989 vom Gault-Millau-Team zu den 500 besten Restaurants Deutschlands gezählt und bleibt es bis 1995. Schwer war es, einen Platz darin zu bekommen. Die Listen der Vorbestellungen waren lang, Tische wurden für Ehrengäste reserviert. Auch im Herbst des Jahres 1989.
„Auch wenn die DDR nicht bankrott war: Jahrelang hatte sie über die eigenen Verhältnisse gelebt. Zudem war die Wirtschaftspolitik von drei nicht miteinander zu vereinbaren Zielen bestimmt. Der ökonomische Zusammenbruch war damit abzusehen. Das Ende der DDR kommt auf Raten, aber mit hohem Tempo: Menschen, die das Land verlassen wollen, flüchten über Ungarn oder die Tschechoslowakei. Montag für Montag gehen in Leipzig und anderen Städten mehr Bürger auf die Straßen und demonstrieren für Freiheit.
Trotz der Gefahr eines brutalen Einsatzes von bewaffneten Sicherheitskräften kamen nach den Friedensgebeten am 9. Oktober 1989 in Leipzig mehr als 70.000 Menschen auf dem Innenstadtring zusammen, um gegen den autoritä-

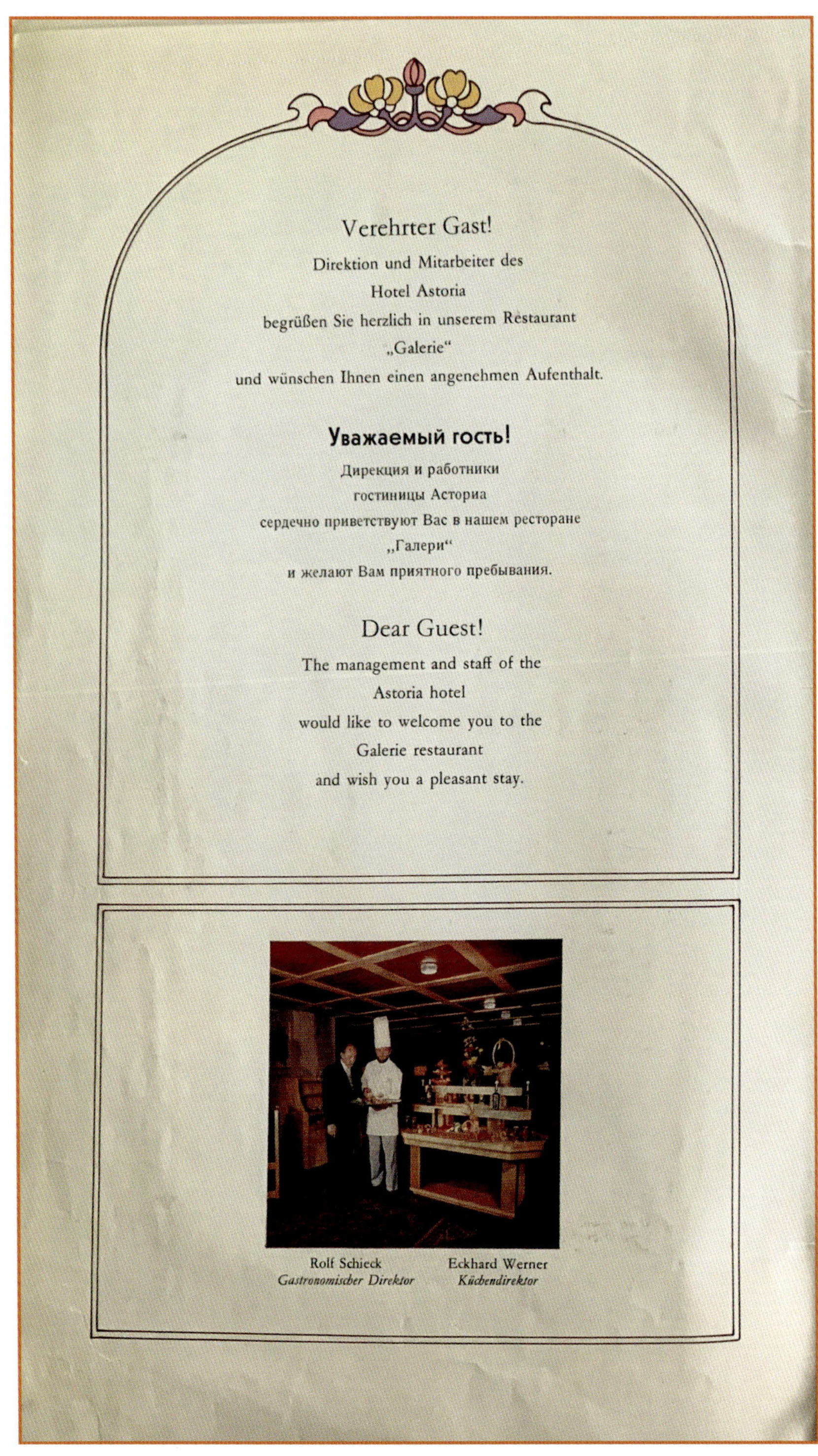

Verehrter Gast!

Direktion und Mitarbeiter des
Hotel Astoria
begrüßen Sie herzlich in unserem Restaurant
„Galerie"
und wünschen Ihnen einen angenehmen Aufenthalt.

Уважаемый гость!

Дирекция и работники
гостиницы Асториа
сердечно приветствуют Вас в нашем ресторане
„Галери"
и желают Вам приятного пребывания.

Dear Guest!

The management and staff of the
Astoria hotel
would like to welcome you to the
Galerie restaurant
and wish you a pleasant stay.

Rolf Schieck
Gastronomischer Direktor

Eckhard Werner
Küchendirektor

Persönlich auf der Speisekarte: Gastronomischer Direktor und Küchenchef

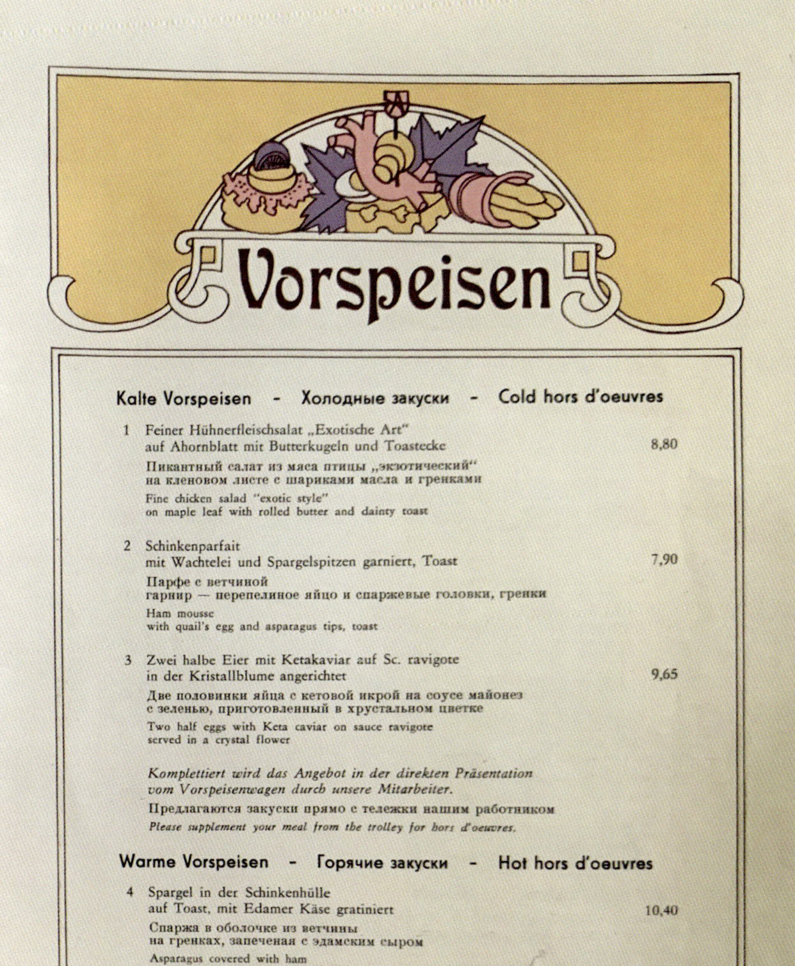

Vorspeisen

Kalte Vorspeisen - Холодные закуски - Cold hors d'oeuvres

1 Feiner Hühnerfleischsalat „Exotische Art"
auf Ahornblatt mit Butterkugeln und Toastecke 8,80
Пикантный салат из мяса птицы „экзотический"
на кленовом листе с шариками масла и гренками
Fine chicken salad "exotic style"
on maple leaf with rolled butter and dainty toast

2 Schinkenparfait
mit Wachtelei und Spargelspitzen garniert, Toast 7,90
Парфе с ветчиной
гарнир — перепелиное яйцо и спаржевые головки, гренки
Ham mousse
with quail's egg and asparagus tips, toast

3 Zwei halbe Eier mit Ketakaviar auf Sc. ravigote
in der Kristallblume angerichtet 9,65
Две половинки яйца с кетовой икрой на соусе майонез
с зеленью, приготовленный в хрустальном цветке
Two half eggs with Keta caviar on sauce ravigote
served in a crystal flower

Komplettiert wird das Angebot in der direkten Präsentation vom Vorspeisenwagen durch unsere Mitarbeiter.
Предлагаются закуски прямо с тележки нашим работником
Please supplement your meal from the trolley for hors d'oeuvres.

Warme Vorspeisen - Горячие закуски - Hot hors d'oeuvres

4 Spargel in der Schinkenhülle
auf Toast, mit Edamer Käse gratiniert 10,40
Спаржа в оболочке из ветчины
на гренках, запеченая с эдамским сыром
Asparagus covered with ham
on toast, with Edamer cheese, au gratin

5 Tournedo „Galerie"
mit pochiertem Ei Sc. bearnaise, Butterchampignons
und Grillwürstchen 12,10
Турнедо „Галери"
с поршированным яйцом, соус взбиты с эстрагоном,
шампиньоны на масле с сосисками
Tournedo "Galerie"
with poached egg, sauce Béarnaise, buttered mushrooms
and grilled sausages

6 Feines Kalbsragout in der Blätterteigpastete
mit geviertelten Champignons und Sc. hollandaise überzogen 8,55
Пикантное телячье рагу в паштете из слоеного теста
с разрезанными на четыре части шампиньонами и
голландским соусом
Fine veal ragout in vol au vent
with mushroom quarters and sauce Hollandaise

Horsd'œuvre à la mode

ren SED-Staat zu protestieren. Mit Mut und Besonnenheit. Der 9. Oktober war der Tag der Entscheidung für die Friedliche Revolution." Das Datum änderte Stadt, Land, die Weltgeschichte.
Die Demonstration „beginnt auf dem Ring, führt in ganzer Straßenbreite an der Hauptpost vorbei in Richtung Hauptbahnhof. Auf dem zentralen Platz und an den Straßenrändern warten Schaulustige. ‚Schließt euch an! Reiht euch ein!' rufen die Demonstranten. Zögernde Sympathisanten tarnen sich als Neugierige. Die Wand der Zuschauer bröckelt. Nach der gefährlichen Ecke sind sie erleichtert. Immer weniger Leute bleiben am Straßenrand stehen. Fahrgäste steigen aus haltenden Straßenbahnen und gehen mit. ‚Schließt euch an! Reiht euch ein!' erklingt es unüberhörbar vorm Hauptbahnhof und dem Hotel ‚Astoria'. Die Demonstranten werden mehr." Die Gefahr einer blutigen Niederschlagung, sie bestand.
Um die Situation zu deeskalieren, verliest Kurt Masur (1927–2015) im Stadtfunk den „Aufruf der ‚Leipziger Sechs'": „Unsere gemeinsame Sorge und Verantwortung haben uns heute zusammengeführt. Wir sind von der Entwicklung in unserer Stadt betroffen und suchen nach einer Lösung. Wir alle brauchen einen freien Meinungsaustausch *über* die Weiterführung des Sozialismus in unserem Land. Deshalb versprechen die Genannten heute allen Bürgern, ihre ganze Kraft und Autorität dafür einzusetzen, dass dieser Dialog nicht nur im Bezirk Leipzig, sondern auch mit unserer Regierung geführt wird. Wir bitten Sie dringend um Besonnenheit, damit der friedliche Dialog möglich wird." 70.000 ziehen weiter. Vor der „Runden Ecke", dem Stasiquartier, ertönt der Ruf: „Wir sind das Volk!"
Siegbert Schefke (* 1959) und Aram Radomski (* 1963) haben jene Demonstration vom Turm der evangelisch-reformierten Kirche, zwei Querstraßen vom „Astoria" entfernt, heimlich gefilmt. Aufnahmen, die um die Welt gingen. Der 9. Oktober 1989 ist der Beginn vom Ende der Partei- und Staatsführung der DDR. Ein Jahr später sind sie nicht mehr vorhanden, und das Land, das sie regierten, existiert nicht mehr.

Nur noch Fassade

„Ich finde wir sollten nicht zu allererst fordern, Mitglieder der jetzigen SED-PDS aus allen Leitungsfunktionen zu entfernen. Wir sollten gerade solche Leiter überprüfen, die dann in eine Partei eintreten, wenn es ihnen nutzt, und austreten, wenn eine Mitgliedschaft nicht mehr ‚opportun' ist." Wende. Wirren. Wendehälse. Wirren. Wende. Wahlkampf – März 1990. Währungsunion. Der Hotelbetrieb geht weiter und wird wieder als GmbH geführt.

Mit Juli des Jahres erscheint erstmals das „Astoria-Journal – Für Gäste, Freunde und Mitarbeiter unseres Hauses", in dem über Vorhaben, Veranstaltungen und Kongresse, Anekdoten und Betriebsgeschichte berichtet wird, man die Sonderaktionen der Gastronomie angekündigt oder engagierte Mitarbeiter und neue Serviceleistungen vorgestellt werden. Fels in der Brandung und Hauptgeschäftsführer des Hotels bleibt Peter Schulze. Er fühlt sich weiterhin „Von der Tradition des Hauses in die Pflicht genommen" und spricht über Modernisierung, Mitarbeiter, Pläne und die Treuhand:

„F: Das ‚Astoria' ist eines der ältesten Hotels der Messestadt Leipzig. Ermutigt oder belastet Sie diese lange Tradition?

A: Um ehrlich zu sein – beides. Was die Last betrifft: wir sind uns dessen bewußt, daß an unserem Hause zwar in den letzten Jahrzehnten einiges Notwendige getan wurde, daß aber vieles davon auch Stückwerk war. Vor uns liegt sehr viel Arbeit. Die Wasseraufbereitung soll rekonstruiert werden, die Elektroanlange, die Heizung, fast alle Zimmer.

F: Und das bei laufendem Hotelbetrieb?

A: Ja, wobei wir bemüht sein werden, die Einschränkungen für unsere Gäste so gering wie möglich zu halten. Die Rekonstruktion erfolgt abteilungsweise, wird Mitte 1991 beginnen und zwei Jahre dauern.

F: Worauf dürfen sich die Gäste dann freuen?
A: Zuerst einmal auf moderne Zimmer, auf eine neue Lobby, auf ein unterirdisches Parkhaus mit 200 Plätzen und auf Neuerungen im Fitness-Bereich. Das Café wird schon bald zum Konferenz- und Bankettsaal umgebaut. Außerdem werden wir weitere Läden vermieten.
F: Viele Gäste kommen doch aber gerade des historischen Flairs wegen ins ‚Astoria'. Wird dieses Flair unter der Rekonstruktion leiden?
A: Auf gar keinen Fall! Nur, von der Tradition in die Pflicht genommen zu sein, heißt nicht, mit dem klassischen Interieur veraltete Technik zu kaschieren. Es heißt doch, sich dem Anspruch, mit dem das ‚Astoria' vor 75 Jahren antrat, auch weiterhin zu stellen: Spitzengastronomie. Und das verlangt nun mal modernste Ausrüstungen. Diese dann sorgfältig einzuführen, ist eine Herausforderung für uns. Insofern sollte einem guten Team solch ein altes Haus weniger Last als Lust sein.
F: Wenn Sie Zukunftspläne schmieden, ist immer noch ein großes Fragezeichen im Spiel. Noch hat die Treuhandanstalt über den künftigen Besitzer nicht entschieden. Wie wünschen Sie sich ihn?
A: Das wichtigste ist wohl, daß er ein Herz für die Historie dieses Hauses hat, daß er nachempfinden kann, warum alle hier Beschäftigten und ein bißchen ja auch die Leipziger daran hängen. Außerdem hoffe ich, daß er das Fachwissen unserer Mitarbeiter zu schätzen weiß."

Pressechefin und „Nikolaikirche"-Regisseur Frank Beyer

Die DDR-Interhotels sind im Deutschland nach der Wiedervereinigung die größte Hotelkette des Landes. Die Treuhandanstalt sucht nach Investoren. Ein eigenständiges Überleben unter den geänderten wirtschaftlichen Bedingungen scheint nicht möglich. Verhandlungen werden hinter verschlossenen Türen geführt. Auch einzeln suchen die Häuser nach Strategien, die ihre weitere Existenz sichern. Der Hotelbetrieb setzt sich ohne Schließzeiten und Stockungen fort. Gäste buchen, und sie bleiben prominent. Im Gästebuch des „Astorias" stehen Opern- und Klassikstars, Unterhaltungskünstler, Sportler und Politiker, bis hin zu Glücksrittern, Hochstaplern, Wendehälsen und -gewinnern – und verlorenen Söhnen und Töchtern der Stadt:

„4. September 1990, 13 Uhr: Die Schauspielerin Inge Meysel, klein und flink, strahlende Augen in einem vom Leben geprägtem Gesicht. Sie trug ein blau-gelbes Kleid. ‚Wundern Sie sich nicht über meinen Aufzug', sagte sie laut, ‚blau-geld sind die Farben von Leipzig. Und ich liebe diese Stadt.' Mit Blumen ließ sie sich überschütten, aber ein Glas Sekt lehnte sie ab, denn ‚vor eine Vorstellung trinke ich nie. Das habe ich immer so gehalten, schon 1932, da ich zum Ensemble des Leipziger Schauspielhauses gehörte.' Sie klatschte in die Hände. ‚Das war eine tolle Zeit. In einer Woche spielte ich elf Rollen.' Plötzlich öffnete sie ihre Handtasche, holte ein grau-grünes Papier hervor: ‚Mein Führerschein, 1932 in Leipzig erworben. Fünfmal fuhr ich um das Völkerschlachtdenkmal herum. Der Fahrlehrer fragte mich, ob ich auch geradeaus fahren kann. Ich antwortete: Nein, das ist mir zu leicht. Inge Meysel ging in das Restaurant ‚Galerie'. Sie wolle sich ‚in die sächsische Küche hineinlegen', sagte sie und schritt von dannen."

Wende. Wirren. Wirtschaft. Wechsel. Inge Meisel und der Wahlkampf im September 1990, in dessen Folge die östlichen Bundesländer dem Geltungsbereich des Deutschen Grundgesetzes beitreten. Neues Deutschland. Neuer Mut und Positionsbestimmung. „Während die DDR zusammenbricht, wird das ‚Astoria' von Gästen überrannt. Waren darunter zunächst auch Zuhälter und Nutten, dominieren ein Jahr später die Anwälte in Nadelstreifen und Anzug. Nun wurde das ‚Astoria' auch mit einer Angebotsschwemme konfrontiert, sagte Eckehard Werner, damals Leiter der Gastronomie. Gab es vorher eine Kaffee-Firma, kommen jetzt Vertreter von bis zu neun Firmen – und alle haben natürlich den besten Kaffee. Die Umsätze klettern Anfang der Neunziger auf 24 Millionen DM. Die Mitarbeiter dachten, es könne nur noch aufwärts gehen, während gleichzeitig die Industrie der DDR zusammenbrach."
Zum Feiertag der deutschen Wiedervereinigung am 3. Oktober 1990 wird das „Große Astoria-Boulevard-Fest" organisiert. Und anlässlich der Hoteleröffnung

Tag der deutschen Einheit 1990: Das Hotel tanzt

Frisch aufgespielt: Hasso Veit und seine Orgel (1990)

vor einem Dreivierteljahrhundert organisiert man zum Neubeginn im Freistaat Sachsen eine Festwoche im Haus.

Zunächst wird am 3. Dezember 1990 zum Presse-Cocktail in den neu gestalteten Salon „Flair" geladen. Tags drauf gibt es in der Astoria-Klause den „Cocktail-Empfang für langjährige verdienstvolle Mitarbeiter". Und am eigentlichen „Astoria-Tag", dem 5. Dezember, an dem sich vor 75. Jahren die Hoteltüren öffneten, gibt es die Gratulationscour mit Stehbankett im Steinsaal. Die Stammgäste lädt man zu einer Sonderausgabe der Veranstaltungsreihe „Klassik in der ‚Galerie'". Mit Freunden und Partnern des Hauses feiert man am 8. Dezember bis in den Morgen, u. a. swingt das Orchester Fips Fleischer (1923–2002), eine Legende in der Messestadt. Die Zeitung schreibt:

„Gastlicher Jubilar: ‚Astoria' – Zwei Dinge hat dieses berühmte Haus mit dem nicht minder berühmten Hauptbahnhof gemein: die Architekten William Lossow und Max Kühne und das Jahr der Fertigstellung – 1915. Seit 75 Jahren also bewirtet und beherbergt das Hotel im Herzen der Stadt alljährlich tausende von Gästen. Und dies nicht eben schlecht, was allein schon die Prominentenliste beweist. Denn viele derer mit Rang und Namen haben dieses Haus zu ihrem Stammhotel gemacht. Enrico Caruso (1873–1921), Franz Lehár (1870–1948), Peter Schreier (1935–2019), Caterina Valente (*1931), Marcel Marceau (1923–2007) und Rudi Carrell (1934–2006), hier waren aber auch hoch dotierte Politiker, Sportler und Wirtschaftskapitäne zu Gast.

Anläßlich des Jubiläums ‚75 Jahre „Astoria"' berichtete Peter Schulze, Geschäftsführer der Hotel Astoria-GmbH, vom Bemühen, in den vergangenen 40 Jahren für die notwendigen bauli-

Für Geladene: Abfolge der Jubiläumsspeisen

Legendärer Zeichner: Achim Jordan – legendärer Jahresabschluss: Silvester im Astoria

chen Veränderungen zu sorgen, was jedoch aufgrund akuten Material- und Kapazitätenmangels immer kompliziert gewesen sei. Man hoffe nun auf gute Partner, mit denen es gelänge, das Haus wieder zu einem echten Grand-Hotel zu machen. Dazu gehörten auch erweiterte Konferenzräume, die derzeit im ehemaligen Tanzcafé ‚Karat' geschaffen werden. Pläne hat ‚Astoria' auch mit einer stillgelegten Baustelle in der Nikolaistraße, wo ein kleines Hotel mit 140 Betten entstehen soll. Bereits im Oktober habe man vom Stadtparlament die Zusage erhalten, diese Baustelle kaufen zu können. Seitdem ‚ruhe der See ...'
An die Leipziger richtete Peter Schulze eine herzliche Einladung: Auch in diesem Jahr richtet das ‚Astoria' eine Silvesterfeier mit Galamenü und Mitternachtsbuffett aus. Karten sind noch im Hotel erhältlich."

Auch über die Jubiläumsfeier am Astoria-Tag wird medial berichtet:

„Obwohl sich das altehrwürdige ‚Astoria' am Fuße des neuzeitlichen Hotelriesen ‚Merkur' befindet, steht es nicht in seinem Schatten. Mit großen Plänen haben sich die Mitarbeiter des traditionsreichen ersten Hauses am Platze auf den Weg in Richtung internationalen Standard gemacht.
Vor 75 Jahren galten hier Wasch- und Badegelegenheiten mit Warmwasser als Luxus. Nun sollen Pläne für den Bau einer Tiefgarage und eines Fitneßzentrums verwirklicht werden. ‚Obgleich das Haus auch jetzt noch in mancherlei Hinsicht mit den führenden Hotels Deutschlands mithalten kann, so in der Qualität des Service und der Ausstattung der gastronomischen Einrichtungen, gibt es viel Bemängelnswertes', sagte Peter Schulze, Hauptgeschäftsführer der Hotel Astoria GmbH. In den letzten Jahrzehnten seien die durchgeführten Rekonstruktionsarbeiten meistens nur Stückwerk gewesen. Ab Mitte 1991, so die vorsichtige Vorausschau von Schulze, beginnt die etappenweise Sanierung mit der Elektro- und Heizungsanlage, vorausgesetzt, die Treuhandanstalt hat inzwischen über den künftigen Besitzer entschieden. ‚Dabei hoffe ich am meisten, daß der neue Besitzer ein Herz für die Historie des Hauses hat', so der Geschäftsführer. Das betrifft sowohl die kulinarischen Genüsse als auch die Innen- und Außenansicht unseres ‚Astoria'."

Ein neuer Betreiber wird auf die Schnelle nicht gefunden. Die Treuhand und das Haus selbst setzen ihre Bemühungen fort, denn wirtschaftlich auf sich gestellt mit all den überkommenen Verbindlichkeiten können die GmbH und das „Astoria" nicht in erfolgreich in künftiger Zeit bestehen. Aber das Astoria-Team ist erfindungsreich und tätig. Die Verhandlungen mit der „Steigenberger"-Kette sind weit gediehen, Franchise-Verträge sind unterschriftsreif. Doch kommt es nicht zur gewünschten Integrierung des Hauses in das Unternehmen „Steigenberger", die Treuhand legt ihr Veto ein. Das „Astoria" bleibt Teil der Interhotel-Kette und kann über sein weiteres Schicksal nicht mehr selbst entscheiden. Dennoch arbeitet man unbeirrt weiter.

„Wieder eine gelungene Messeüberraschung des Hotels ‚Astoria' – Am 15. 3. 1991 wurde die Brunnenplastik des bekannten Leipziger Bildhauers Harry Müller (1930–2020) mit den Wasserspielen am Hoteleingang übergeben. Sie stellt eine stilisierte Weltkugel als Zeichen der Weltoffenheit des Hotels dar, die Strahlen symbolisieren Reiserouten rund um den Globus. Der Künstler weiß noch einige Deutungen mehr und gab seinem Werk den Titel: ‚Heliozoon III'. Es hat eine Höhe von 2,40 m und besteht aus Chrom-Nickel-Stahl. Die Plastik ist aus mehreren Dodekaedern zusammengesetzt – in der Antike stellte man sich das Weltganze als Dodekaeder vor – und zitiert den ‚Timaios-Dialog' des antiken Philosophen Platon. Oder werden Sie, liebe Gäste, beim Anblick der Brunnenplastik nicht auch an einen Stern (lat. Astor) erinnert, der dem Hotel quasi seinen Namen gegeben hat?"

Im Hause hält Technik Einzug, die Service, Buchung und Verwaltung auf den neusten Standard hebt:

„So wichtig wie das Ambiente eines Hotels auch genommen werden muß, stets kam und kommt es dem ‚Astoria'-Team auf ein höheres Niveau in der Gästebetreuung an. So bedient man sich seit März 1991 der neusten Computertechnik: Fidelio-Lan-System von Siemens-Nixdorf ist angesagt. Es bietet maßgeschneiderte und integrierte Lösungen: Front Office & Reservierung, Debitoren, International Sales Office Management, Bankett- und Kongreßverwaltung, computergestützte Preisbildung, Warenwirtschaft und

Kostenrechnung, Textverarbeitung und Mailing, Grafik und Statistik sowie Anschluß an Zentral-Reservierungs-Systeme (Flughäfen, Reisebüros) und alle gängigen Interfaces wie Telefon, Kassen, Video, Kreditkarten ... In Verbindung mit dem derzeit im Hause entstehenden Pay-TV-System wird es den Gästen bald möglich sein, über das Fernsehgerät des Hotelzimmers in ihre Rechnung Einblick zu nehmen und sogar auf diese Weise selbst Check-out einzugeben. Wichtiger denn je aber für das Empfangspersonal ist verstärktes gastorientiertes Arbeiten: Mehr Zeit für kompetentes, zügiges Check-in der Gäste, verbunden mit einem freundlichen Willkommensgruß ..."

Im Juni des Jahres 1991 ein persönliches Jubiläum: „Geschäftsleitung und Belegschaft des Hotels ‚Astoria' gratulieren ihrem Direktor Peter Schulze herzlich zum 50. Geburtstag am 4. Juni 1991. Sein Wunsch ist auch der des ‚Astoria'-Teams – in enger Verbundenheit zu stehen, die Kraft und Überzeugung geben kann, gemeinsam Begonnenes auch zu Ende zu bringen: Es gilt, den internationalen Ruf des Traditionshotels der Messestadt Leipzig zu wahren und mit modernen Leistungen und hohem Engagement das Grandhotel ‚Astoria' zu gestalten."
Vieles gestattet die neue Freiheit. In jenen Tagen initiierte Initiativen, Festivals und Treffen, Theater-, Musik- und Sportevents haben bis heute Tradition. So wird der Start der Leipziger Lachmesse in der noblen Kulisse des Grandhotels „Astoria" verkündet: „Der damalige Direktor der ‚Leipziger Pfeffermühle', Rainer Otto, der Gründer der ‚academixer', Jürgen Hart, und Kulturmanager Arnulf Eichhorn hatten die Idee und das Konzept für das Festival entwickelt. Im Sommer '91 – bei 38 °C im Schatten – mit ca. 30 Veranstaltungen gestartet, schipperte das Vorhaben scharf am Flop vorbei. Ab 1992 wurde die Lachmesse in den Oktober verlegt, expandierte von Jahr zu Jahr, und kann sich bester Publikumsresonanz erfreuen." Gespielt wird an elf Oktobertagen, vergeben wird der Kabarett-Preis „Löwenzahn". Preisträger 1991: Die Missfits. Preisträger 2020: Lisa Eckert.
Im Hotel „Astoria" setzt sich der Innenausbau planmäßig über jedes Stockwerk, jedes Zimmer fort. Wie von Direktor Schulze angekündigt erhalten alle Hotelzimmer der 1. bis 4. Etage bis 1992 Dusche oder Bad. Auch wird mit der Modernisierung der Inneneinrichtung der Zimmer begonnen. Der in Fachkreisen gelobte „italienische Typ" ist als Nichtraucherzimmer nunmehr buchbar. Manches Hotel der Innenstadt hält den Anforderungen an die Hotels

1. Ball der Köche im Astoria 1991: Das Astoria stiftet dem wiedergegründeten Internationalen Kochkunstverein zu Leipzig 1884 e. V. eine Traditionsfahne

der Neuzeit nicht mehr stand und schließt. Die Bettenkapazität der Großstadt Leipzig hält den Entwicklungen nicht stand. Das „Astoria" versucht, seinen guten Ruf und den Standard zu halten. Citylage und das Renommée des Hauses tun ein Übriges und lassen Politiker und Handelsreisende die Zimmer buchen ebenso wie Künstler und private Gäste. Eine noch bessere Auslastung verspricht man sich, wenn das Spektrum der hausinternen Angebote erweitert wird. Auch manche Veranstaltung bringt dem „ersten Haus" am nunmehrigen Willy-Brandt-Platz Nr. 2 Reputation, setzt es doch zum einen auf Fortschritt und Moderne, andererseits steht es für Tradition und verströmt an mancher Stelle den verblichenen Charme eines Regierungshotels der DDR: „Wo einst Walter Ulbricht speiste und Hans Albers nicht zum Schlafen kam!"
Am 22. November 1991 vermelden Wirtschaftsredaktionen, dass verbliebene Häuser der Interhotel-Kette der DDR von der Treuhand an die Klingbeil-Gruppe veräußert wurden. Das Berliner Unternehmen ist umstritten: „Seit der Maueröffnung erobert es die ehemalige DDR: von der Wartburg bis Rügen, von der Mitropa bis zum Taxifunk, vom Golfplatz bis zum Hotelneubau. Der gebürtige Stettiner Karsten Klingbeil gründete 1966 in West-Berlin die Klingbeil Stadtsanierung GmbH, wenig später die Klingbeil Wohnbauten GmbH. Heute ist die

Klingbeil-Gruppe eines der größten Bauunternehmen Berlins, bestehend aus etwas 200 Firmen. Die Klingbeil-Gruppe beschäftigt sich mit Sanierung und Grundstücksverwaltung, mit Technologietransfer, Finanzberatung und Kunsthandel. Sie hat riesige Hotels in Frankfurt und München gebaut, Ferienhäuser in Spanien hochgezogen und plant in Hamburg ein 350-Millionen-Hotel auf der Fleetinsel." Auch Anteile des Berliner Radiosenders 100,6 gehören zu ihrem Portfolio. Viele zweifeln am wohlmeinenden Gebaren – die taz titelt am 6. November 1991 „Der Osten unterm Klingbeil" –, und das zu Recht.
„Miserabel: Gestern platzte auch noch das Geschäft mit den Interhotels – Am 5. Dezember 1915 begrüßte das Hotel ‚Astoria' erstmals Besucher. In den zurückliegenden Monaten hat das Haus versucht, sich den aktuellen Erfordernissen anzupassen, zählt inzwischen nur noch 375 Plätze in den Restaurants (ehedem waren es 1.200), jedoch wurde die Bettenzahl auf 450 erhöht. Die Belegschaft schrumpfte von 500 auf etwa 300 Mitarbeiter."
Die Klingbeil-Gruppe nimmt's und verpachtet das Hotel an die Kette „Maritim". Doch statt eines Erfolgs offenbart sich ein Katastrophenplan: „‚Leipzig erstes Haus am Platz' muss um sein Fortbestehen fürchten. Die Horrornachricht erschreckt schnell die ganze Stadt vom Rathaus bis hin in die Vorstadtkneipe: Nicht der Hotelbetrieb steht vor dem Aus, das Gemäuer soll einem Neubau weichen."
Beruhigung schafft die Schlagzeile am 28. Februar 1992:

„Astoria-Abriß steht nun nicht mehr zur Debatte – Auf eine ‚Kette von Mißverständnissen' führte gestern Hoteldirektor Peter Schulze die Mitteilung vom geplanten Abriß des traditionsreichen Hauses zurück. Dem gegenüber hatte der Sprecher der Maritim-Gesellschaft am Mittwoch auf einer Pressekonferenz in Berlin mitgeteilt, sobald die Baugenehmigung vorliege, werde das alte ‚Astoria' verschwinden. Die ‚Maritim'-Kette hat dieses Haus von der Klingbeil-Gruppe gepachtet. Daß Abriß und Umbauarbeiten bereits mit der Leipziger Stadtverwaltung abgestimmt seien, haben sowohl das Planungsamt als auch die Denkmalspflege bereits dementiert.
Peter Schulze verwies darauf, daß der Altbau und das benachbarte jüngere Gebäude in Richtung Gerberstraße mit Sicherheit stehen bleiben würden. Er wolle sich dafür einsetzen, soviel wie möglich von der Historie des Hauses zu erhalten. Bereits seit einigen Jahren werde an einem Projekt gearbeitet, die Hotelkapazität von 300 auf 500 Zimmer zu erweitern. Dazu sei

Internationale Küche: Chefkoch Wolfgang Mensel und Schweizer Starkoch Angelo Coni Rossini

Internationale Gäste: Dorle Haufe an der Rezeption

es notwendig, im Innenhof einige Gebäudeteile abzutragen, die dann aber sorgfältig wieder aufgebaut werden sollten. Nach einem gestrigen ersten Gespräch mit dem neuen Betreiber ‚Maritim-Hotel' habe die Belegschaft erfahren, daß nicht die Absicht bestand, das Haus komplett abzureißen. Auch über die Zukunft der Mitarbeiter, die seit dem Verkauf auch dieses Hotels an die Klingbeil-Gruppe in Ungewißheit lebten, wurde gestern Klarheit geschaffen. Sowohl Manteltarif-, Sozialvertrag als auch die Arbeitsverträge sollen zunächst bis zum Jahresende 1993 Gültigkeit behalten. Wenn im kommenden Jahr der Umbau, der etwa eineinhalb Jahre dauern wird, beginnt, sollen die Mitarbeiter nach Möglichkeit zeitweilig in anderen Häusern der Maritim-Kette beschäftigt werden. Wie von Peter Schulze weiter zu erfahren war, werde das Haus auch seinen Namen behalten und künftig als ‚Maritim Astoria Leipzig' Gastlichkeit beweisen."

Der Generalmanager der neuen Eigentümer teilte jedem der „Astoria"-Mitarbeiter mit:

„Wie wir Sie bereits zum Zeitpunkt der Übernahme der Deutschen Interhotel AG wissen ließen, werden wir das Hotel „Astoria", Leipzig, an eine renommierte Hotelgesellschaft verpachten. Es freut mich, Ihnen mitteilen zu dürfen, daß wir mit der Maritim Hotelgesellschaft GmbH einen für die Zukunft des Hotels hervorragenden Pächter gefunden haben.
Die Veränderung hat auf den Bestand und Inhalt Ihres Arbeitsverhältnisses keine Auswirkung. Der neue Pächter tritt gemäß § 613 a BGB kraft Gesetzes und unter Wahrung aller Rechte und Pflichten mit Wirkung vom 1. März 2002 in das mit Ihnen bestehende Arbeitsverhältnis ein und kennt die bestehenden oder anerkannten Tarifverträge. Die sich aus Dauer des mit Ihnen bestehenden Arbeitsverhältnisses ergebenden Rechte, der erworbenen Ansprüche, Rechte und Pflichten, insbesondere aus den Tarifverträgen, den Betriebsvereinbarungen, dem Sozialplan, der bei Übertragung anerkannt wird, den Unternehmenszugehörigkeiten, Treueprämien, Urlaubsansprüchen, Weihnachtsgratifikationen, Kündigungsfristen, überbetrieblichen Altersversorgungen (Lebensversicherung) und Abfindungszahlungen nach Sozialplan bleiben Ihnen erhalten.
Aus rechtlichen Gründen erlaube ich mir, Sie darauf hinzuweisen, daß Sie

INCENTIVE-PROGRAMME

Neuer Betreiber, neue Programme, neuer Wortschatz

berechtigt sind, der Übernahme Ihres Arbeitsverhältnisses durch die Maritim Hotelgesellschaft bis zum einschließlich 29. Februar 1992 zu widersprechen. Persönlich freue ich mich, Ihnen diese gute Nachricht überbringen zu dürfen und hoffe auf eine weiterhin gute Zusammenarbeit."

Die Mitarbeiter blicken im Gegensatz zu vielen andern ostdeutschen Bürgern frohen Mutes in die Zukunft, beim Arbeitsamt würden sie sich nicht melden müssen, ihr Lohn ist auf absehbare Zeit gesichert. Viel wert in jenen Umbruchstagen. Das „Astoria" hält seine Türen offen und empfängt weiterhin privat Reisende, aber mit neuem Konzept möchte man neue Kundenkreise interessieren. So hat und bietet man Raum und Übernachtungsmöglichkeiten für Kongresse und Tagungen, Symposien, Gesellschaftertreffen und Verhandlungen aller Art. „Leipzig – die Stadt der Musik, der Messen, der Theater und Kabaretts, Goethes ‚Klein-Paris' lädt Sie ein – lassen Sie sich das unverwechselbare Flair dieser ursächsischen und dennoch internationalen Stadt auf sich wirken und genießen Sie die traditionelle Gastlichkeit unseres Hauses – Ihres Maritim Hotels Astoria. Gepflegte Speisen, erlesene Weine, aber auch hochmotiviertes Personal erwarten Sie. Wir entbieten Ihnen ein herzliches Willkommen!"
Das frisch umgetaufte Hotel wirbt offensiv für seine Leistungen:

„Maritim Hotel Astoria Leipzig
Erstklassig wohnen und tagen im Maritim Hotel Astoria Leipzig
Im Zentrum der Messemetropole am historischen Hauptbahnhof, Flughafen Leipzig/Halle 20 km.
323 Zimmer und Suiten mit Bad/Dusche/WC/Farb-TV/Minibar und Telefon
Restaurant ‚Galerie', Restaurant ‚City', Astoria-Bar, Sauna, Solarium, Fitneßraum, Massage, Garagen und Parkplätze
10 Konferenzräume unterschiedlicher Größe für bis zu 300 Personen.
Preisliste (gültig ab 1.4.1992–31.12.1992
Das besonders reichhaltige Maritim-Frühstück vom Buffet ist bereits im Zimmerpreis enthalten (Room rates including Maritim Breakfast)
Einzelzimmer: DM 235,– / DM 275,– / DM 315,–
Doppelzimmer: DM 326,– / DM 376,– / DM 426,–
Suites ab DM 480,–
Alle Preise verstehen sich einschließlich Bedienung und Mehrwertsteuer. All rates includin services and VAT"

1992 – die Direktion stellt sich: Geschäftsführender Direktor Hans-Peter Schulze (Mitte), Küchenchef Horst Kucharicky (2. v. l.), Verkaufsleiterin Christa Schwarz (3. v. l.), Eckart Werner (3. v. r.), Chefsekretärin Helga Karich (2. v. r.)

Das Serviceteam bereit zum Empfang der Königin am 22. Oktober 1992

Dazu gibt's Angebote für Weihnachts- und Silvesterreisen, zu deren Programm die obligatorische Stadtrundfahrt, eine Aufführung von Bachs Weihnachtsoratorium, Gottesdienste, Opernbesuche dazugehören. Ein Angebot, das gerne angenommen wird, denn Weihnachten hat in der Bach-Stadt Leipzig mit einem der ältesten Weihnachtsmärkte (seit 1458) Tradition.
Auch sonst gibt es allerhand Extras:

„Preisliste (Angaben in DM):

Overhead-Projektor (Polylux)	60,–
Schreibmaschine (elektr.)	50,–
Konzertflügel	200,–
Klavier	80,–
Pinnwand	20,–
Laserpointer	50,–
Video-Kassetten	15,–
Video-Recorder	80,–
Diskussionsanlage (10 Sprechstellen)	180,–
Mikrophon (Stativ)	40,–
Mikrophon (drahtlos)	100,–
cd-Player	50,–
Plattenspieler	30,–
Diktiergerät	25,–
Computer (IBM-compatible)	100,–
Personal pro Stunde	45,–
Garderobieren	25,–
Radeberger (0,5l)	6,–
Margon-Mineralwasser (0,33l)	4,–
Tasse Kaffee	2,50“

Preise, die dem gehobenen Standard entsprechen. Die Flasche „Radeberger“ gibt's im Handel für etwa eine Mark. Doch auch mit diesen überdurchschnittlichen Preisen kann das „Astoria“ bestehen und bleibt Leipzig für Übernachtungen und Gastlichkeit eine erste Adresse. Auf den Zimmern frische Blumen, handgebunden. Aufmerksamkeiten und Freundlichkeit im Service. Die Prominenz ist weiterhin des Lobes voll und vermerkt dies überschwänglich im Gästebuch. Entertainer Rudi Carrell: „Von diesem Hotel war ich unter dem Motto

Das Maritim-Verkaufsteam stellt sich vor: Gruppenkoordinatorin Gisela Saar, Verkaufssekretärin Brigitte Funk, Verkaufsleiterin Christa Schwarz, Bankettleiterin Hannelore Binder, Reservierungsleiterin Evelin Nitschke, stellv. Bankettleiter Reiner Winkler, Gästebetreuerin Birgit Rößler und Verkaufssekretärin Martina Thiele (v.l.)

'Laß dich überraschen' sehr überrascht." Journalist und Fernsehmoderator Heinz Klaus Mertes (*1942): „Leipzig = menschlich + modern. Das ist die Message. Das Medium dafür heißt Hotel 'Astoria'." Schriftsteller Martin Walser (*1927): „Wenn es überall wäre wie hier, wäre man gern unterwegs."
Den russischen Nationalpoeten Jewgeni Jewtuschenko (1932–2017) empfing man mit besonderen Ehren, galt er doch zeitlebens nie als angepasst: „Wie hat es mich gefreut, in Ihrem Hotel ein Geschenk aus meiner Jugend zu erhalten – ein winziges Steinchen mit einem Löchlein in der Mitte, ein Glücksbringer, auch Hühnergott genannt. Dieser Stein war der schweigsame Held meiner frühen Erzählung, und nun kam er zu mir zurück, aus den liebevollen Händen einer meiner deutschen Leserinnen. Dies erfüllt mich mit der Hoffnung, daß trotz allem Trennenden die Menschheit fortbesteht und auch solche kaum wahrzunehmenden und undefinierbaren, aber unsterblichen Empfindungen wie die der Seele." Hohe Wertschätzung zollte der Dichter der Arbeit in der Gastronomie: Ein gelungenes Menü, einen gekonnt kredenzten Wein verglich er mit einer meisterhaften Komposition.

Namen, die in jenen Jahren in den Gästelisten stehen: die Ulknudeln Lotti Huber (1912–1998) und Hella von Sinnen (*1959), Bürgerrechtler Friedrich Schorlemmer (*1944), Moskau-Dissident Lew Kopelew (1912–1997), Bundesminister a. D. Otto Graf Lambsdorff (1926–2009), Klaviervirtuose Richard Clayderman (*1953), Magier David Copperfield (*1956), Filmlegende Mario Adorf (*1930), DEFA-Regisseur Frank Beyer (1932–2006), „Schtonk!“-Macher Helmut Dietl (1944–2014) und seine „Rossini“-Aktrice Veronika Ferres (*1965), der tatsächliche Starkoch Angelo Conti Rossini (1923–1993), „Rettungsschwimmer“ David Hasselhoff (*1952), „Howi“ Howard Carpendale (*1946), „Barcelona“-Sopran Montserrat Caballé (1933–2018), „Jedermann“-Darsteller Erik Schumann (1925–2007), „Sissi“-Gatte Karlheinz Böhm (1928–2014), „Orion“-Kommandant Dietmar Schönherr (1926–2014), „Puppenkisten“-Sprecher Ernst H. Hilbich (*1931) und Moderator Max Schauzer (*1940), Käpt'n Blaubärs Stimme Wolfgang Völz (1930–2018), Tennis-Queen Steffi Graf (*1969), „Albatros“ Michael Groß (*1964) u. v. a. m. Mancher darunter, der zum zweiten, dritten, vierten Mal hierherkam. Am 22. Oktober 1992 bekochte die Astoria-Küchen-Mannschaft Queen Elisabeth (*1926) bei ihrem Leipzigbesuch.

Per Handschlag: Lew Kopelew und Christa Schwarz (1992)

Großer Mann im Fahrstuhl: David Hasselhoff (1995)

Gäste im Gespräch: Mario Adorf und Dieter Hildebrandt (1993)

Entspannt im „City"-Restaurant: Howard Carpendale (1996)

Im Juli 1995 erhält Hoteldirektor Schulze einen Brief, den die „Maritim"-Geschäftsleitung unterzeichnet hat und zugleich bittet, dessen Inhalt nicht zu propagieren. Nur des Direktors Stellvertreter darf ihn noch zur Kenntnis nehmen. Darinnen wird von anstehenden schweren Entscheidungen geschrieben und von der Perspektive des Gesamtunternehmens und vom nicht mehr konkurrenzfähigen Haus. Nur aufmerksame Beobachter hätten aufgeschobene Reparaturen und Modernisierungen, die kleinen Gesten zu deuten gewusst, wären sie ihnen neben aller Routine und knappen Finanzen aufgefallen. Offiziell wurde von einer Zukunft gesprochen, die ins neue Jahrtausend weist.
Auch das Hotel „Zum Löwen" hatte 1992 den Betreiber gewechselt und trug fortan den Namen „Corum", im Herbst 1995 änderte er sich nochmals.

„Nach zweieinhalb Jahren heißt es im Hotel ‚Corum' in der Rudolf-Breitscheid-Straße: Holiday Inn Garden Cort Leipzig City Center. Der weltweit größte Hotelkonzern Holiday Inn ist neuer Franchise-Partner des Hauses; geblieben ist der Anspruch an ein modernes, individuelles City-Hotel im Herzen der Stadt. Die Unternehmensgruppe Albeck & Zehden übernahm das Hotel im November 1992 von der Interhotel-GmbH. Nach umfangreichen Umbauarbeiten im Gesamtvolumen von über zehn Millionen Mark wurde das Haus am 1. Juli 1993 wieder eröffnet. Das seinerzeit aufgestellte Konzept, ein modernes, aber auch sehr individuelles City-Hotel zu schaffen, ist aufgegangen und dank der Top-Innenstadtlage gegenüber dem schönen Leipziger Hauptbahnhof konnte sich das Hotel in Leipzig gut etablieren. Mit dem Ausbau bzw. der Renovierung des Bahnhofes in nächster Zeit wird das Hotel sicher weiterhin an Attraktivität gewinnen.
Verhandlungen mit dem Holiday Inn Konzern binden das Hotel ‚Corum' nun an den weltgrößten Hotelkonzern mit fast 2.000 Hotels. Während der Presskonferenz stellten die geschäftsführenden Gesellschafter der Unternehmensgruppe Albeck & Zehden, sowie die Direktorin des Hotels ‚Corum' und Vertreter von Holiday Inn Worldwide die neue Kooperation vor. Für die neue Partnerschaft spricht dabei vor allem das internationale Reservierungssystem, das via Satellit Hotelreservierungen aus der ganzen Welt ermöglicht. Das Hotel verfügt über 121 helle und freundliche Gästezimmer, die, wie auch die öffentlichen Bereiche, vom international bekannten Hoteldesigner Ezra Attila Ltd. aus London, gestaltet und eingerichtet wurden. EAA Design war bzw. ist ebenfalls verantwortlich für die Inneneinrichtung im Schloß-

hotel ‚Vier Jahreszeiten' Berlin und Hotel ‚Adlon'. Im gesamten Haus finden sich originale Gemälde und hochwertige Kunstdrucke des renommierten Künstlers Peter Kuckei (1938) wieder. Die großzügige Verwendung von hochwertigem natürlichen Mineralien wie Marmor, Granit und amerikanischen Nußbaumholz konnte hier eine besondere Atmosphäre geschaffen werden, die man dem Hotel mit der eher unscheinbaren Fassade nicht zutraut.
Besonders erwähnenswert ist sicherlich, daß alle Zimmer vollklimatisiert sind. Alle Zimmer verfügen außerdem über einen Fön, Minibar, Kabel-T und Telefon. Nichtraucherzimmer sind vorhanden. Das Hotel verfügt über einen Health-Club mit gemischter Sauna, Whirlpool und modernen Geräten, natürlich ohne Extra-Kosten für Hausgäste. Das Restaurant ist ganztägig geöffnet und hat sich einer leichten Küche verschrieben. Im Haus bestehen Konferenzmöglichkeiten bis zu 25 Personen.

Wer bin ich? Anstecknadeln im Wandel

Die Unternehmensgruppe Albeck & Zehden besitzt und führt neben dem Holiday Inn Crowne Plaza Berlin City Center Nürnberger Straße auch ein Holiday Inn Express in Birmingham Alabama, USA, das Ventura Inn Weimar und das Holiday Inn Garden Court Berlin, Kurfürstendamm. Weiterhin besitzt die Unternehmensgruppe als geschäftsführende Hauptgesellschafter das Schloßhotel Vier Jahreszeiten in Berlin."

Umbruchszeiten, in denen unerwartet im Oktober 1995 der Geschäftsführer der Hotel Astoria GmbH, Peter Schulze, stirbt. Seine Kollegen sind erschüttert. So ist das nächste Jubiläum von seinem Tod überschattet, Stellvertreter haben die Leitung übernommen. Trotzdem blickt das Kollektiv des „Astorias" weiterhin frohen Mutes in die Zukunft. „80 Jahre Hotel ‚Astoria': Gratulationscour am 5. Dezember 1995 von 10.00 bis 14.00 Uhr".
Im Namen der Geschäftsleitung von Maritim – „Mehr als ein Hotel" – gratulierte Dr. Monika Gomalla aus Bad Salzuflen der „Astoria"-Mannschaft in Leipzig:

„Liebe Mitarbeiterinnen, liebe Mitarbeiter, meine herzlichen Glückwünsche übermittle ich zum heutigen 80sten Geburtstag des Maritim Hotels Astoria. Obwohl vom Alter her schon eine reife Dame, ist das Astoria dank Ihres Einsatzes und Ihres großen Engagements über die vielen Jahre jung geblieben. Das bekannte und beliebte Traditionshotel Astoria ist auf dem Leipziger Hotelmarkt fest etabliert. Auch wenn in Leipzig gerade in diesen Tagen viele neue Hotels eröffnen und dadurch der Wettbewerb an Schärfe gewinnt, blickt das Astoria zuversichtlich in die Zukunft. Nicht zuletzt die hervorragende Lage des Hauses direkt am berühmten Leipziger Hauptbahnhof und im Herzen der Messestadt trägt dazu bei, daß Ihr Haus auch morgen zu den ersten Adressen der Stadt zählen wird. Umfangreiche Renovierungs- und Erweiterungsmaßnahmen, die im neuen Jahr begonnen werden, tragen weiteres dazu bei, daß das Maritim Hotel Astoria seinen Platz behaupten wird.
An diesem Jubiläumstag gilt mein besonderer Dank Ihnen, liebe Mitarbeiter und Mitarbeiterinnen. Sie haben es in den vergangenen Jahren und Monaten nicht immer leicht gehabt. Immer wieder wurden Baumaßnahmen angekündigt, die dann leider wieder abgesagt wurden. Dies zehrt an den Nerven. Um so mehr gilt Ihnen meine Anerkennung. Sie haben sich durch nichts aus der Ruhe bringen lassen und Ihre Aufgaben stets hervorragend erfüllt.
An dieser Stelle möchte ich meinen besonderen Dank Herrn Hans-Peter Schulze aussprechen, der leider den heutigen Festtag nicht mehr erleben durfte. Mit ruhiger Hand hat er dieses Haus über viele Jahre kompetent und engagiert geführt. Den nicht leichten Wechsel nach 1989 hat er meisterhaft begleitet. Herr Hans-Peter Schulze wird uns immer als großes Vorbild im Gedächtnis bleiben.
Einen fröhlichen Geburtstag dem Astoria und Ihnen, liebe Mitarbeiterinnen und Mitarbeiter, alles Gute und weiterhin viel Erfolg."

Die Presse berichtete über die stattgehabte Feier:

„Majestätisch präsentierte sich das neue Leipziger Hotel ‚Astoria' gegenüber dem Hauptbahnhof im Dezember 1915. In seinem Äußeren hat sich das Gebäude im Laufe der Jahrzehnte und trotz der Zerstörung im Krieg nur wenig verändert. Wenn Hotelzimmer reden könnten, wüßten sie vom Hotel ‚Astoria' sicherlich allerlei zu berichten – Bettgeschichten und Tafel-

MARITIM HOTEL ASTORIA LEIPZIG

Gastlichkeit mit Tradition

Seit nunmehr 80 Jahren die Adresse für einen exklusiven Gästekreis aus Politik, Wirtschaft, Kultur und Sport.

Komfort, persönliche Atmosphäre,
eine hervorragende Küche und ein erlesenes Weinangebot
geben dem Haus die Note der vollendeten Gastlichkeit.

First-Class-Hotel: 323 Zimmer, 444 Betten, 5 Appartements,
5 Stilzimmer (u.a. Hochzeits-,Musik- und Barockzimmer)
Restaurant GALERIE im Chippendale-Stil, Restaurant CITY
mit Bilderzyklus des Leipziger Malers Prof. Werner Tübke.
ASTORIA-CLUB für Nachtschwärmer;
Salons für Festlichkeiten aller Art,
Empfänge und Beratungen, Konferenz- und Tagungsräume
für 10-300 Personen, Catering.
Saison -, Wochenend- und Firmenpreise, Kulturreisen.

Maritim Hotel Astoria Leipzig * Willy-Brandt-Platz 2 * 04109 Leipzig
Telefon: (0341) 128-30 * Telefax: (0341) 128-4747
Bankettreservierung: (0341) 128-4911
Zimmerreservierung: (0341) 128-4811

Broschüre zum Jubiläum: 80 Jahre fortlaufend gebucht

spitzen, Wunderliches und Wunderbares, Köstlichkeiten und Eitelkeiten. Heute kann die in den Jahren 1913 bis 1915 fur fünf Millionen Reichsmark errichtete Nobel-Herberge auf acht Jahrzehnte Hotelleben zurückblicken. Zunächst standen 200 Fremdenzimmer, ausgestattet mit dem ‚letzten Komfort' (das bezog sich auf die Wasch- und Badegelegenheiten) sowie 160 Restaurantplätze den Leipzigern und ihren Gästen aus aller Welt zur Verfügung. Und die ließen sich nicht lange bitten. Dicke Gästebücher sprechen Bände. Komplimente aus jüngeren Tagen lassen sich ebenfalls nachlesen. Die Mitarbeiter hören es gern, wenn Gäste heute wie einst vom besonderen Charme des ‚Astorias' schwärmen. Denn es fällt nicht leicht, im betagten Gemäuer modernen Hotelneulingen standzuhalten. Im kommenden Jahr soll der mit Übernahme des Hauses an die Maritim-Hotelkette angekündigte Umbau beginnen.
323 Zimmer, 444 Betten, 5 Appartements, 5 Stilzimmer, mehrere Restaurants verschiedener Stilarten – so liest sich heute der Steckbrief des 80jährigen Jubilars – für seine Gäste immer unterwegs zwischen Sport, Kultur, Wirtschaft und Politik."

Ein gesellschaftliches Ereignis, wie immer, wenn das „Astoria" zum Festbankett lädt, zumal zum runden Jubiläum. Solche Feier wird medial begleitet:

„Festglanz für Leipzigs gute Stube – Feierstunde im Lichterglanz für ein altes Haus mit jungem Flair: Das Hotel Maritim Astoria feierte seinen 80. Geburtstag. Neu-Chef Hans Georg Seitz (61) hatte zum 3. Gastro-Ball geladen. Chefkoch Horst Kucharicky (51) verwöhnte die Gaumen mit einem 5-Gang-Menü (570 Portionen), dazu Lachs und Matjes am Buffett, in Spendierlaune dachten die Gastronomen auch an kranke Kinder: Professor Dr. Anselm Pannowitsch (58) bekam einen Scheck (2.601,50 Mark) für die Uni-Kinderklinik. Bei der Tombola gewann Thomas Geyer (35) vom Landgasthof Michelwitz ein Wochenende im Porsche.
Gesehen: Christian Albert Jacke und Frau Christina, Regierungspräsident Walter Christian Steinbach und Frau Brigitte. Finanzdezernent Peter Kaminski als Nikolaus. Von seiner Dienstreise nach Nowosibirsk brachte er seiner Referentin eine süße Überraschung mit. Gabi Lehmann: ‚Eine große Kiste russisches Konfekt.' Kochbuch-Schirmherrin Ingrid Biedenkopf

bei Bäcker Krätzer. In der Hainstraße verkaufte und signierte sie ‚Sachsen schreiben ihr eigenes Backbuch'. Der Leipziger Karikaturist Karl Guckuck (67) hat's illustriert. Von Porto an die Pleiße: Manuel Perera und Joaquim Philip kochen jetzt bei Möwenpick – Portugiesische Woche bis zum 12. Dezember. Von der Sopa (Grüne Kohlsuppe) über Peixe (Fisch) über Feijonade de Lebre (Wildhaseneintopf) bis zur Sobremesa (süße Nachspeise). Natürlich gibt's Portwein dazu."

Es wird auf das Jubiläum angestoßen, doch der Optimismus hält nicht lang. Zu Jahresbeginn 1996 erhält das „Astoria" einen neuen Chef. Hansgeorg Seitz ist in der Branche kein Unbekannter, mehreren Interhotels stand er nach der Wende vor. Sie mussten unter seiner Führung ihre Türen schließen. Der Chef zog mit den gemachten Erfahrungen auf den nächsten Leitungsposten. Der Betriebsrat vom „Astoria" erhält anonyme Post von Kollegen aus Gera, die Herrn Seitz nicht schätzen. „Wir gratulieren Ihnen zum unfähigsten Direktor, den die Maritim-Hotelkette zu bieten hat! Viel Vergnügen" wird den Mitarbeitern gewünscht. Sarkasmus, der nicht unberechtigt und nachvollziehbar ist. Eine erste deprimierende Nachricht steht am 23. Januar 1996 in der der Presse:

„Neuer Chef rechnet mit Schließung – mit einer etwa einjährigen Schließung des Maritim Hotel Astoria rechnet der neue Direktor des Hauses Hansgeorg Seitz. Der gebürtige Bamberger, der im Januar offiziell die Nachfolge des im Oktober gestorbenen Peter Schulze antrat, sagte dies gestern anläßlich eines Neujahrempfangs vor der Presse. Er hoffe, daß nunmehr am 1. September mit den bereits für das Frühjahr geplanten großen Umbauten begonnen werden kann. Verbindliche Daten, Pläne und Vorhaben konnte er jedoch nicht mitteilen. ‚Ich erwarte in den nächsten Tagen genaue Details', so Seitz gestern.

Der 61jährige Hotelfachmann will die ersten hundert Tage in seinem neuen Amt zunächst nutzen, um sich mit der aktuellen Situation in Leipzig vertraut zu machen. Viel Lob hat er bereits für das ‚ausgezeichnet geschulte Personal' seines Hauses und die prächtigen Sehenswürdigkeiten Leipzigs übrig. Enttäuscht sei er allerdings, daß ‚eine Stadt, die so viel zu bieten hat, ihr Licht bisher so unter den Scheffel stellt'. Gemeinsam mit anderen Herbergen wolle das ‚Astoria' auch weiterhin sein Quentchen dazu beitragen, daß mehr Touristen nach Leipzig kommen, versicherte er. Seitz war nach der Wende in den Maritim Hotels in Cottbus und Gera tätig. Internationale Erfahrungen sammelte er zuvor unter anderem in Frankreich und Großbritannien."

Einiges, was der Artikel nicht erwähnt. Einiges, das der Chef wider besseren Wissens den Journalisten in die Federn diktiert. Die Maritim Hotels in Cottbus und Gera hatten ihren Betrieb unter der „erfahrenen" Führung von Hansgeorg Seitz einstellen müssen. Die Aussage, dass das „Astoria" nur temporär seine Pforten schließen wird, ist eine Lüge. Denn bereits im genannten Brief vom Juli 1995 an Hoteldirektor Schulze stand das endgültige Aus des Hauses fest. Es dauerte aber noch ein weiteres halbes Jahr, ehe dieser Beschluss auch offiziell verkündet wird.
Am 22. August 1996 erklärt „Maritim", der Hotel-Pächter, wegen Vertragsbruch das Haus nun aufgeben zu müssen. Nicht nur die Mitarbeiter erreicht diese Mitteilung wie ein Blitz aus heiterem Himmel. Viele haben ihre Tränen dabei nicht verdrücken können, „gestandene Männer waren darunter!" Die Nachricht verbreitet sich rasend schnell und schockt die ganze Stadt: Jeder Leipziger verbindet mit diesem Haus Erinnerungen. Und in den letzten Jahren hatte sich doch das „Astoria" bei Veranstaltern und Reiseunternehmen etabliert und konnte fast ein Jahrhundert den Ruf als „Leipzigs erste Adresse" verteidigen. Nun das Ende! Fieberhaft hätte man nach Investoren gesucht, die den Hotelbetrieb weiter betreiben würden, versichern Eigner und Pächter. Aber keiner wollte das Haus und die Geschäfte übernehmen. Man habe alles versucht. Zukunft hätte das Haus, sie sei aber nicht sicher. Man müsste was tun, dazu sieht man sich jedoch nicht in der Lage. Die Kündigungen werden geschrieben.

„Ob und wie das Hotel Astoria in Zukunft weiterbestehen wird, ist unklar. Wie gestern bekannt wurde, gibt die Maritim Hotelgesellschaft das Haus zum Jahresende auf. Begründet wurde die Entscheidung damit, daß die längst fällige Renovierung seit drei Jahren von den Eigentümern immer wieder verschoben werde.
Die 107 Mitarbeiter erfuhren es gestern in einer Belegschaftsversammlung.

Die Maritim Hotelgesellschaft mit Sitz in Bad Salzuflen verläßt Leipzig, nachdem sie bereits Hotels in Berlin und Dresden aufgegeben hat. Zum Jahresende steigt Maritim aus dem Vertrag aus, mit dem das ‚Astoria' im März 1992 langjährig von dessen Eigentümer, der Berliner Interhotel-Gruppe, gepachtet wurde. ‚Grundlage des Pachtvertrages war, daß die Interhotel-Gruppe das Haus renovieren läßt', sagte gestern Maritim-Sprecherin Bettina Häger-Teichmann. Die ersten Termine dafür seien schon 1993/94 geplatzt. Seitdem sei die Renovierung immer weiter hinausgeschoben worden. ‚Wir haben die Entscheidung schweren Herzens getroffen. Alles wäre weitergelaufen, wenn die Renovierung erfolgt wäre. Aber das Haus in Leipzig ist nicht auf Maritim-Standard', so Frau Häger-Teichmann.
Einen ‚ganz gewaltigen Investitionsstau' bestätigt auch Hansgeorg Seitz, der das 80 Jahre alte Traditionshotel seit Jahresbeginn leitet. Der Nachholebedarf habe angesichts der angespannten Situation auf dem Leipziger Hotelmarkt als ‚sehr geschäftsschädigend' erwiesen. Über die Höhe der erforderlichen Investitionen wurde gestern nichts bekannt: ‚Auf jeden Fall geht es nicht nur um Peanuts', äußerte Seitz.
Was aus dem ‚Astoria' und den Mitarbeitern werden soll, darüber muß die Interhotel-Gruppe entscheiden. Die äußerte sich gestern lediglich in einer Acht-Zeilen-Mitteilung: ‚Die Überlegungen hinsichtlich des prominenten Leipziger Standortes sind noch nicht abgeschlossen. Interhotel wird in seiner Entscheidung alle Aspekte der Mitarbeiter einbeziehen', heißt es darin lapidar. Weitere Fragen wurden nicht beantwortet; die Geschäftsführer seien in Besprechungen oder außer Haus, hieß es bis zum Abend immer wieder.
Seit Dezember 1995 ist die ostdeutsche Interhotel-Holding, die zu diesem Zeitpunkt mit drei Milliarden Mark verschuldet war, im Besitz von drei ehemaligen Gläubigerbanken: Deutsche Bank, Deutsche Pfandbrief- und Hypothekenbank und Deutsche Bau- und Bodenbank. In Leipzig gehören zur Holding noch das ‚Inter-Conti' und das ‚Mercure' (am Ring, heute ‚Radisson Blu'). Ende 1991 hatten die Berliner Geschäftsleute Axel Guttmann und Klaus Groenke die Gruppe mit 28 ostdeutschen Hotels für 2,1 Milliarden Mark gekauft. Ihr Konzept, Gebäude und Grundstücke schnell wieder zu verkaufen, war jedoch nicht aufgegangen."

Unter Leipzigs Bevölkerung herrscht Unmut, sammelt sich Protest:

„Hunderte Unterschriften für den Erhalt des ‚Astoria‘ – Auch Werner Tübke und seine Frau setzen ihre Namen darunter: Mit der Schließung des ‚Astoria‘ finden sich viele Leipziger nicht kampflos ab: Mehrere hundert kamen gestern, um sich an der von Veranstaltungsmanager Peter Degner organisierten Unterschriftenaktion zu beteiligen. Etwa 600 Leute hatten in den vergangenen Tagen schon die Listen unterschrieben. Gestern zum Aktionstag kamen rund 100 weitere Namen dazu, darunter die von Maler Werner Tübke und seiner Frau. ‚Mir als alter Leipzigerin tut es weh, daß wieder ein Stück von unserer Stadt verloren geht‘, bedauerte Brigitte Tübke. Ihr Mann ist dem Haus verbunden, weil seit 1958 kulturpolitisch wertvolle Bilder von ihm dort ausgestellt sind.
Für die Mitarbeiter des Hotels war es eine Genugtuung, daß so viele ehemalige Kollegen, Freunde und Hotelgäste sich solidarisch mit ihnen erklärten. ‚Wir hoffen, daß doch noch etwas in Bewegung gesetzt werden kann, um die Schließung zu verhindern‘, so Vize-Direktor Eckhard Werner.
Die Unterschriften will Peter Degner an die Interhotel-Gruppe weiterleiten. ‚Klar, das Hotel ist reparaturbedürftig, aber man darf nicht vergessen, welche Bedeutung es vor der Wende für Leipzig hatte.‘“

Auch Bundestagspräsidentin Rita Süssmuth (* 1937) erklärt, als sie im November 1996 im Hause nächtigte, Mitgefühl und Unterstützung: „... kurze Verweildauer – eine Übernachtung im Maritim Leipzig ließ mich eine doppelte Erfahrung machen: Dankbarkeit und Bedrückung! Dankbar für die Zugewandtheit der Menschen, derjenigen, die in diesem Hotel arbeiten und Bedrückung bei der Nachricht, daß 107 Menschen in Kürze auch hier ihre Arbeit verlieren. Mit dieser Bedrückung kehre ich nach Hause zurück. Wir brauchen Arbeit für unsere Menschen – Herzlichen Dank für die Gastlichkeit!“
Alle Aktionen, alle Unterschriften, jedes Engagement – es brachte nichts. So glich der Astoria-Tag im Jahre 1996 nicht nur einer Beerdigung, er war eine, denn es war beschlossene Sache: Das Hotel „Astoria“ würde nach 81 Jahren Betriebsgeschichte schließen: „Warum macht Leipzigs berühmtestes Hotel dicht? Eigentümer ‚Interhotel‘ hat das alte Gemäuer nicht saniert, da kündigte Maritim den Pachtvertrag. Und ein neuer Interessent ist nicht in Sicht.“
Der letzte Walzer wird im Ballsaal am 2. Dezember 1996 gespielt. „Gestern Nacht wurde noch einmal ein prächtiges Fest gefeiert. Am frühen Morgen ging im Ballsaal das Licht aus – wohl für immer ... Die Kapelle spielte, die Gesell-

schaft tanzte ... Gestern Nacht im ‚Astoria': Ball der Gastronomen. Zum 4. Mal traf sich alles, was in dieser Szene und auch sonst Rang und Namen hat: Karl Noltze (Vize-Regierungspräsident), Hans-Georg Schneider, Hans-Jürgen Lotz, Jürgen Albrecht (alle Dehoga), Richard Schrumpf (Tourist-Chef), Günter Wassermann (Ordnungsamt), Ralf Kausch (IHK), Frank Schuffenhauer (Hofbräu Reudnitz), Ralf Schieck (früher ‚Astoria', jetzt Mercure-Chef)."
Die Belegschaft erwartet auch im letzten Arbeitsjahr Anerkennung durch das tariflich vereinbarte Weihnachtsgeld. Das jedoch wird im November nicht überwiesen. So fordert ein jeder Mitarbeiter persönlich die zugesicherte Gratifikation ein:

„Mit diesem Schreiben mache ich mein von Ihnen nicht zur Auszahlung gebrachtes Weihnachtsgeld geltend. Diese Forderung resultiert aus der Anwendung des Tarifvertrages für die Beschäftigten der Deutschen Interhotel AG vom 26. 02. 1991, abgeschlossen zwischen der Deutschen Interhotel AG Berlin und der Gewerkschaft NGG Hauptverwaltung Hamburg.
Nach diesem Manteltarifvertrag haben Sie mir ein Weihnachtsgeld in Höhe von 100% der tariflich vorgesehenen Vergütung zu zahlen. Die Auszahlung des Weihnachtsgeldes hätte mit der Entgeltzahlung November erfolgen müssen. Nach Informationen der Gewerkschaft Nahrung/Genuß/Gaststätten steht mir das volle Weihnachtsgeld für 1996 zu.
Ich fordere Sie hiermit auf, mein Weihnachtsgeld bis zum 15. 12. 1996 zur Auszahlung zu bringen. Sollten Sie dieser Aufforderung nicht nachkommen, werde ich mit Hilfe der Gewerkschaft NGG, Verwaltungsstelle Leipzig, mein Weihnachtsgeld beim Arbeitsgericht einklagen",

---

verbleibt jeder Mitarbeiter mit freundlichen Grüßen. Aus Bad Salzuflen erhält er mit freundlichen Grüßen am 13. Dezember 1996 eine Antwort:

„Mit Schreiben vom 05. 12. 1996 fordern Sie die Maritim Hotelgesellschaft GmbH auf, das tariflich vorgesehene Weihnachtsgeld für 1996 an Sie zur Auszahlung zu bringen. Wir können dieser Aufforderung aus den nachfolgenden Gründen nicht nachkommen.
Die Maritim Hotelgesellschaft GmbH mußte mit Wirkung zum 01. 01 1997

das pachtverhältnis für das Maritim Hotel Astoria auflösen. Das Pachtobjekt wurde von der Deutschen Interhotel AG übernommen, die in der Folgezeit die Entscheidung getroffen hat, das Hotel ab dem 01. 01. 1997 zu schließen. Diese Entscheidung erfolgte ohne Einbeziehung der Maritim Hotelgesellschaft GmbH mit der Folge, daß die Verantwortlichkeit für die personellen Konsequenzen dieser Entscheidung und somit für die erforderlichen Kündigungen aller Arbeitnehmer und für die Erstellung eines Sozialplanes zum Ausgleich der damit entstehenden sozialen Härten im Verantwortungsbereich der Deutschen Interhotel AG liegt.
§ 9 des Manteltarifvertrages für die Beschäftigten der Deutschen Interhotel AG, auf den Sie sich beziehen, sieht vor, daß Weihnachtsgeld nur an Arbeitnehmer/-innen zu zahlen ist, die am 30. 11. 1996 in ungekündigter Stellung im Unternehmen beschäftigt sind. § 7 des Manteltarifvertrages für das Hotel- und Gaststättengewerbe im Land Sachsen enthält eine korrespondierende Regelung mit Stichtag 01. 12. eines Kalenderjahres. Danach ist die fortlaufende Beschäftigung in einem ungekündigten Arbeitsverhältnis zum genannten Stichtag Voraussetzung für einen Anspruch auf Weihnachtsgeld. Sie haben sich aufgrund der leider erforderlich gewordenen Kündigung jedoch zu diesem Stichtag in einem gekündigten Arbeitsverhältnis befunden, so daß wir Ihrer Aufforderung auf Auszahlung des Weihnachtsgeldes für 1996 nicht Folge leisten können. Wir bedauern, Ihnen keine andere Nachricht geben zu können."

Das tiefe Bedauern nimmt in der Belegschaft der Geschäftsleitung keiner ab. Diese handelt noch kurz vor Toresschluss und nimmt Hansgeorg Seitz den Posten. Für die letzten zwei Wochen führt die Geschäfte des „Astorias" Herr Marc Steinmeyer, der weder Haus noch die Belegschaft kennt.
Zum letzten Ball im Traditionshaus kommen viele:

„Es gab Lachs-Sorbet, Kir Royal, gefüllte Kaninchenkeule. Stargäste: Schlagernudel Isabell Varell, das Salonorchester des Gewandhauses. Es war die letzte rauschende Ballnacht im ‚Astoria'! Das Traditionshaus wird am 31. Dezember 1996 geschlossen. 107 Mitarbeiter und 20 Azubis haben bereits ihre blauen Briefe erhalten (Weihnachtsgeld gab's nicht). Der letzte Astoria-Pächter, die Maritim-Gruppe sagt: ‚Hausbesitzer Interhotel hat sich

nicht an den Pachtvertrag gehalten. Es wurde nicht renoviert. Da haben wir den Vertrag gekündigt.'
Rückschau: Was für eine glorreiche Zeit! Es war eine Sensation ... Haus für die Reichen und Schönen, u.a. Mario Del Monaco, Audrey Landers, Josip Broz Tito ... Heute in den frühen Morgenstunden: Matthias Weigert (53), der seit 33 Jahren im „Astoria" arbeitet, drückt auf einen kleinen Schalter. Das Licht im Ballsaal erlischt. Wohl für immer. Oder finden sich doch noch Menschen, die unserem schönsten Hotel eines Tages wieder Leben einhauchen werden?"

Die Leipziger hoffen. Die Leipziger bangen. Gerüchte sprechen vom Verschwinden des noblen Hauses. Doch zunächst wird's ausgeräumt:

„Der Haushalt wird aufgelöst. Porzellan, Kristall und Tafelsilber nach Berlin, Gemälde zur Auktion – nur Teppiche und Kronleuchter will keiner haben.
Am 30. Dezember gegen elf Uhr schließen sich hinter dem letzten Gast des ‚Astorias' die Türen. Auch wenn diese Woche nochmal Hochbetrieb war, läuft die Auflösung des 323-Zimmer-Hotels auf vollen Touren. Das wertvolle Meißner Porzellan, Kristall oder Tafelsilber gehen an andere Interhotel-Häuser; ein Großteil der Gemälde wird zur Auktion angeboten.
Eigentlich sollte am Silvesterabend nochmal in allen Räumen getanzt werden. Doch die Gala wurde kurzfristig abgesagt, die Gäste auf andere Hotels umgebucht – schließlich haben die meisten Mitarbeiter zum 31. Dezember ihre Kündigung erhalten, inklusive des Hoteldirektors. Immer öfter ertappen sie sich bei der Frage: ‚Kannst du dir vorstellen, daß wir nächsten Monat nicht mehr hier sind?' In dieser Woche konnte es keiner, weil das Haus voll war: Reisegruppen kamen, Leipziger Firmen und Vereine feierten Weihnachten in einem der Salons. ‚Alle wollen noch einmal das ‚Astoria' erleben, bevor Schluß ist', meint eine Mitarbeiterin.
Im Ballsaal haben sich die Türen bereits für immer geschlossen; der letzte große Ball fand Anfang Dezember statt. Diese Woche traf sich noch einmal die Seniorengruppe aus ehemaligen Mitarbeitern des Hauses. Am 30. Dezember gegen elf Uhr wird der letzte Gast verabschiedet. ‚Am Nachmittag setzt sich das Personal zum letzten gemeinsamen Essen zusammen. Da wird dann der Katzenjammer bestimmt groß sein', vermutet die PR-Chefin

des Hauses. Wenn dann auch die letzte Inventur abgeschlossen ist, wird ein Wachdienst anrücken, der das Haus sichert.
Erst ein Drittel der Belegschaft hat neue Jobs gefunden. ‚Wir haben Kontakte nach Bayern, hätten etliche Leute dorthin vermitteln können', sagt Jürgen Albrecht vom Hotel- und Gaststättenverband. Doch erstaunlicherweise sei die Bereitschaft der jungen Leute, in den Westen zu gehen, gering, obwohl dort etwa ein Viertel mehr Lohn gezahlt wird.
Verantwortliche der Interhotel-Gruppe als Hoteleigentümer gingen in den letzten Wochen im ‚Astoria' ein und aus, um das Inventar zu sichten. Das wertvolle Meißner Speise- und Kaffeegeschirr für rund 20 Personen, von dem auch die Queen bei ihrem Leipzig-Besuch 1993 speiste, geht an das Berliner Grand Hotel, mit der dazu passenden Tischwäsche und den Servietten mit Meißner Motiven. Auch das Tafelsilber für reichlich 100 Personen, das Kristall und die hochwertigen Servierausstattung kommen ins Grand Hotel. Kein Interessent fand sich bisher für die großen Kronleuchter und die Teppiche: ‚Da kommt dann irgendwann eine Firma mit Fahrzeugen und holt alles ab, was keiner haben will', vermutet Vize-Direktor Rigobert Wessel.

Beköstigt vom Astoria-Team: Queen Elisabeth II. (22.10.1992)

Klar ist, was aus den Gemälden im Restaurant ‚Galerie' wird, das vom Gaut Millau von 1989 bis 1995 übrigens zu den 500 besten Restaurants in Deutschland gezählt wurde: Sie sind Leihgaben des Museums für Bildende Künste und kommen dorthin zurück. Dagegen ist das rund 40 Quadratmeter große mehrteilige Wandbild von Werner Tübke im Restaurant ‚City', das 1958 als Auftragswerk entstand, im Besitz des Hotels, wie auch zahlreiche weitere Gemälde. ‚Diese Gemälde kommen in einen Auktionskatalog und werden versteigert', so Rigobert Wessel.
Wer jetzt die letzte Gelegenheit nutzt und mit dem Fahrstuhl in die oberen Etagen fährt, kann den schmuddeligen Bohéme-Charme des Hauses nicht mehr übersehen: Die Teppiche sind fleckig, die Türen abgestoßen, die Sitzmöbel verschlissen. In den Zimmern gibt es sogar noch Toiletten mit Zugspülung – schließlich liegt die letzte millionenschwere Renovierung 25 Jahre zurück. Trotzdem wird das Ende des 80jährigen Traditionshotels allgemein bedauert, auch von anderen Leipziger Hoteliers. ‚Alles nur Gerede. Die Hotels ringsum sind doch froh, wenn das ‚Astoria' weg ist', meint dagegen eine Kennerin der Branche."

Die Tage des offenen Hauses also sind gezählt. Manch Leipziger, der persönlich von ihm Abschied nimmt. „Ich aß das letzte Essen (Geschnetzeltes für 12,50 D-Mark), trank an der Bar den letzten Whisky (Johnnie W. Black Label, 14 DM) und checkte am nächsten Morgen wieder aus."
Die Silvesternacht des Jahres 1996 naht: „In der Empfangshalle des Hotels ‚Astoria' steht ein schwerer Eichen-Schreibtisch. Er war der Arbeitsplatz von Kurt Michels (60) – fast zwei Jahrzehnte lang. Heute braucht das ‚Astoria' keinen Empfangs-Chef mehr. Keinen, der die Gäste begrüßt. Keinen, der nachts zur Stelle ist, wenn's irgendwo klemmt. Auf Kurt Michels Schreibtisch liegt nun ein Buch mit Unterschriften gegen das Ende. Doch das nützt natürlich nichts.
Denn wenn etwas abgewickelt werden soll, wird es abgewickelt. Das ist überall so. Ob es sich um ein Industrie-Unternehmen handelt oder ein Traditions-Hotel. Nächsten Dienstag geht im ‚Astoria' das Licht aus. Wahrscheinlich für immer."
Ein letztes Schreiben von Frau Dr. Monika Gomolla im Namen der Maritim-Geschäftsleitung aus Bad Salzuflen erreicht Haus und Angestellte am 27. Dezember:

„Liebe Mitarbeiter und Mitarbeiterinnen, zum Ende dieses Jahres wird das Hotel Astoria geschlossen und nimmt damit eine Entwicklung, die wir alle nicht für möglich gehalten hatten.
Mit Zuversicht und Optimismus haben wir das Hotel Astoria mit Beginn des Monats März 1992 gepachtet. Unser – auch im Pachtvertrag festgelegtes – Ziel war es, das Hotel Astoria innerhalb kürzester Zeit zu einem Kongreßhotel im Vier-Sterne-Standard umzubauen und zu erweitern. Leider ist dieses jedoch nicht realisiert worden. Vielmehr hat die Eigentümerseite die verabredeten Termine zum Beginn der Umbau- und Sanierungsarbeiten immer wieder verschoben. Der bauliche und technische Zustand des Hotels wurde immer schlechter.
Sie, liebe Mitarbeiter und Mitarbeiterinnen, haben sich nach Kräften bemüht, dieser baulichen Situation Ihre Leistungen entgegenzusetzen. Die Gäste haben Ihnen viel Lob ausgesprochen für Ihr Engagement, Ihre Freundlichkeit, Ihre Kompetenz und Ihre Einsatzbereitschaft.
Dennoch – aufgrund der baulichen Gegebenheiten – ist die wirtschaftliche Situation des Hotels immer schwieriger geworden, so daß wir schließlich keinen Spielraum mehr hatten und den Pachtvertrag zum Ende des Jahres kündigen mußten. Die Entscheidung, das Hotel ganz zu schließen und Ihre Arbeitsverhältnisse zu kündigen, hat nicht Maritim, sondern die Deutsche Interhotel Gruppe als Eigentümerin des Hotels getroffen. ich möchte Sie daher bitten, Maritim auch nicht für die Konsequenzen, die sich für Sie persönlich aus der Schließung des Hotels ergeben, verantwortlich zu machen.
Herzlich möchte ich mich bei Ihnen bedanken, daß Sie sich in den zurückliegenden schwierigen Jahren so sehr für uns eingesetzt und alles getan haben, um den Namen Maritim Ehre zu machen. Für Ihre berufliche und private Zukunft wünsche ich Ihnen von Herzen alles Gute und viel Glück.“

Doch es bleibt Tatsache, wie die „Leipziger Volkszeitung“ vermeldet:

„Das Hotel ‚Astoria‘ schloß gestern seine Pforten: Gegen 11 Uhr wurde Magdalene Esche aus Oberhausen als letzter Gast verabschiedet; ab morgen sind viele der zuletzt noch 107 Astoria-Mitarbeiter arbeitslos. Das 1915 als modernstes Grand-Hotel Deutschlands eingeweihte Haus wird bis Ende

März ‚abgewickelt'; ob es anschließend abgerissen oder doch noch um- und ausgebaut wird, steht in den Sternen.
Trotz der gedrückten Stimmung bewahrte die Hotel-Mannschaft gestern bis zuletzt Contenance. Selbst einen Strauß Blumen zauberte Restaurantleiterin Sigrid Ammer noch herbei, um den letzten Hotelgast würdig zu verabschieden. Nur die Tränen konnte sie und viele andere im ‚Astoria' dann doch nicht völlig unterdrücken. Im Gegensatz zu anderen Kollegen hat die Restaurantleiterin aber noch Glück im Unglück. Denn sie kann in einigen Tagen im Leipziger Hotel ‚Kempinski' neu anfangen.
Während im Entree der letzte Gast verabschiedet wurde, herrschte in der Küche Hektik. Denn dort holte Hendrik Rathgeb – Küchenchef des Maritim-Hotels Halle – alles ab, was er noch in seiner Küche verwerten kann. Selbst ‚Astoria'-Vize-Direktor Rigobert Wessel griff mit zu, um Konserven und Weine zu verstauen. Er will jetzt bei einer Cateringfirma anfangen.
Das Traditionshaus war wirtschaftlich zusammengebrochen, nachdem die Maritim-Hotelkette Mitte August bekannt gegeben hatte, daß sie den Pachtvertrag für das ‚Astoria' zum Jahresende kündigen wird. Die Begründung: Die Eigentümer des Hauses, die hochverschuldete Berliner Interhotel-Gruppe, hatte die vertraglich zugesicherten Umbauarbeiten nicht vorgenommen. Weil die klamme Interhotel-Gruppe auch danach keinen Pfennig in die Rekonstruktion des Hotels stecken konnte, mußte es gestern geschlossen werden. Die Immobilie bleibt weiter im Besitz der Interhotel-Gruppe, die mittlerweile mehrheitlich der Deutschen Bank (45 %) und der Depfa-Bank (37 %) gehört.
Am Montag will die Gruppe die Hotelausstattung nach Mitnehmbaren durchforsten. Einige Stücke hat die Astoria-Mannschaft vorab dem Museum der Leipziger Fachschule für Gaststätten und Hotelwesen zukommen lassen. Nostalgische Schlüsselanhänger und Teile der Erstausstattung des Tafelsilbers werden dadurch in Leipzig bleiben. Auch die Chronik und die Gästebücher des Hauses wurden dem Museum in der Käthe-Kollwitz-Straße übergeben.
Offen blieb auch gestern, was mit der Immobilie geschehen wird, wenn Ende März die letzten Mitarbeiter gehen und nur noch ein Sicherheitsdienst durch die Räume patrouilliert. Branchenkenner berichten, daß das Grundstück nebst Hotel zu Preisen zwischen 45 und 75 Millionen Mark feilgeboten wird und die Frankfurter Nobel-Hotelkette Steigenberger Interesse zeigen soll. Doch weder die Interhotel- noch die Steigenberger-Gruppe äußerten

sich gestern dazu: Vorstände und Pressestellen waren komplett im Urlaub. Für die Maritim-Gruppe wird das Kapitel ‚Astoria' Leipzig mit dem Jahreswechsel noch nicht beendet sein. Denn einige Mitarbeiter des Hauses kündigten an, daß sie gegen den Hotel-Giganten aus Bad Salzuflen klagen wollen. Der Grund: Sie haben kein Weihnachtsgeld erhalten."

Der Tresen am Hotelempfang bleibt bis zum letzten Tag besetzt. „‚Hotel Maritim Astoria, Guten Tag.' Die Telefon-Stimme an der Reception ist noch immer freundlich. Denn noch immer rufen Leute an, wollen ein Zimmer buchen. Oft Wochen im Voraus. Doch die Stimme kann nicht helfen. ‚Das Haus schließt am 30. Dezember, tut mir leid ...', sagt sie leise. Und empfiehlt dem Anrufer, doch die 9880 zu wählen. Das ist die Nummer vom ‚Interconti' (vormals ‚Merkur'), der ehemaligen Konkurrenz. Geschlagene Krieger haben keine Feinde mehr ..."
Jahresbeginn 1997:

„Armes ‚Astoria'. Kaum sind die letzten Gäste weg, da kommen die Abräumer. Porzellan, Möbel und Kunstwerke – das Interconti (Leipzig), Grand Hotel und Hotel Unter den Linden (beide Berlin) schnappen sich schon die wertvollsten Stücke: Meißner Porzellan und die Fayancen aus dem Hause von Schierholz in Plaue. Auch das Tafelsilber teilen die drei Nobelherbergen auf: 150 Sätze. Montag rollen die Laster an.
Schon ausgeräumt: Alle Kunstwerke des Museums der bildenden Künste: Dr. Renate Hartlieb (57): ‚Unsere sechs Leihgaben sind wieder im Museum, alle von epochaler Bedeutung!'
Der Packzettel:
‚Felsige Küste', Heinrich Hiller (1846–1912)
‚Wildschweine im Winter', Gustav Fenhold (1848–1901)
‚Hirtenleben', Otto Gebler (1838–1917)
‚Teichlandschaft mit Wildenten', Karl Hagemeister (1848–1933)
‚Gegend bei Rom', Heinrich Louis Theodor Gurlit (1812–1897)
‚Herbststimmung', Jaques Schenker (1854–1927)
Die rund 80 Gemälde und 80 Statuen im Astoria-Besitz landen auf einer Auktion. ‚Entrümpler' übernehmen den Rest."

Das Haus steht leer. Der Wachdienst patrouilliert. Vandalismus lässt sich nicht verhindern. Die Leipziger schauen auf „ihr Astoria" und können nicht begreifen, dass die erste Adresse der Stadt so ohne Leben ist.
Großes Aufatmen am 7. Juli 1997:

„US-Konzern kauft ‚Astoria' – Fünf-Sterne-Hotel entsteht – Aber unklar: Abriß oder Umbau der traditionsreichen Leipziger Herberge? – Der Leipziger Willi-Brandt-Platz 2 bleibt eine der ersten Hoteladressen in der Messestadt. Ein modernes Fünf-Sterne-Hotel wird anstelle des baufälligen ‚Astoria' entstehen. Ob das traditionsreiche ‚Astoria' dafür abgerissen oder umgebaut wird, ist aber ungewiß. Die US-amerikanische Hotelkette Westin Hotels & Resorts, die weltweit 106 Luxushotels besitzt, übernimmt drei Häuser der ehemals ostdeutschen Interhotel-Gruppe. Für jeweils 15 Jahre hätten die Amerikaner das ‚Grand-Hotel' in der Berliner Friedrichstraße und das ‚Bellevue' in Dresden gepachtet, berichtet das Münchner Nachrichtenmagazin ‚Focus' in seiner jüngsten Ausgabe. Kern des bereits am 4. Juli unterzeichneten Vertrages sei die Errichtung eines Fünf-Sterne-Hotel anstelle des baufälligen ‚Astoria' in Leipzig. Hinter dem Geschäft steht laut ‚Focus' die Investment Bank Goldman Sachs, die 50 Prozent an Westin Hotel & Resorts hält. Mit den Luxushotels trete Goldman Sachs in Konkurrenz zur Hotelkette Kempinski.
Das Hotel ‚Astoria' schloß am 30. Dezember 1996 seine Pforten. Viele der Mitarbeiter wurden arbeitslos, manche fanden in anderen Leipziger Hotels eine neue Wirkungsstätte. Manche machten sich selbständig. Einige wenige arbeiteten in Wattejacken im kalten Gemäuer, denn die Heizungen waren längst abgestellt. Sie nahmen noch drei Monate Anrufe unter der Nummer Leipzig 0341 72220 entgegen, Faxe unter 0341 7224747.
Unterschriftensammlungen und eindringliche Bitten von Leipzigern und vielen Prominenten, die den Glanz und morbiden Charme der einstigen Nobelherberge liebten, halfen nichts. Horst Kucharicky, ehemaliger Küchenchef des ‚Astoria', sagte gegenüber unserer Zeitung, daß er einen möglichen Abriß des Hotels sehr bedauern würde. ‚Das über 80 Jahre alte ›Astoria‹ ist ein Stück Leipziger Tradition und sollte unserer Stadt erhalten bleiben', so der heutige Küchenchef von ‚Löhr's Carré'."

Dann der scheinbare Erfolg:

„Abriß light – Prima, Fassade bleibt stehen – ‚Das ›Astoria‹ wird schöner als es je war', verspricht Stadtplanungsamts-Chef Wolfgang Kunz. Denn Rathaus und Hotelkette ‚Westin' sind sich über die Zukunft der Edel-Herberge einig geworden. Hintergrund: ‚Westin' hat am vergangenen Freitag von der Interhotel-Kette das Berliner Grand Hotel, das Dresdner ‚Bellevue' und das ‚Astoria' übernommen. In Leipzig will der US-Hotelriese 200 Millionen Mark investieren – in ein neues 5-Sterne-Hotel. Unklar: Kommt das ‚Astoria' komplett unter die Abrißbirne oder nicht.
Jetzt steht fest: Es wird nur einen Abriß light geben – die Astoria-Fassade bleibt. Kunz gestern: ‚Zwischen Stadt und ›Westin‹ hat es sehr ausführliche Gespräche über die Zukunft des ›Astoria‹ gegeben. Auch mit der Denkmalbehörde. Im Ergebnis verzichtet die Stadt auf den Erhalt des westlichen Teils (Gerberstraße), der in den fünfziger Jahren angebaut wurde. Der wird abgerissen. Das Hauptgebäude wird hinter der historischen Fassade entkernt und neu bebaut. Unter diesen Bedingungen ist ›Westin‹ eingestiegen.'
Heißt: Die im Krieg beschädigte noch stehende Fassade wird hochwertig restauriert, der anschließende neue Anbau orientiert sich an der schon bestehenden Fassade. Kunz: ‚So entsteht dann wieder ein einheitliches, hochwertiges Ensemble.' Und nicht nur außen, sondern auch innen. Dafür spricht der Architekt der Berliner Nobel-Herberge ‚Adlon'. Er wird auch die Pläne fürs ‚Astoria' entwerfen."

Der Plan zerschlug sich. Das Konsortium von Banken saß auf den Immobilien der Interhotel-Gruppe fest, betrieben wurden die Häuser längst nicht mehr. Interessenten und interessierte Spekulanten gab es viele, doch gestalteten sich Verhandlungen schwierig, da der Deal nur im Paket vonstattengehen sollte. „2006 kaufte ‚Blackstone' die aus 14 Hotels bestehende Interhotel-Kette von zwei Banken. Für den Kaufpreis von 720 Mio. Euro wurden ca. 550 Mio. Euro Kredite genommen."
Blackstone – die amerikanische Investmentgesellschaft ist umstritten. „Finanzinvestoren wie Blackstone, die viele Milliarden Dollar an fremdem Geld verwalten, kaufen immer mehr und immer größere Unternehmen. Kritiker werfen ihnen vor, viele Unternehmen nach dem Kauf nur auszuschlachten,

ohne an deren Zukunft zu denken. Bundesarbeitsminister Franz Müntefering (SPD) hatte deshalb den Begriff ‚Heuschrecke' geprägt." Alsbald sind Blackstone, dem Investmentfond, die Immobilen Last. Sie stehen meist unter Denkmalsschutz. Aus- und Umbau sind aufgrund der Behördenauflagen schwierig. Blackstone versucht, sie wieder zu veräußern.
Teilweisen Erfolg vermeldet man an anderer Stelle am 11. Juni 2009:

„Astoria-Meisterwerk endlich wieder in Leipzig – Wie schön! Jetzt haben es die ‚Fünf Kontinente' von Altmeister Werner Tübke ins Bildermuseum geschafft. Leider sind die Tafelbilder nur eine Leihgabe. Fast 50 Jahre lang zierte das 40 Quadratmeter große, fünfteilige Frühwerk von 1958 das Restaurant ‚City' im Hotel ‚Astoria' – doch als die Nobelherberge 1996 dichtmachte, verschwanden die ‚Fünf Kontinente' im Depot des Panorama Museums Bad Frankenhausen, wo Tübke von 1983–1987 sein berühmtes Monumentalwerk zum Bauernkrieg geschaffen hatte. Die Thüringer hatten in einem Bieterkrieg mit einem Schweizer das Rennen um das Öl-Diptychon gemacht. Museumschef Gerd Lindner (46) damals: ‚Zu einem günstigen Preis.' Nun aber sind die Tafeln wieder in Leipzig als Herzstücke der großen Tübke-Retrospektive mit mehr als 70 Werken. Der neue Kulturbürgermeister Michael Faber (47) wird eine Rede halten. Museumschef Hans-Werner Schmidt (57) freut sich über den Interims-Schatz: ‚Ich hab' das Werk 1990 im ›Astoria‹ gesehen sehen und war entsetzt, dass davor einfach Leute saßen und ihre Suppe löffelten.'"

Bewegung auf dem Immobilienmarkt im September 2011:

„Ob Kohlrabizirkus, Messehalle 15 oder zuletzt die alte Hauptpost: Drei Ladenhüter ist Leipzig in den letzten Monaten losgeworden. Und jetzt gibt's sogar neue Hoffnung für das ‚Astoria' – Seit 1997 ist das ehemalige Prachthotel am Bahnhof dicht, verfällt schleichend. Der milliardenschwere US-Finanzinvestor ‚Blackstone' suchte vier Jahre einen Investor. Der könnte nun gefunden sein: Nach Informationen interessiert sich ein smarter Israeli für den Bau: Adi Keizman (39). Ihm gehört schon die berühmte Yenidze, die Tabakmoschee in Dresden, die er zum Hotel umbauen will. Auch das Alte

Westin und Astoria: Hotelbetrieb und Leerstand (2012)

Postfuhramt in Berlin ist im Besitz seiner Firmengruppe und das Ring-Messehaus hatte er 2006 ebenfalls schon mal gekauft.
Zum Thema ‚Astoria' äußert sich der umtriebige Immobilienliebhaber jedoch (noch?) zurückhaltend: ‚Ich kenne das ›Astoria‹ und seine Geschichte. Ein sehr schönes Haus ...' Wie konkret sind die Pläne? Die Kontakte zwischen der Rathausspitze und dem Interessenten sollten auf der Wirtschaftsreise in die neue Partnerstadt Herzliya in Israel vertieft werden. Dort führte Oberbürgermeister Burkhard Jung (1958) wichtige Gespräche. Der Stadt-Sprecher dazu: ‚Natürlich ging es auch um mögliche Investitionen.' Dass im ‚Astoria' bald wieder die Kronleuchter funkeln, kann sich der Leipziger Chef des weltweiten Immobilienberaters Jones Lang LaSalle, Detlev Tamm (39), gut vorstellen: ‚Die Nachfrage in Leipzig steigt in allen Bereichen. Die Möglichkeit, dass bisher nicht marktfähige Immobilien wie das Astoria bald eine neue Zukunft bekommen, ist nicht unwahrscheinlich.'"

Die Verhandlungen sind zäh. Der Hotelvorplatz verkommt. Unterm Vordach kampieren Obdachlose. Andere betteln. Zentrumsnah gelegen, wird die Zufahrt gern als gebührenfreier Parkplatz genutzt. „Wenn heute Passanten am Hotel ‚Astoria' vorbeischlendern, finden sie ein graues Gebäude mit Graffiti an

seinen Fassaden vor. Ehemals ein Versammlungsort für die DDR-Elite, dient der Hoteleingang heute vor allem als Treffpunkt für zahlreiche Mitfahrgelegenheiten. So findet der Hotelparkplatz auch heute noch eine Verwendung und ist mit dem Leipziger Stadtleben verbunden. Was mit dem Gebäude in naher Zukunft geschehen soll, möchte manch Leipziger gern wissen. Doch es gibt nur wenige Informationen über die Pläne seines Besitzers. Die Sprecherin des Finanzinvestors teilte 2008 mit, dass sich ‚Blackstone' alle Optionen hinsichtlich des Hotelgebäudes offenhielte. Doch seit der Schließung des Hotels 1997 hat sich nichts mehr getan. Das ehemals glanzvolle Gebäude verfällt seitdem. Zu Beginn dieses Jahres kam die Leipziger Hotelvereinigung zu dem Schluss, dass sich eine Sanierung und Wiedereröffnung des Hotels nicht rentiere. Der Abriss des Hotelgebäudes ist ebenfalls keine Möglichkeit, da es unter Denkmalschutz steht.
Ein Besitzer, der anscheinend keinerlei Pläne für seinen Besitz hat, und ein Hotel, dessen schöne Zimmer keine Gäste mehr locken. Ein totes Gebäude im Zentrum einer lebendigen Stadt."
Apropos Verfall und Tod: Reizte ehedem das „Astoria" ob seiner Exklusivität und seines noblen Interieurs Drehbuchautoren und Filmcrews zu Kriminal- und Liebesgeschichten auf hohem Niveau, so fiel jetzt das verfallende Gemäuer den Location-Scouts Leipziger Filmfirmen ins Auge. Der verfallende Charme von Lobby und Bar bot nachvollziehbares Ambiente für Spielszenen in Documentarys über u. a. Lotte Ulbricht. Die Bahnhofnähe andreerseits lockt seit je Diebe, Dealer und andere zwielichtige Gestalten. Rauschgiftkriminalität, Obdachlosigkeit und Schmuddelatmosphäre sind gern gefilmter Story-Hintergrund für „Tatort"-Produktionen, und so sieht man die Hauptkommissare Eva Saalfeld (Simone Thomalla) und Andreas Keppler (Martin Wuttke) unterm Vordach des „Astorias" über die verlorenen Kinder steigen: Ein Bild des Jammers und Anklage ob solcher Zustände. Man konnte diese Filmsequenz auch als Öffentlichkeitsarbeit für die katastrophale Situation des Hauses selbst betrachten: Tiefer zu sinken, geht nimmer.

Jahrhundertbau ohne baulichen Fortschritt

2011: Die 15. Wiederkehr der Hotelschließung ist der „Leipziger Volkszeitung" ein „Spezial" wert. „Mit dem ‚Astoria' ist ein Stern erloschen". Im Interview die ehemalige Marketing-Chefin des Hauses:

„An den zu Glanzzeiten 550 Mitarbeitern lag es bestimmt nicht, dass mit dem Hotel ‚Astoria' vor 15 Jahren eine Leipziger Legende endete. Da ist sich die heute stadtbekannte Gästeführerin Christa Schwarz, die 1980 im damals besten Haus der Stadt anfing (erst durch das 1981 eröffnete Hotel ‚Merkur' gab es eine ernsthafte Konkurrenz), ganz sicher. Die langjährige Marketing-Chefin der Nobelherberge am Hauptbahnhof verweist auf so engagierte ehemalige Kollegen wie die Chefsekretärin, die vor Ideen sprühende Werbefrau, den Meisterkoch und nicht zuletzt Hoteldirektor Peter Schulze, welcher sich in den frühen neunziger Jahren immer wieder gegen die drohende Schließung stemmte, schließlich ein Jahr vor dem Aus für sein Haus verstarb. Sie und viele andere hatten das Haus, in dem zu Messezeiten nur Kundschaft mit harter Währung übernachten durfte, ansonsten aber auch die Leipziger jede Menge Veranstaltungen, Hochzeiten oder Jugendweihen feierten, auf einem für DDR-Verhältnisse ungewöhnlich hohem Niveau gehalten. Christa Schwarz erinnert an den lateinischen Ursprung des Namens Astoria, wenn sie sagt: ‚Mit dem Hotel ›Astoria‹ ist 1996 ein Stern verloschen. Aber wir sind in Ehren untergegangen. Bis zum letzten Tag wurde alles versucht, um dem hervorragenden Ruf gerecht zu werden.'
Heute genau vor 15 Jahren, am Morgen jenes 30. Dezembers 1996, verabschiedete Simone Röseler-Siemon nach dem Frühstück den letzten Gast. Den tränenreichen Tag wird sie nie vergessen. Noch heute schwärmt die ebenfalls langjährige Mitarbeiterin, die schon 1978 ihre Lehre im ‚Astoria' begann, von den vielen prominenten Gästen, vom Meißner Salon, wo selbst

Aus der Zeit gefallen: das Musikzimmer

die Kronleuchter aus echtem Meißner Porzellan waren, dem Musikzimmer mit Flügel für die zahlreichen Sänger oder Instrumentalisten, die im ‚Astoria' logierten, oder dem 40 m² großen Gemäldezyklus von Werner Tübke im Restaurant ‚City', welcher nach der Schließung nach Bad Frankenhausen entschwand. ‚Als 1992 Queen Elisabeth II. Leipzig besuchte, war es keine Frage, wer Englands Königin bedienen durfte. Wir ›Astorianer!‹' Aber das ist lange her.

Eigentümer des Hotel-Grundstücks ist heute der 100 Milliarden Dollar schwere US-Finanzinvestor Blackstone. Vor fünf Jahren hatte er die hochverschuldete ostdeutsche Interhotel-Gruppe für 640 Millionen Euro gekauft. In Leipzig gehörten zu diesem Paket auch die Gebäude des heutigen ‚Westin' an

der Gerberstraße sowie das ‚Radisson' am Augustusplatz. Während Blackstone diese Häuser an die genannten Hotelbetreiber verpachtete, beschränkt sich das Engagement beim ‚Astoria' auf gelegentliche Sicherungsmaßnahmen. Von der Originalausstattung im Inneren ist fast nichts mehr übrig geblieben. Selbst die dunklen Marmor-Platten im Foyer wurden längst abgeschlagen. Im Keller steht das Wasser. Der Eigentümer will dort nicht selbst investieren, sondern das Objekt verkaufen: Für etwa 13 Millionen Euro.
Mit Niedrigpreis-Hotels wie einem ‚Motel One' ließen sich solche Kosten nicht refinanzieren, weiß Leipzig Baubürgermeister Martin zur Nedden (1952). Er konnte 2010 einen Blick in das traditionsreiche Gebäude werfen. ‚Die meisten Zimmer sind für heutige Ansprüche leider zu klein.' Wahrscheinlich müssten für einen Neustart – ob als Hotel oder mit ganz anderer Nutzung – alle Etagen hinter der denkmalsgeschützten Fassade abgerissen und neu aufgebaut werden. Technisch machbar sei das, glaubt zur Nedden. Doch bei dem von Blackstone aufgerufenen Kaufpreis wohl nur schwer darstellbar.
Christa Schwarz hat etliche Fotos, Speisekarten und Dokumente aus den Glanzzeiten des ‚Astorias' aufbewahrt. Sie schwärmt auch von der dortigen hervorragenden Ausbildung: ‚Viele ›Astorianer‹ arbeiten heute in den besten Häusern.' Zu DDR-Zeiten gab es in dem Interhotel sogar drei eigene Fleischer und siebzig Köche, die aus ganz angelieferten Schwein- oder Rinderhälften Gaumenfreuden zauberten. Nahrung für andere Sinne lieferten Dutzende Bilder-Leihgaben des Museums für bildende Künste, die das ‚Astoria' zur riesigen Galerie machten."

Ähnlich deprimierend wie in den Jahren davor verlief der Astoria-Tag 2012: „Heute Abend treffen sie sich wieder, die ‚Astorianer', so wie jedes Jahr am 5. Dezember. Doch heute Abend werden Fotos die Runde machen, die nicht nur die ehemaligen Mitarbeiter schockieren. Sie zeigen das Innere des ‚Astorias' im Sommer und Herbst 2012, rund 15 Jahre, nachdem es für immer geschlossen wurde. Zu sehen sind zugemüllte Zimmer und verwaiste Flure. Im Restaurant ‚City' blättert die rosa Farbe von den Säulen, alle Verkleidungen sind herausgerissen, in der alten Wäscherei liegen die Zimmertelefone herum. Während Sprayer sich an der Fassade austoben, versuchten Diebe im Spätsommer, die letzten Kupferbleche zu klauen. Mehr ist hier längst nicht mehr zu holen."

Als Filmkulisse noch möglich: der Haupteingang

Die Polizei hatte am 15. August 2012 gemeldet: „Die ehemalige Luxusherberge in der Leipziger City wurde am Dienstag zum Ziel vom dreisten Buntmetalldieben. Die beiden 35 und 40 Jahre alten Männer wurden noch bei ihrem Beutezug von der Polizei gefasst. Wie die Polizei mitteilte, ging ein Anruf eines LVB-Mitarbeiters ein, der die beiden mutmaßlichen Täter beobachtete, wie sie in das Gebäude eindrangen. Wahrscheinlich sind die Diebe durch das Aufdrücken eines Fensters in das Hotel gelangt. Drinnen montierten sie Kupferbleche und andere Metallabdeckungen ab, um sie mit ihrem nicht versicherten Fluchtfahrzeug samt gestohlenen Kennzeichen abzutransportieren. Die alarmierte Polizei umstellte das Gebäude und fasste die Metalldiebe bei ihrem Fluchtversuch. Die beiden Männer sind wegen Drogendelikten bereits polizeilich bekannt und müssen sich nun wegen besonders schwerem Diebstahls, Urkundenfälschung und Verstoß gegen die Pflichtversicherung verantworten. Außerdem werden Verbindungen zu anderen Metalldiebstählen geprüft."

Die „Astoria-Schande" bewegt die Leipziger, aber sie findet kein Ende: „Warum wird ein neues Hotel nach dem anderen gebaut, aber niemand will das ‚Astoria' wiederbeleben? Das fragen immer wieder ältere Leipziger am Lesertelefon. Die seit der Schließung brachliegende Immobilie neben dem Hauptbahnhof macht noch einen stabilen Eindruck." Die Pessimisten sind einig: „Das rechnet sich nie, never!" Gibt es für das Haus überhaupt noch eine Chance?

„Andreas Hubbert (48) von der Leipziger Hotel-Alliance glaubt nicht daran: ‚Das Haus steht auf Schwemmlöß, ständig müssen Pumpen im Keller arbeiten. Sonst würde innerhalb von drei Wochen das ganze Haus unter Wasser stehen.' Hinter den Außenmauern nämlich sieht es anders aus: Dort bietet sich ein Bild des Elends. Nackte Wände, dem Verfall preisgegeben, sämtliches Inventar ausgeräumt. Tag und Nacht laufen Pumpen, um das Grundwasser abzuwehren. Würden sie abgeschaltet, liefe das Wasser binnen weniger Tage zum Hoteleingang hinaus. Es müsste in eine Betonwanne gesetzt werden, die das Nass abhält. Stehen bleiben könnte nur die denkmalgeschützte Fassade, alles andere dahinter müsste abgerissen und neu gebaut werden. Hinzu kommt, dass es keine Tiefgarage gibt, ein großes Manko für ein Hotel. Es abzudichten sei so teuer, dass der Hotelbetrieb unrentabel würde. So sieht alle paar Tage ein Techniker vom ‚Westin' nach dem Rechten. Noch geht für die Bauaufsicht vom ‚Astoria' keine Gefährdung für die Allgemeinheit aus. Doch das scheint nur eine Frage der Zeit. Leider. ‚Ich befürchte, das ›Astoria‹ fällt eher zusammen, als dass da noch mal jemand investiert. Das wird nie wieder ein Hotel, es sei denn, ein Wunder geschieht', vermutet Andreas Hubbert, ‚locker 250 bis 300 Millionen Euro müssten investiert werden.'
Vom Studentenwohnheim über eine Party-Location bis zum Kongresszentrum: Ideen gibt es viele, aber niemanden, der sich die finanzielle Last aufbürdet. Laut Baubürgermeister Martin zur Nedden (SPD) findet die Stadt keinen Kontakt zu den Eigentümern in Amerika. Besitzer ist seit dem Jahr 2007 der Finanzinvestor Blackstone, einer der größten Hotelbetreiber der Welt. Der musste das leer stehende Haus offenbar als ‚Schwarzen Peter' mit schlucken, als er vor fünf Jahren die hochklassigen Leipziger Häuser ‚The Westin' und ‚Radisson' kaufte. Insider vermuten, dass die ‚Finanzheuschrecke' die drei Hotels auch irgendwann im Paket wieder weiterverkauft."

Die Hoffnung stirbt zuletzt. So hieß es am 5. März 2013 in der „Leipziger Volkszeitung" in großen Lettern: „Das ‚Astoria' kann saniert werden". Doch enthielt der Artikel keine Antwort auf die entscheidende Frage, wer diese Aufgabe auf sich nimmt und finanziert.

„Totgesagte leben länger. Vielleicht gilt das auch für das Hotel ‚Astoria' – jahrzehntelang unangefochten die Nummer eins in Leipzigs Beherbergungsgewerbe. Während der MDR heute abend eine Reportage ausstrahlt, die noch einmal an die Glanzzeiten des Ende 1996 erloschenen Sterns erinnert, glauben Immobilien-Fachleute, das ‚Astoria' könnte durchaus wie Phönix aus der Asche aufsteigen.
Wenn Arnim Weiler die immer wiederkehrenden Grabgesänge für das geschlossene Hotel anhört, dann wird der sonst so freundliche Chef des Leipziger Immobilienvermittlers Comfort ein wenig grimmig. ‚Ich bin gebürtiger Leipziger und kann die Geschichten von einem See im Keller oder den fehlenden Parkplätzen schon nicht mehr hören', sagt er. Das alles sei technisch lösbar. ‚Das ›Astoria‹ hat nur ein zentrales Problem – der Eigentümer will dort keinen weiteren Hotelstandort. Als sich am 30. Dezember 1996 die Türen schlossen, habe die damalige Interhotel-Gruppe eine Entscheidung treffen müssen, so Weiler. ‚Sowohl das heutige ›Westin‹ als auch das ›Astoria‹ entsprachen Mitte der Neunziger nicht mehr den Baugesetzen der Bundesrepublik. Insbesondere beim Brandschutz gab es gravierende Mängel.' Für zwei so große Spitzenhotels sei der Leipziger Markt einfach zu klein gewesen. ‚Also entschied man sich für das ›Westin‹, sicherte aber das ›Astoria‹ soweit, dass innen keine großen Schäden entstehen können. Die Bausubstanz ist bis heute ganz ordentlich. Das Wasser im Keller gab's schon immer, das hängt mit dem alten Flussbett der Parthe zusammen. Und Parkplätze ließen sich im Hof schaffen.'
Andreas Schweikert vom Amt für Bauordnung und Denkmalpflege sieht das ähnlich: ‚Natürlich entsprechen die Zimmergrößen nicht mehr den heutigen Ansprüchen, aber das ›Astoria‹ kann saniert werden', meint er. Viele Gebäude in Leipzig, die nach langem Leerstand einen weit schlechteren Zustand aufwiesen, seien inzwischen rekonstruiert. ‚Das ›Astoria‹ wurde von den Architekten William Lossow und Max Hans Kühne entworfen, die auch wesentlichen Anteil am benachbarten Hauptbahnhof hatten und sich mit den Untergrundverhältnissen bestens auskannten. Auch die Baufirma Max Pommer, die diesen Stahlbetonbau errichtet hat, ist für ihre Qualitätsarbeit bekannt. Da habe ich keine Sorgen.'

Archäologe Heinrich Theiß habe entdeckt, dass die Parthe bis zur Umverlegung im Mittelalter an der Stelle verlief, wo seit 1958 ein Neubauflügel vom ‚Astoria' steht. Bis zur Zerstörung im Zweiten Weltkrieg gab es dort – an der Kreuzung zur Gerberstraße – ein Geschäftshaus, das nicht zum Hotel gehörte. In dem Neubau wurde das Grundwasser sogar für eine Wäscherei genutzt. ‚Der Altbau hat eine ungewöhnlich starke Betonsohle zum Erdreich, sie ist einen Meter dick', weiß Schweikart. Ähnliche Probleme mit dem Grundwasser gebe es zum Beispiel auch im Industriepalast oder im früheren Interdruck-Gebäude auf der Salomonstraße, das nun schon fast fertig saniert ist. ‚Das ›Astoria‹ ist so stabil, es müsste für einen Neustart wahrscheinlich nicht einmal entkernt werden.'

Vor längerer Zeit habe die niederländische Hotelkette ‚Golden Tulip' versucht, die geschichtsträchtige Immobilie zu erwerben, so Weiler. ‚Es scheiterte leider daran, dass der Eigentümer nur unter der Bedingung verkaufen wollte, dass eine Hotelnutzung ausgeschlossen wird.' Kein Wunder, der Besitzer ist nach wie vor der US-Fond Blackstone, dem auch das ‚Westin' und ‚Radisson' gehören. Offenbar will er eine starke Konkurrenz genau in der Mitte zwischen diesen beiden Häusern verhindern. ‚Doch der Markt ist jetzt stark in Bewegung und der Standort vom ›Astoria‹ fantastisch', zündet der Immobilienprofi einen Hoffnungsfunken an."

2015 wird das „Astoria" 100! und ob es eine Zukunft hat, weiß niemand. Dazu „‚können wir gegenwärtig keine Auskunft treffen', sagte gestern eine Sprecherin der Kölner Firma ‚Event', welche die 14 Ex-Interhotels für Blackstone betreut. Auf Anfragen aus dem Leipziger Rathaus reagieren die Amerikaner seit Jahren nicht mehr. Da nur die Sandsteinfassade von 1915 Denkmalsschutz genießt, könnte ein Investor alles dahinter abreißen und dann eine moderne Herberge mit dem berühmten Namen (der keinen Markenschutz genießt) schaffen, zurzeit geschieht das beim ‚Kosmoshaus' an der Gottschedstraße so, doch erst, wenn Blackstone verkauft."

Der Astoria-Tag zum Jubiläum wird besonders begangen:

„Wahrscheinlich werden es mehr als 100 Gäste, die sich morgen zu einer ungewöhnlichen Feier einfinden. Diese Hoffnung hat Eckhard Werner, der letzte Direktor vom Hotel ‚Astoria': ‚Ein hundertster Geburtstag – das ist schon etwas Besonderes', sagt der 72jährige Connewitzer. Deshalb treffen sich die früheren Mitarbeiter – wie jedes Jahr am 5. Dezember – nun wieder zu einem guten Essen und angeregtem Plausch über das legendäre Haus.

Wolfgang Froese, auch er ein ‚Astorianer' und mittlerweile Chef des ‚Kettenkastens' in Warnemünde, hat sich bei der Vorbereitung des Treffens an diesem Sonnabend ab 18 Uhr im BfW-Saal an der Georg-Schumann-Straße 148 besonders engagiert, berichtet Werner. ‚Seit Tagen scannen wir dort Fotos und Dokumente ein, die dann zur Erinnerung auf eine Leinwand projiziert werden.' Auch viele andere Gastronomen seien bestimmt wieder dabei – in Leipzig bekannt sind beispielsweise Ulrich Reinhard (lange Chef von ‚Auerbachs Keller'), Werner Schaarschmidt (‚Schaarschmidts Restaurant') oder Peter Niemann (Herrenhaus Möckern).

Werner selbst fing 1957 als Lehrling im Hotel an, das von Beginn an als unangefochtene Nummer eins im hiesigen Beherbergungsgewerbe galt. ‚Am schönsten waren immer die Leipziger Messen – obwohl wir da nur Gäste mit Westgeld oder Regierungsmitglieder ins Haus lassen durften.' Die 500 ‚Astorianer' hätten dann zwar fast rund um die Uhr gearbeitet, doch die Gäste kamen eben aus aller Welt. ‚Ich habe mit Juri Gagarin und David Oistrach an einem Tisch gesessen', erzählt der langjährige Küchendirektor, der 1995 – nach dem Tod von Peter Schulze – dessen Nachfolge antrat und sich ebenso wie sein Vorgänger gegen die drohende Schließung aufbäumte. ‚Leider erfolglos. Ich glaube auch nicht, dass es mit dem schönen alten Haus noch mal was wird.'

1981 – als das ‚Merkur' an der Gerberstraße als neuer Primus an den Start ging und Dutzende ‚Astorianer' dorthin wechseln mussten – seien im Keller des ‚Astorias' fünf Pumpen eingebaut worden, um die ständigen Nässeprobleme zu bewältigen. ‚Eines Tages fielen die Pumpen aus. Alles war sofort überschwemmt', erinnert sich Werner. Das Haus stehe auf einem alten Flussbett der Parthe und sei nicht zu retten.

Anders sieht das Christa Schwarz, einst Marketing-Chefin. ‚Baukonzerne wie Philipp Holzmann wollten das ›Astoria‹ wiederbeleben. Schließlich ist die Lage wunderbar, und der legendäre Ruf lebt nicht nur bei den Leipzigern, die hier Veranstaltungen besuchten oder feierten, noch immer fort.' Tatsächlich bemühen sich neuerdings auch wieder junge Leute um das Schicksal des alten Grandhotels. So lädt eine Initiative auf Facebook für morgen 15 Uhr unter das Vordach des „Astorias" ein. Mit Straßenkreide sollen auf den Boden Geburtstagsglückwünsche gemalt werden, sodass symbolisch ein Roter Teppich entsteht. ‚An Plakaten werden Fotos, Zeitungsartikel und Berichte zu sehen sein', so die Initiatoren, die den 100. als Beginn einer neuen Rettungsinitiative sehen."

Kaum einen Monat später war die ersehnte Schlagzeile zu lesen:

„Hotel ‚Astoria' hat neue Besitzer! Das seit fast 20 Jahren leerstehende Gebäude wurde soeben im Rahmen eines größeren Immobiliendeals verkauft. Das Objekt gehört jetzt einem Konsortium. Wie die Londoner Zentrale des bisherigen Eigners, des US-Investors Blackstone, gegenüber der Leipziger Volkszeitung bestätigte, gehört das Objekt jetzt nicht mehr zur Blackstone Group. ‚Neuer Eigentümer auch vom ›Astoria‹ ist ein Joint venture aus Starwood Capital, i-Star und Brookfield', erklärte Sprecherin Rebecca Flower. Das genannte Konsortium habe noch im vergangenen Jahr ein Paket mit zehn früheren DDR-Interhotels sowie dem ungenutzten ‚Astoria' übernommen. ‚Der Kaufpreis lag bei 600 Millionen Euro.' Zu den weiteren Immobilien gehörten das Berliner Grand Hotel und Park Inn, in Dresden das ‚Westin Bellevue', ‚Ibis' sowie das ‚Mercure Hotel', in Leipzig das ‚Westin' und ‚Radisson', in Erfurt ein Radisson sowie noch jeweils ein Mercure in Potsdam und in Chemnitz.
Ob der Eigentumsübergang schon zum 100. Geburtstag des ‚Astorias' am 5. Dezember 2015 vollzogen war, wusste die Blackstone-Sprecherin ad hoc nicht zu sagen. Bekanntlich hatten an diesem Tag mehr als 150 Astorianer das Jubiläum in Leipzig gefeiert und zugleich ihrer Hoffnung Ausdruck verliehen, dass der Stern bald wieder leuchten möge. Als größtes Hindernis zu diesem Ziel galt bisher die Besitzfrage. ‚Blackstone' hatte die erwähnten Ex-Interhotels Ende 2006 von zwei deutschen Banken erworben. Er zahlte dafür 750 Millionen Euro, investierte später weiteres Geld in die intakten Häuser. Für eine Sanierung oder den separaten Verkauf des ‚Astorias' zeigte der Vermögensverwalter aber kein Interesse.
Ende 2012 kündigten die Amerikaner an, das ganze Paket wieder veräußern zu wollen. Bald darauf kamen die jetzigen Erwerber Starwood, i-Star und Brookfield als Interessenten ins Gespräch – der Vollzug ließ aber immer länger auf sich warten, weshalb Beobachter glaubten, der Verkauf habe sich

wohl zerschlagen. Im Juni vergangenen Jahres wurde jedoch berichtet, dass der Paketverkauf erst durch die EU kartellrechtlich geprüft werden musste und der Geschäftsabschluss ‚in nächster Zeit' zu erwarten sei.
Zu Starwood Capital gehört mit Starwood Hotels & Resorts eine der größten Hotelgesellschaften weltweit. Sie betreibt in Leipzig schon das Fünf-Sterne-Haus ‚Fürstenhof' am Goerdelerring. Die zweite am Kauf beteiligte Firma i-Star ist ebenfalls ein Ableger des US-Konzerns Starwood. Brookfield mit Sitz im kanadischen Toronto bezeichnet sich selbst als größter Immobilienvermögensverwalter der Welt. Erst vor wenigen Tagen hatten Brookfield und ein südkoreanischer Staatsfonds etliche Hochhäuser am Potsdamer Platz in Berlin für 1,4 Milliarden Euro erworben."

Der Immobiliendeal gibt Hoffnung, aber weder Sicherungsmaßnahmen, geschweige Bauarbeiten fallen Betrachtern ins Auge. Zu sehen sind nur die „Exkremente, die Heuschrecken halt hinterlassen".
Sie fallen auch Francis Mohr (* 1967) ins Auge, als der Autor die Stadt 2016 besucht, in der er aufgewachsen ist: „Vor mir klettert eine graue Fassade in die Höhe, die mich in das alte Leipzig zurückmanövriert. Auf dem Sims über einer

Für Autogrammjäger: italienische Nationalmannschaft (1982)

Gelungener Schnappschuss: Eric Gerets (1993)

Fensterzeile des Dachgeschosses reihen sich trotzig Leuchtbuchstaben, ohne zu leuchten. ‚Hotel A_toria ist zu lesen. Das S hat sich aufgelöst. Dafür künden auf den Fenstern darunter in Streetart-Style gesprühte Buchstaben von der neuen Zeit da draußen, außerhalb der Gemäuer. Zeit, die nicht durchdringen mochte, wollte, durfte, seit man das Hotel vor zwanzig Jahren kaltstellte und den tropfenden Zähnen der Spekulanten überließ. Im Namen der Stadt Leipzig. Gratulation! Gut gemacht!" Angesichts der verfallenden Fassade kommen ihm Erinnerungen, vor allem an die hier abgestiegenen Fußballhelden seiner Kindheit. Länderspiel gegen Italien 14. April 1982 mit Keeper-Legende Dino Zoff (*1942). Am 30. März 1983 gelingt Francis ein Knipsbild vom belgischen Verteidiger Eric Gerets (*1954). Am 19. Oktober 1983 ist Werder Bremen hier zu Gast mit Rudi Völler (*1960), Uwe Reinders (*1955) und Trainer Otto Rehhagel (*1938). Im September 1985 nächtigt fast die gesamte „Èquipe Tricolore" im „Astoria" mit den Superstars Michel Platini und Alain Giresse (*1952). Die Mannschaft vom AC Mailand logierte mit WM-Torschützenkönig Paolo Rossi (1956–2020) am 6. November 1985 im Hotel, die von Girondins Bordeaux kam am 22. April 1987, am 26. Oktober 1988 der SSC Neapel mit Diego Maradona (1960–2020), und das Nationalteam Österreichs spielte am

20. Mai 1989 in Leipzig das letzte WM-Qualifikationsspiel der DDR. „Mir bleiben Erinnerungen an glanzvolle Zeiten und die Hoffnung auf Reanimation."

Der 100. Astoria-Tag am 5. Dezember 2016 glich der Gedächtnisfeier eines Toten, denn den immer wiederkehrenden Beteuerungen eines baldigen Neubeginns konnte man nach zwanzig Jahren keinen Glauben mehr schenken.

Doch Aufmerksamkeit gibt es von unerwarteter Seite:

„In einer Art Horror-Musical erzählt die Frankfurter Düsterband ASP auf ihrer aktuellen Platte eine Geschichte aus dem Leipziger Hotel Astoria. Das Konzeptalbum basiert auf einer Kurzgeschichte des Fantasy-Bestsellerautors Kai Meyer (*1969). Sänger Alexander Frank Spreng (*1972) hat für das Projekt auf mehreren ‚Dienstreisen' in Leipzig recherchiert. Es ist ein Lobgesang, der heutigen Leipziger Ohren merkwürdig erscheinen mag.

Astoria – du bist der schönste Stern von allen
Wie du meine Welt erhellst
Astoria – für immer bin ich dir verfallen
Weil du alles andere in den Schatten stellst

jubelt Alexander Frank Spreng, während die Gitarren der Bandkollegen sägen. Die Gothic-Novel-Rockgruppe ASP aus Frankfurt am Main borgt sich die Überschrift ihrer aktuellen Platte von Leipzigs berühmtester Hotelruine. ‚Verfallen – Folge 1: Astoria' heißt das Konzeptalbum, das jedoch keineswegs vom Verfall des denkmalgeschützten Gebäudes berichtet, das seit 20 Jahren leer steht. Sprengs Ich-Erzähler verfällt vielmehr in einer Art Horror-Musical in Spielfilmlänge einer obskuren Macht, die er im Keller des einstigen Prachtbaus vermutet. Die Handlung, die ihr Ende erst im April mit ‚Folge 2: Fassaden' erfahren soll, basiert auf der Kurzgeschichte ‚Das Fleisch der vielen' des Fantasy-Bestsellerautors Kai Meyer. Ende 2015 stieg das Album auf Platz sieben der Pop-Charts.

Das Geschehen ist in den frühen Astoria-Jahren angesiedelt. Den fiktiven ASP-Helden verschlägt es nach Leipzig. Er ist ein Veteran des Ersten Weltkriegs. ‚Vergessen ist die Somme, vergessen ist Versailles', singt Spreng, nachdem sein Protagonist den Hauptbahnhof verlassen hat und sogleich in einen Sog gerät: Der ‚Tempel einer längst vergessnen Gottheit' ziehe ihn an wie einen ‚Automaten, der fremdgesteuert ganz mechanisch auf ein Heiligtum zugeht'. Hoffnungsvoll zupfen die Kollegen ihre Gitarrensaiten. Ein

paar Minuten später stellt der Hotelchef die Hauptfigur unverhofft als Hausmeister an.
Freilich trügt die Idylle. Der Vorgänger sei kürzlich verunglückt, sagt man dem Helden. Ein paar Akkorde später beginnt auch sein schleichender Niedergang. Nachts in den Hotelfluren begegnet er einer rätselhaften Frauengestalt. Bald sammelt er für sie Haare und Hautreste aus den Gästezimmern ein. Doch es soll nicht bei leblosen Souvenirs bleiben ... Dass Spreng die Geschichte in Leipzig ansiedelt, kommt nicht überraschend. Der 43-Jährige hat in den anderthalb ASP-Jahrzehnten seit der Bandgründung ein besonderes Verhältnis zu der Stadt entwickelt. 2001 brachte ein Auftritt beim Wave-Gotik-Treffen die Gruppe erstmals hierher. Dass ASP das Festival boykottieren, seit die Veranstalter 2009 mit rechtsesoterischen Symbolen geworben haben, hat dem Faible für Leipzig nicht geschadet. ‚Die Leipziger sind sowieso ganz anders als alle anderen', lobte er die Stadtbewohner 2014 in einem Interview. Um für die Astoria-Geschichte zu recherchieren, war er immer wieder mal in Leipzig. ‚Streng genommen bräuchte man das im Internet-Zeitalter nicht', verriet er, „aber es ist eine schöne Ausrede, um vorbeizukommen."

„Du lenkst so sicher meine Schritte / Zwischen Euphorie und Angst / Du führst mich an geheime Stellen / Du weißt, was und wie du's willst / Schöpfst Energie aus deinen Quellen / Weißt, wie du deinen Hunger stillst": Während die das Konzeptalbum auf dem Plattenteller dreht, dreht sich auch das Verkaufs- und Eigner-Karussell sehr schnell: „Am 20. Mai 2016 erwarb die Immobilienfirma Intown Invest des israelischen Projektentwicklers Amir Dayan das ‚Astoria'." Jahrelang saß Blackstone auf der Immobilie. Kein halbes Jahr war seit der Veräußerung vergangen, da folgte ein erneuter Besitzerwechsel.

„Kauft wirklich jemand ein abgewirtschaftetes Gebäude für etwa zehn bis zwölf Millionen Euro, ohne einen konkreten Plan damit zu verbinden? Diese Frage trieb in den vergangenen Tagen so manchen Projektentwickler in Leipzig um. Zehn bis zwölf Millionen Euro – das war der Preis, der Interessenten hin und wieder vom Eigentümer Blackstone genannt wurde. Doch der riesige Vermögensverwalter aus den USA schickte sich nie wirklich an,

Mit Brettern vernagelt (2019)

die einstige Nobelherberge aus einem mit vielen Schulden belasteten Immobilien-Paket herauszulösen.
Erst Ende 2015 verkaufte Blackstone das ganze Paket mit einem Dutzend früherer DDR-Interhotels für 600 Millionen Euro an zwei andere Milliarden-

konzerne. Diese reichten jüngst zehn Häuser davon – laut der Hotel- und Gaststättenzeitung für rund 800 Millionen Euro – an ein französisches Konsortium sowie die Kölner Event-Hotel-Gruppe weiter. Hierzu gehörten auch das ‚The Westin' und ‚Radisson Blu' in Leipzig, jedoch nicht das vor reichlich 100 Jahren eröffnete Astoria.

Auf Nachfrage bestätigte gestern die Berliner Firma Intown Property Management einen Bericht, dass sie die Immobilie neben dem Leipziger Hauptbahnhof erworben hat. Es hieß, ortsansässige Projektentwickler hätten sich immer wieder um den Kauf des denkmalgeschützten Gebäude-Ensembles bemüht, jedoch keinen heißen Draht zu den bisherigen Besitzern gefunden. Auch Anfragen aus dem Rathaus zum Stand der Dinge waren von Blackstone immer wieder ignoriert worden, so der Stadtplanungsamtsleiter. ‚In den letzten zehn Jahren war das Astoria für uns nur eine Blackbox. Man kam einfach an niemanden heran', sagte er vor wenigen Tagen. ‚Ich hoffe, dass sich dies nun ändert. Gleich wer der neue Eigentümer ist.'

Allerdings gilt auch Intown als schwieriger Partner. In Hannover hat sich die Stadtverwaltung erste vorige Woche in ungewöhnlich scharfem Ton über den Berliner Investor beklagt. Dort konnte Intown bei einer Zwangsversteigerung im Februar 2015 das riesige Ihme-Zentrum mit mehreren Büro-Hochhäusern sowie Handelsflächen für 16,5 Millionen Euro kaufen. Nun hieß es in einer Pressemitteilung aus dem Rathaus Hannover: ‚Nach mehr als einem Jahr Gesprächen betrachtet die Landeshauptstadt ihre Erwartungen an den Investor als nicht erfüllt.' Ebenfalls 2015 erwarb Intown die Immobilie eines veralteten Hotels in Hannover, für das der bisherige Betreiber Maritim seinen Pachtvertrag nicht mehr verlängern wollte. Zwar folgte bald ein Architektenwettbewerb zur Umgestaltung in ein modernes Hotel. Doch zunächst sollte das Haus für zwei bis drei Jahre als Flüchtlingsunterkunft dienen. Bei dem dafür notwendigen Umbau, so berichteten Zeitungen in Hannover, gab es erhebliche Probleme und Verzögerungen.

Intown gehört zum äußert intransparenten Firmenreich des milliardenschweren Fonds-Experten Amir Dayan. Der Israeli ist als Projektentwickler in Osteuropa, Schweden, den Benelux-Staaten und vor allem in Deutschland aktiv, nutzt als Sitz von Gesellschaften häufig Zypern. In Berlin ist Dayan als Geschäftsführer der Firma PBM Germany eingetragen, die vor allem Nobelhotels oder Apartmenthäuser für Touristen und Geschäftsreisende entwickelt. In Hannover verhandelte Dayan mehrfach selbst für Intown mit Oberbürgermeister Stefan Schostock (* 1964). Es war fast schon eine

Ehre: Dayan gilt als sehr öffentlichkeitsscheu, aus seinen Firmen dringt nur selten etwas nach außen.
Immerhin: Unter anderem mit dem Crowne Plaza am Potsdamer Platz in Berlin und dem Holiday Inn am Dresdner Zwinger hat Intown jüngst neue Hotels aus alten Mauern geschaffen. Folglich ist es sicher mehr als ein Fingerzweig, dass ein Vertrauter Dayans gestern der LVZ zur Zukunft des Astorias erklärte: ‚Mit Hotels kennen wir uns am besten aus.' Mehr allerdings wollte er nicht sagen."

Doch der Anblick des eleganten Hauses mit Geschichte blieb so leblos trist wie all die anderen Jahre, die vergangen. Auch 2016 ward „den Astorianern kurz vor Weihnachten wieder schwer ums Herz. Denn das frühere Grandhotel ‚Astoria' dämmert seit dem 30. Dezember 1996 nutzlos vor sich hin. Doch in diesem Jahr können die früheren Mitarbeiter des ‚erloschenen Sterns' endlich fröhlicher den Feiertagen entgegenblicken. Der Eigentümer der Immobilie – die Berliner Firma Intown Property Management – hat soeben den Bauantrag zur Sanierung des Hotels eingereicht. Das bestätigte das Rathaus auf Anfrage", wie die Leipziger Volkszeitung am 22. Dezember kundtat.

„Intown-Geschäftsführer Benjamin Prum erläuterte, dass die Baupläne vom Berliner Architekturbüro Wolff erstellt wurden. Ein ‚Vorentwurf', der bereits auf der Internetseite dieses Büros zu sehen ist, sei allerdings nicht mehr ganz aktuell. Bis Ende Januar werde er überarbeitet. In ‚dieser Drehe' sei auch eine gemeinsame Pressekonferenz mit der Stadt avisiert. Laut Prum soll das neue ‚Astoria' ein Vier-Sterne-Haus mit 270 Zimmern werden. ‚Wir rechnen damit, dass die Genehmigung unseres Bauantrags etwa sechs Monate dauert.' Wegen einiger komplizierter Fragen beim Denkmalschutz oder der Grundwassersituation könnten auch neun Monate daraus werden. ‚Auf alle Fälle werden wir sofort mit den Arbeiten starten, sobald das durch die Baugenehmigung oder eine Teilgenehmigung für die notwendigen Abrisse möglich ist.' Ein Baustart im Sommer oder Herbst 2018 sei realistisch, versicherte der Manager.
Die denkmalgeschützten Teile der Fassade und auch einige Bereiche im Inneren des Gebäudes werden restauriert, fuhr Prum fort. ‚Ansonsten müssen wir die alte Substanz, wo im Keller seit Langem Wasser steht, weitgehend

Schaubild ohne Gäste: Die Rezeption (1987)

abreißen.' Dies sei schon deshalb nötig, um im Anschluss in der Baugrube eine sogenannte Weiße Wanne einsetzen zu können, in der später eine Tiefgarage und die Ersatz-Neubauten entstehen. Im Erdgeschoss sei teilweise Einzelhandel geplant. An der Gerberstraße kommen in Ersatz-Neubauten, die einen Teil der alten Fassade bewahren, etwa 200 Wohnungen hinzu. Die Pläne dafür erstellten die Leipziger Architekten von RKW. Laut Prum ist noch offen, ob diese Boardinghaus-Apartments durch das künftige ‚Astoria' bewirtschaftet werden. Trotz ‚genügend Interessenten' stehe der Hotelbetreiber derzeit nicht fest. Ideen von Intown, den angrenzenden Zehngeschosser in der Gerberstraße 14/16 zu kaufen, haben sich indes zerschlagen. Die kommunale Wohnungsgesellschaft LWB verkauft nicht, so Sprecherin Anita Bodelschwang. Die LWB wolle ihr Hochhaus – zeitlich abgestimmt zum Intown-Projekt – lieber selbst sanieren."

Dann der Satz, der Leipziger Herzen höherschlagen lässt: „Bei 24 Monaten Bauzeit könne das Astoria 2020 öffnen." Leipzigs erste Adresse wird auferstehen!

Tatsächlich beginnen Bauarbeiten, und sie beginnen spektakulär: Ein Safe taucht im Frühjahr 2018 in Abrisstrümmern auf. Ein Safe aus den Jahren der Entstehungszeit. „Was könnte sich darin befinden?", fragt nicht nur eine Zeitungsschlagzeile. „Eine Partitur von Herbert von Karajan, Louis Armstrongs berühmtes Schweißtuch oder gar ein goldenes Zigarettenetui von Johannes Heesters? All das könnten – theoretisch – Schätze aus dem geheimnisvollen alten Hotelsafe aus dem Hotel ‚Astoria' sein. Oder liegen nur Zimmerschlüssel und Briefe drin? Keiner weiß es. Auch Profis ist es bisher nicht gelungen, die Fächer zu knacken ...
Jahrzehntelang gaben sich Weltstars im 1915 eröffneten Grand Hotel die Ehre, nach 20 Jahren Leerstand wird es nun endlich bis Ende nächsten Jahres restauriert. Beim Abbruch des ehemaligen Foyers machten die Arbeiter eine Entdeckung: ‚Hinter der Rezeption, in einem kleinen Raum, war ein alter Stahltresor in die Wand eingelassen', sagt Bauleiter Thomas Nentwig (39). Selbst ehemalige Mitarbeiter wussten davon nichts. Die Tresortür wurde aufgestemmt, man stieß auf Dutzende nummerierter Fächer. fast alle waren leer. Bis auf zehn. Die ließen sich bis heute nicht öffnen! ‚Da scheiterten die Versuche, die Flex anzusetzen, immer wieder. Wir haben dann aufgegeben, weil es erfolglos war.' Nentwig vermutet, dass der Safe aus den Anfangstagen der Nobel-Herberge stammt – als nicht nur Stars wie Johannes Heesters dort ein- und ausgingen. Wer weiß, was dort einst diskret deponiert worden ist. Im ‚Astoria' bleiben kann der über 250 Kilo schwere Koloss wegen der Umbauten nicht. Vor einer Verschrottung sollen aber noch die Geheimnisse der Fächer gelüftet werden."
Man ist gespannt. Und erreicht nichts. „Am Ende kam der Panzerknacker mit dem Bagger. Das Rätsel um den geheimnisvollen Inhalt des Tresors aus dem Hotel Astoria ist gelöst, der vergessene Panzerschrank nach Jahrzehnten endlich geöffnet worden – von einem Baggerfahrer! Bei den Bauvorbereitungsarbeiten war der gut 100 Jahre alte Safe der Leipziger Firma Carl Kästner hinter der Hotel-Rezeption entdeckt worden. Ein Teil der Schließfächer stand offen – doch ein halbes Dutzend andere waren noch verschlossen!
Nachdem BILD über den Sensationsfund berichtete, wurde will spekuliert: Was ist da wohl drin? Zu DDR-Zeiten hatten Hotelgäste aus Ost und West hier ihren Schmuck deponiert, das ‚Astoria' selbst lagerte dort Tageseinnahmen, Devisen – und Forumschecks für den Intershop. Das Problem: Niemand hatte eine Idee, wie der tonnenschwere Tresor aus der Wand zu bekommen ist, ohne die Grundmauern einzureißen.
Nun haben sie Knut Fleischer (46). Der ist freiberuflicher Baggerfahrer und

genießt im Abriss-Business einen Ruf als Experte für die besonders kniffligen Fälle. ‚Eine gute halbe Stunde habe ich schon gebraucht', sagt er. ‚Erst haben wir den Tresor nach vorn umgestoßen, dann an die Kette gelegt und bis zur Öffnung in der Außenmauer geschoben.' Kurz darauf hing der Tresor am Bagger. Zwei Meter über dem Boden öffnete Fleischer dann den Haken – und der Safe plumpste hart auf dem Boden des Innenhofs. ‚Da sprangen auch die bisher nicht zu öffnenden Schließfächer auf', sagt Fleischer. Und? Was war nun drin? ‚Gar nix. Leider ...“ Enttäuschung macht sich breit, was wäre gewesen, wenn ... Doch dann die Meldung im BILD-Blog: „... von BILD frei erfunden!“ Knut Fleischer, der Experte, „der den Astoria-Tresor zerdeppert“ hatte, widerspricht: „Nur soviel zum Inhalt. Ich habe zu BILD gesagt, dass ich zum Inhalt noch nichts sagen werde. Dass er komplett leer war, ist von BILD frei erfunden.“ Der Artikel bleibt allerdings online, und die Story erzählt sich weiter. Sie ist aber auch sehr schön, und man rätselt noch immer: Was war drinnen in dem Schrank?

Zu schön auch die Schlagzeile: „Hotel ‚Astoria' findet zu altem Glanz zurück“. Auch das ein Fake in Zeiten der Fake News? Meldung am 1. August 2019:

„Seit letzten Donnerstag liegt die Astoria-Baustelle brach. Ein benachbarter Hotelbetreiber hatte beim Amt für Bauordnung und Denkmalpflege einen Baustopp erwirkt, weil bei den Abbrucharbeiten an dem seit 22 Jahren geschlossenen früheren Grandhotel zu viel Staub aufgewirbelt werde.

Nun landet der Streitfall vor dem Landgericht. Klägerin ist die Hotel Zum Löwen GmbH. Auf deren Grundstück, an der Ostseite des Gebäudeensembles, steht das ‚Best Western' Hotel (vormals ‚Holliday Inn', vormals ‚Corum', vormals ‚Zum Löwen' und Teil des Grandhotel ‚Astoria'). Während der Eigentümer, der Berliner Rechtsanwalt Dr. Werner Martin (77), für eine Stellungnahme nicht zu erreichen war, bestätigt Gerichtssprecher Jens-Karl Dippold-Stein gegenüber unserer Zeitung den Anhörungstermin am Montagnachmittag. ‚Konkret geht es um Stemmarbeiten im Dachgeschoss, bei denen faustgroße Steine auf das Grundstück der Klägerin geflogen sein sollen', so Dippold-Stein. Zudem beklage die Eigentümerin erhebliche Belastungen durch Lärm und Staub für das ‚Best Western'. Im Hotel komme es dabei zu Vibrationen.

Vor Gericht tritt Astoria-Bauherr Vivion (vorher Intown) als Projekt Hotel Leipzig GmbH auf. Pressesprecher Emil Merkatz (43): ‚Zu laufenden Verfahren geben wir keine Auskunft. Die Sache liegt bei den Anwälten.‘ Eine Entscheidung könnte das Gericht noch in der kommenden Woche fällen. Sollte es im Sinne der Klägerin entscheiden, tritt ein rechtlich verbindlicher Baustopp ein. Den Astoria-Sanierern würde dann ein Ordnungsgeld von

Hier könnte Ihre Werbung hängen! – Stockende Sanierung (2021)

250.000 Euro drohen, wenn sie trotzdem weiter bauen. Allerdings: Schon im Juni hatte die Hotel Zum Löwen GmbH nach Aussage des Gerichtssprechers gegen den Baulärm geklagt – ohne Erfolg."

Eine Woche später „dürfen die Bagger wieder anrollen: Der Baustopp am Hotel ‚Astoria' ist vorerst aufgehoben. Das gab die Stadt Leipzig am Mittwoch in einer Mitteilung bekannt. Nach einer Ortsbesichtigung am Dienstag kann weiter gebaut werden. Der Bauherr habe das geforderte Sicherheitskonzept dem Bauordnungsamt vorgelegt und zur Zufriedenheit umgesetzt. Emil Merkatz, Sprecher des Bauherren Vivion: ‚Die Arbeiten gehen jetzt mit Hochdruck weiter. Gleichzeitig verpflichten wir in den kommenden Tagen ein regionales Bauunternehmen, das bereits im September mit Fundamentierungsarbeiten beginnen wird.'

Ein benachbarter Hotelbetreiber hatte beim Amt für Bauordnung und Denkmalpflege einen Baustopp erwirkt. Bei den Abbrucharbeiten an dem seit 22 Jahren geschlossenen früheren Grandhotel war zu viel Staub aufgewirbelt worden. Um dies abzumildern, wurde jetzt ein Staubfangnetz zwischen der Baustelle und dem Best Western gespannt. Außerdem sollen bei Stemmarbeiten am Dach große Steinbrocken auf das Grundstück der Hotel Zum Löwen GmbH gefallen sein. Zudem hätten die Wände des Nachbarhotels vibriert. Dessen Eilantrag beim Landgericht wurde aber nach einer vorläufigen internen Einigung zurückgezogen. Unterdessen steht die Entscheidung des Verwaltungsgerichts zum Widerspruch gegen die Baugenehmigung für das Astoria noch aus."

Im Oktober 2019 schreibt man hinter vorgehaltener Hand: „Eigentlich ist alles noch geheim: Aber die britische Intercontinental Hotel Group wirbt im Internet schon mit ihrem neuen Leipziger Schmuckstück – dem ‚Astoria'. Es ist unter dem Label ‚Crowne Plaza' zu finden, wird mit der Luxuskategorie 4-Sterne-Plus ausgezeichnet. Das Haus (mehr als 200 Zimmer) soll Ende nächsten Jahres eröffnen. Astoria-Investor Vivion mit Sitz in Berlin hat sich bisher mit Kommentaren zum künftigen Betreiber bedeckt gehalten.

Doch jetzt geht ‚Crowne Plaza' (rund 400 Hotels weltweit, gegründet 1983) im Internet in die Offensive. Dabei ist der Deal offiziell noch nicht unter Dach und Fach. Vivion-Sprecher Emil Merkatz bestätigt nur: ‚Die Verhandlungen sind zwar weit fortgeschritten, aber noch ist nichts unterschrieben.' Man verhandele zudem mit mehreren Gesprächspartnern. Brancheninsider hatten sich bisher über das Fehlen eines Mieters bei der Sanierung der Edel-Herberge gewundert: Normalerweise legt der künftige Betreiber großen Wert auf frühes Mitspracherecht u.a. wenn es um Zuschnitte und technische Einrichtungen der Zimmer geht. So vermutete man auch, Vivion will das ‚Astoria' selbst betreiben. Die Bauarbeiten sollen demnächst auch sichtbar weitergehen. Für die Außenarbeiten wird das Fundament für einen großen Kran gegossen: ‚Wir sind voll im Zeitplan', sagt Merkatz."

Und die Bauarbeiten gehen sichtbar weiter. Januar 2020: „Jetzt wird das ‚Astoria' trockengelegt! Jede Stunde werden 28.800 Liter (!) Grundwasser abgepumpt, damit es auf der Hotel-Baustelle weitergehen kann. Parallel gießen Arbeiter die neue Bodenplatte – und seit Donnerstag wird endlich auch der neue Kran montiert. ‚Er ist 50 Meter hoch und hat einen Ausleger von 60 Metern', sagt Bauleiter Jens Brokat (40). Etwa ein Jahr wird das schwere Gerät das Herz der Astoria-Baustelle sein. Wann der gesamte Komplex fertig ist, ist noch unklar: Der Bauantrag für die an der Gerberstraße neben dem ‚Astoria' geplante Wohnanlage läuft noch."

Die Freude an der Arbeit und dem neuen „Astoria" währte kurz. Am 18. Februar 2020 folgte die Meldung:

„Die Bauarbeiten am Hotel Astoria sind erneut lahmgelegt. Das benachbarte Best-Western-Hotel konnte vor dem Sächsischen Oberverwaltungsgericht (OVG) nach sieben Monaten wieder einen Baustopp erwirken – und der wird die geplante Wiedereröffnung womöglich um Monate verzögern!

Es geht um die von der Stadt erteilte Baugenehmigung. Im Urteil des ersten Senats heißt es: ‚Bauplanungsrechtlich ist das genehmigte Vorhaben aller Voraussicht nach unzulässig.' So befürchtet die Hotel Zum Löwen GmbH, also das Best Western, nach der Neueröffnung des ‚Astoria' deutlich mehr Lärm durch Lieferverkehr, Tagungs- und Übernachtungsgäste als von der Stadt abgesegnet.

Das Gericht: ‚Es erscheint aufgrund der mit der Baugenehmigung vom 20. Juli 2018 genehmigten Betriebsabläufe und der dabei entstehenden Emissionen nicht gewährleistet, dass an den Außenwänden des benachbarten Hotels die Immissionsrichtwerte von 60 Dezibel tags eingehalten werden können.' Gegen die Einhaltung dieser Werte spreche bereits, dass der An- und Ablieferverkehr von 26 Fahrten wöchentlich, u.a. für Wäsche, Getränke und Speisen, zu niedrig bemessen sein dürfte.

Best-Western-Anwalt Klaas Korittke (56) hatte den Bauantrag beim letzten Baustopp als ,geschönt' bezeichnet. Das OVG folgte der Beschwerde nun und änderte eine vorangegangene Entscheidung des Verwaltungsgerichtes Leipzig von Ende September 2019 ab. Der Beschluss ist unanfechtbar. Bauherr Vivion kann derzeit nicht abschätzen, wie sich der Rechtsstreit zwischen dem Nachbarhotel und der Stadt auf den Bauablauf auswirken wird. Im Dezember dieses Jahres wird es aber definitiv keine Neueröffnung geben. Vivion-Sprecher Emil Merkatz (42): ,Selbstverständlich sind wir sehr an einer fristgerechten Eröffnung des Hotel ›Astoria‹ im Jahr 2021 interessiert und verfolgen engagiert unser Ziel, die Hotellandschaft in Leipzig durch die Wiedereröffnung des ›Astoria‹ zu vervollständigen.' Gerichtssprecher Mario Völz: ,Es liegt jetzt an der Stadt Leipzig. Sie muss auf den Widerspruch reagieren.' Heißt: der Bauantrag muss wohl nachgebessert und dann neu darüber entschieden werden."

März 2020: „Das gigantische Plakat auf der Astoria-Fassade wirbt für eine Kriserie. Es zeigt überdimensionale Absperrbänder und wirkt wie ein schlechter Scherz. Denn die Baustelle ist tatsächlich seit drei Wochen wieder gesperrt, ein Ende ist nicht abzusehen. Schuld ist die Konkurrenz von nebenan – und schmutzige Wäsche!
,Zunächst gilt es zu klären, ob überhaupt noch Gesprächsbereitschaft zu sachlichen Themen zwischen den Parteien besteht', erklärte Bauordnungsamtsleiterin Kathrin Rödiger auf Nachfrage. Erst letzte Woche sollen sich Astoria-Bauherr Vivion und der klagende Hotelnachbar ,Best Western' wieder zusammengesetzt haben. Knackpunkt: der Lärmschutz. Seitdem klar ist, dass nicht nur 250, sondern 500 Betten im neuen Astoria geplant sind, rechnet das ,Best Western' mit deutlich mehr LKW-Verkehr vor dem eigenen Haus in der Kurt-Schumacher-Straße. U. a. geht es um die Anlieferung und Abholung der Wäsche aus den Zimmern, Restaurants und dem für 1.400 Gäste ausgelegten Kongresszentrum im Hof."
Aber wie es sein könnte, wenn wieder Gäste ins Haus einziehen, wird Ende August 2020 gezeigt: „Das Bett ist gemacht, die schweren Vorhänge sind angebracht und sogar der Flachbild-Fernseher (im edlen Goldrahmen!) hängt bereits an der Wand. Das erste Zimmer des neuen, alten Hotel ,Astoria' ist fertig. Nur wann es bezogen werden kann, steht noch in den (vier) Sternen ... Denn

inzwischen herrscht seit 7 Monaten Stillstand auf der prominentesten Baustelle der Stadt. Der Kran im Innenhof wurde abgebaut, die Container für die Arbeiter sind weg – obwohl die Stadt doch schon vor zwei Monaten eine neue Baugenehmigung erteilt hatte. Was ist da los?
Emil Merkatz (42), Sprecher des Bauherrn Vivion aus Berlin: ‚Derzeit prüfen wir die neue Baugenehmigung, anschließend erfolgen eventuell notwendige Neuausschreibungen für Bauleistungen.' Doch das kann dauern. ‚Wir bemühen uns um eine zügige Fortsetzung der Arbeiten', so Merkatz. Details zum neuen Bauantrag geben weder Vivion noch das Amt für Bauordnung und Denkmalpflege heraus. Das Amt behält die brachliegende Baustelle aber im Blick. Es gebe wöchentliche Begehungen. ‚Derzeit sind aber keine konkreten Gefahren erkennbar.'" Doch ohne eine Weiterarbeit können Gefahren erst entstehen, zumal wenn die Wintermonate vor der Tür stehen und Frost nicht nur nächstens zu erwarten ist.
„Seit Monaten geht nichts mehr voran auf der Astoria-Baustelle. Nun soll das Gebäude wenigstens vor weiterem Verfall besser geschützt werden. Schon als Ende Juni der zwischenzeitlich im Zuge eines Rechtsstreits mit Nachbarn verhängte Baustopp aufgehoben wurde, klang die Mitteilung der Stadt besorgniserregend: ‚Sollte der aktuelle Zustand des Gebäudes jedoch für längere Zeit unverändert bestehen bleiben, ist absehbar, dass bauaufsichtliche Maßnahmen zur Gefahrenabwehr notwendig werden.' Das Amt für Bauordnung und Denkmalpflege, das regelmäßig kontrolliert, kann nur für Schadensbegrenzung sorgen: ‚Die Decke im Dachgeschoss wurde mit Bitumenbahnen abgedichtet, so wird das Niederschlagswasser aus dem Gebäude größtenteils ferngehalten.' Zudem rechnet das Amt damit, dass die provisorische Dachabdichtung ausgebessert werden muss." So steht die Fassade abgehangen mit einem riesigen Werbeplakat und trotzt allen Wettern. Rückwärtig sieht man hinterm Bauzaun Trümmer. „Mit einer Wiederaufnahme der Bauarbeiten ist im Winter nicht zu rechnen", teilte der Investor mit, „sobald es Neuigkeiten gibt, melden wir uns."

Astoria – du bist der schönste Stern von allen
Und nur ich bin auserwählt
Astoria – für immer bin ich dir verfallen
Bis nichts anderes mehr zählt
Astoria, meine Schöne, dass du mir ja nicht verfällst
Astoria, oh meine Schöne, dass du mir ja nicht verfällst
Astoria, meine Schöne, dass du mir ja nicht verfällst
Astoria, oh meine Schöne, dass du mir ja nicht verfällst
Astoria, meine Schöne, dass du mir ja nicht verfällst
Astoria, oh meine Schöne
Astoria, oh meine Schöne
Oh meine Schöne
Oh meine Schöne
Astoria
A_toria
A_tor_a
stori
to
A

Alexander Frank Spreng (ASP): Astoria verfallen

Quellen und verwendete Literatur

Quellen

Gespräche mit Leipzigern und Hotelgästen wie -besuchern

Akten, Unterlagen, Bücher des Staatsarchivs Leipzig, des Stadtarchivs Leipzig, der Bibliothek des Stadtmuseums Leipzig, der Universitätsbibliothek Leipzig, der Sächsischen Landes- und Universitätsbibliothek Dresden

Tageszeitungen, Zeitschriften, Monatshefte, vor allem die Leipziger Volkszeitung, das Sächsische Tageblatt, die Neue Leipziger Zeitung, Die Union und BILD-Leipzig

Das Astoria-Journal, Flyer, Prospekte, Werbematerial

Internet; google.de, wikipaedia.org, leipzig.de u. v. a. m.

Literatur

Arbeitskollektiv: Kurzer Abriss der Geschichte der SED, Berlin (Ost) 1978

Baum, Vicki: Menschen im Hotel, Berlin 1929

Ebermayer, Erich: Denn heute gehört uns Deutschland, Hamburg 1959

Ebermayer, Erich: ... und morgen die ganze Welt, Bayreuth 1966

Kästner, Erich: Der Karneval des Kaufmanns, Leipzig 2004

Mohr, Francis: Hotel A_toria, Dresden 2018

Schumann, Klaus: Leipzig Transit, Leipzig 2005

Spreng, Alexander Frank (ASP): Astoria verfallen (erschienen auf: ASP: Verfallen – Folge 1: Astoria)

Tetzner, Reiner: Kerzen-Montage verändern die Welt, Leipzig 2009

Unger, Fred: Der scharlachrote Domino, Berlin 1962

Medien

ASP: Verfallen – Folge 1: Astoria, CD, 2015

Breitkreuz, Galina: Politik, Prominenz und Luxus. Das Hotel Astoria in der DDR, Dokumentarfilm, 2013

Cyranek, Alina/Schuster, Falk: Hotel Astoria, Dok-Animationsfilm, 2020

Joksch, Reinhard: Interhotels – Glanz, Verfall und Auferstehung, Dokumentarfilm, 2020

Lévy, Raoul (Regie): Lautlose Waffen, Spielfilm, 1966

Thiel, Heinz (Regie): Schwarzer Samt, Spielfilm, 1964

Wendelmann, Ulrich: VEB Luxus. Das Leipziger Hotel Astoria, Rundfunk-Feature, 1998

Bildnachweis

Archiv Helmut Lappas: S. 41, 134, 183

Bert Hähne (geheimtipp-leipzig.de): S. 74, 219, 224, 234

E. Hoenisch via https://de.wikipedia.org/: S. 130

Armin Kühne, Leipzig: S. 124

Leipziger Volkszeitung: S. 118 (LVZ_1961-03-15_001, Foto: Donath), 120 (LVZ_1962-02-15_001), 125 (LVZ_1964-05-29_001, Foto: Naumann) (Abdruck mit freundlicher Genehmigung der Leipziger Volkszeitung)

Francis Mohr: S. 162, 231

picture alliance / Usis-Dite/Leemage | ©Usis-Dite/Leemage (Bild.-Nr. 45206831): S. 62

Privatarchiv Henner Kotte: S. 2, 12, 17, 38, 55, 87 o., 87 u. 100, 106, 114, 123, 163, 240

Sammlung Dorothee Haufe: S. 96, 128, 146, 165, 190 u., 200, 211, 230

Sammlung Christa Schwarz: S. 10, 19, 21, 23, 24, 28, 66 (Foto: Felix Setecki), 69 (Foto: Heinel), 81 (Foto: Lindner), 103, 110, 131, 136, 137 (Foto: Peter Treuholz), 140, 141, 143, 145 (Foto: Peter Treuholz), 154 (Foto: Wolf), 158 (Foto: Peter Treuholz), 161, 168, 172, 173, 176, 177, 180, 182 o., 182 u., 184, 188, 190 o., 192, 194 o., 194 u., 196, 197 l., 197 r., 198 o., 198 u., 202, 222, 237 (Foto: Peter Treuholz)

Verlag und Autor haben sich bemüht, alle Rechteinhaber von Abbildungen ausfindig zu machen; sollten dennoch bestehende Rechte nicht berücksichtigt worden sein, so bitten wir um Kontaktaufnahme.